Karim Dahman

Alignement des Architectures SOA et des Procédures d'Entreprise

Karim Dahman

Alignement des Architectures SOA et des Procédures d'Entreprise

Une Approche Dirigée par les Modèles

Presses Académiques Francophones

Impressum / Mentions légales
Bibliografische Information der Deutschen Nationalbibliothek: Die Deutsche Nationalbibliothek verzeichnet diese Publikation in der Deutschen Nationalbibliografie; detaillierte bibliografische Daten sind im Internet über http://dnb.d-nb.de abrufbar.

Information bibliographique publiée par la Deutsche Nationalbibliothek: La Deutsche Nationalbibliothek inscrit cette publication à la Deutsche Nationalbibliografie; des données bibliographiques détaillées sont disponibles sur internet à l'adresse http://dnb.d-nb.de.

Coverbild / Photo de couverture: www.ingimage.com

Verlag / Editeur:
Presses Académiques Francophones
ist ein Imprint der / est une marque déposée de
AV Akademikerverlag GmbH & Co. KG
Heinrich-Böcking-Str. 6-8, 66121 Saarbrücken, Deutschland / Allemagne
Email: info@presses-academiques.com

Herstellung: siehe letzte Seite /
Impression: voir la dernière page
ISBN: 978-3-8416-2189-4

Résumé

La plupart des entreprises évoluent sur des marchés concurrentiels en adaptant rapidement leurs processus métiers. Leur performance est dépendante de leur capacité à utiliser des techniques d'amélioration continue de leur organisation par la mise au point de Systèmes Informatiques (SI) évolutifs pour l'automatisation des processus (*Business Process Management*, BPM). En ce sens, les architectures orientée services (*Service-Oriented Architectures*, SOA) ont permis le développement de SI facilement adaptables avec un style d'architecture prédominant de composition de services. Le plus souvent, les « services » qui automatisent les processus sont mis en œuvre par des composants applicatifs. Cependant, concevoir et réaliser un SI en composants– répondant aux desiderata d'« extensibilité » et de « maintenabilité » – reste une préoccupation centrale. De plus, pour répondre à l'impératif de l'évolution des processus de plus en plus complexes et afin d'aligner le SI à la stratégie de l'entreprise, il faut que les architectures SOA correspondent aux fonctions « mutualisables » de l'entreprise. Les travaux de recherche, présentés dans notre thèse, ont pour motivation l'étude de la cartographie des processus depuis leur conception jusqu'à leur automatisation dans des SOA, et de l'évolution de ces processus jusqu'à l'adaptation des SOA.

En premier lieu, nous proposons une approche d'ingénierie dirigée par les modèles qui est intégrée à un outil de modélisation de BP et de développement de SOA. Celle-ci débute par la spécification d'un modèle en langage BPMN (*Business Process Modeling Notation*) décrivant les interactions de la « logique métier ». Ensuite, par une chaîne de transformation automatisée, nous produisons un modèle en langage SCA (*Service Component Architecture*) décrivant une architecture logicielle canonique de composants applicatifs. Les composants décrivent la « logique applicative » mettant en œuvre la « logique métier » du modèle BPMN. Cette transformation permet de conserver le lien entre le niveau métier du système d'information d'entreprise (SIE) et son niveau technique. Notre méthodologie améliore la conduite du changement du SI en favorisant l'indépendance entre les modifications de modèles BPMN et SCA. Cependant, les ajustements de la logique métier ont souvent un impact sur la description architecturale. La réingénierie de l'architecture logicielle reste rédhibitoire puisque les modifications créent un décalage entre les niveaux d'architectures, et au final provoque l'instabilité du SIE.

En second lieu, nous introduisons une méthode de propagation du changement– entre les architectures de BP et SOA–fondée sur la synchronisation incrémentale de modèles BPMN et SCA. Celle-ci est intégrée à un outil d'analyse de l'impact du changement entre les modèles avec un support formel. Nous optons pour la philosophie générale de la réécriture de graphes, et la déclinons à la synchronisation de modèles afin de prévenir les inconsistances induites par la propagation des changements entre les modèles. Notre approche évite la perte de la traçabilité architecturale et la traçabilité des décisions de modélisation au cours du procédé de développement. Elle permet de simuler l'impact d'un changement des processus pour en estimer le coût avant de procéder à la réingénierie et à la maintenance des SOA. Enfin, nous validons notre approche par une expérimentation qui a permis de mesurer, à partir de quel rapport entre la taille des modèles et celle des changements, il est préférable de refaire une transformation complète– des modèles BPMN en SCA – ou de se contenter de la synchronisation incrémentale. Cette étude permet d'éclairer les concepteurs dans leurs choix de conception pour la réingénierie des SOA avec l'assurance d'un cadre adéquat pour la gouvernance du changement des BP.

Table des matières

Table des figures

Liste des tableaux

Liste des Algorithmes

1 Introduction

« Regroupements et fusions », « acquisitions », « diversification des offres commerciales », « e-commerce », « gestion de la relation client », « nouveaux modes ou canaux de distribution », « partenariats », « réorganisation », « externalisation », « redéploiement des fonctions de *back* et *front office* » sont autant d'enjeux auxquels les entreprises « informatisées » doivent faire face, afin de construire ou préserver leur avantage concurrentiel. D'ailleurs, des économistes ont montré qu'un système d'information d'entreprise (SIE) ne générait de gains de productivité que si il était accompagné de changements organisationnels [Wik12c]. Un SIE permet de classifier, de traiter et de diffuser l'information sur l'environnement de l'entreprise. Il est pour cela le principal support du management de l'organisation de travail et de ses stratégies [Dav93]. Outre le fait que l'information soit un principe fondamental de la stratégie d'entreprise [Dec12], il est, généralement, précisé que « la préoccupation dominante, au sein des entreprises confrontées à de forts enjeux d'informatisation, demeure la mise au point de la solution technique » [idgefP03] – c'est-à-dire un système informatique (SI). Avec la place grandissante de l'informatique dans la réalisation du travail complexe des entreprises, un SIE est souvent considéré du point de vue de son automatisation. En effet, le SI structure les logiciels, les matériels et les données qui permettent d'automatiser tout ou partie du SIE. Assurément, les évolutions des stratégies d'entreprise impliquent des évolutions structurelles du SIE, et accroissent l'interdépendance et l'imbrication des applications logicielles avec le risque de renforcer l'effet « plat de spaghettis » de son SI [Wik12e]. Par ailleurs, l'infrastructure technologique du SI est composée de logiciels et de matériels pouvant provoquer des changements organisationnels dans l'entreprise [Wik12c]. Ceux-ci ont, évidemment, des conséquences sur les coûts, les durées et les risques des projets d'évolution de l'entreprise.

Le changement dans les entreprises est donc indissociable du SI [LL09]. Cette dimension impose au managers du SIE de se tourner vers les techniques d'amélioration continue de l'entreprise pour la conduite du changement de son SI, par exemple, les méthodes *Lean* ou *Six Sigma* [Inc12a]. Les idées du changement sont souvent initiées par les managers du SIE qui organisent et planifient la conduite de l'évolution de l'entreprise. Il est donc primordial d'aligner l'informatique aux changements des décisions stratégiques et tactiques, et en conséquence, adapter le SI. En définitive, l'évolution doit être prise en compte au niveau opérationnel qui est en charge de réaliser le changement des ressources de l'entreprise. Certes, si la performance d'une entreprise est dépendante de sa capacité à adopter de telles techniques, alors une entreprise qui se veut être réactive [CD08], doit se doter de moyens flexibles et de méthodes agiles qui peuvent l'accompagner dans ses évolutions structurelles. Dans un environnement aussi instable que celui des entreprises, ils deviennent l'une des clés de réponse leur permettant d'être réactives face aux contraintes externes.

1.1 Réactivité, flexibilité et agilité d'une entreprise

Il est délicat de définir exactement ce qu'est la « réactivité » d'une entreprise, d'autant plus, qu'elle correspond aux divers modes de fonctionnement des entreprises [RRH08] et aux moyens de production que celles-ci possèdent. En général, la réactivité est la capacité d'une entreprise à réagir rapidement aux sollicitations de son environnement par une synergie entre « l'optimisation de ses méthodes de travail » et « l'amélioration de ses ressources » pour avoir une supériorité sur ses concurrents. Par exemple, elle estimera les opportunités d'intégration avec des partenaires et de son ouverture à l'e-commerce pour accomplir à l'externe certaines activités nécessitant des ressources non disponibles en interne. Elle cherchera à s'organiser pour maximiser la valeur ajoutée de ses activités, et de son ou ses métiers – activités humaines, le plus souvent à but lucratif – pour sortir un bien avec un délai de commercialisation plus court que la concurrence. Nous suggérons ainsi l'idée qu'une entreprise, qui arrive à comprendre et à maîtriser ses ressources, est en meilleure position pour faire face aux évolutions structurelles.

La « flexibilité » des ressources d'une entreprise, aussi bien humaines que technologiques [BCM99], désigne qu'ils sont rapidement adaptables [RRH08]. Par « agilité », nous entendons l'agilité des méthodes qui entourent la réalisation et l'adaptation des ressources, singulièrement, les ressources technologiques [BLGM08]. Ainsi, le changement peut être vu comme une réponse à un besoin d'optimisation interne lié à l'atteinte d'un certain seuil d'insatisfaction dans l'organisation d'une entreprise. Bien souvent, une entreprise cherchera à analyser les interactions de ses clients et à optimiser son SIE afin que ses produits ou ses « services métiers » [1] soient plus satisfaisants. À titre d'exemple, un détaillant doit pouvoir optimiser ses flux de marchandises dans des conditions de sécurité et de sûreté de fonctionnement qui correspondent aux besoins de ses clients et de ses objectifs d'informatisation. Il est alors plus facile de constater que la réactivité est une conséquence de la construction ou la reconstruction d'un SIE existant afin d'assurer un changement positif pour l'organisation, et qui est accompli, pour une bonne part, grâce aux technologies de l'information (*Information Technology*, IT). En d'autres termes, la conduite du changement du SIE stricto sensu, est celle qui permet d'investir dans des projets de réalisation et de maintenance du SI – pour corriger ses fautes ou améliorer son efficacité – qui sont générateurs de valeur ajoutée, tout en maîtrisant les charges informatiques.

Généralement, il s'agit d'utiliser des méthodes d'ingénierie logicielle (*Software Engineering* [Pre96]). Celles-ci portent sur la modélisation et le développement d'un SI à l'échelon d'une entreprise « dématérialisée » [ABL$^+$10] selon les trois vues : métier, fonctionnel et informatique. Les trois vues représentent autant d'architectures superposées devant être mises en cohérence [2], de sorte que le développement logiciel soit toujours axé sur le métier de l'entreprise. Il permet aussi de résoudre des problèmes postérieurs à la réalisation de la solution et de diminuer les coûts relatifs à l'informatique. Cet alignement entre les vues est le fondement de la mise en œuvre du SI. La nature immatérielle du logiciel – modelé dans l'information et non dans la matière – contribue à estomper la frontière entre « l'architecture » et les artéfacts du SI. L'architecture constitue le plus gros livrable d'un procédé de réalisation après le SI lui-même. Les préoccupations architecturales vont de la cartographie des services métiers en vue de leur automatisation, jusqu'à l'intégration d'applications logicielles sur Internet [VDA99]. L'accroissement de la complexité des « procédures d'entreprise » a fait que l'ingénierie logicielle s'est de plus en plus appuyée sur des procédés de modélisation pour essayer de maîtriser cette complexité, tant pour concevoir et réaliser un SI que pour le faire évoluer [KHK$^+$08].

1. Fourniture d'un bien immatériel ou satisfaction d'un besoin par un prestataire à titre gratuit ou onéreux.
2. Capacité à refléter sur une vue de l'information les modifications opérées sur d'autres vues de l'information.

1.2 Ingénierie logicielle du système d'information d'entreprise

Certes, le domaine de l'ingénierie des SIE a une forte composante technologique. En particulier, si l'on regarde le secteur des services, les ressources IT ont été rapidement intégrées comme support dans les différentes activités de l'entreprise. Elles permettent « d'automatiser » et de « dématérialiser » les opérations récurrentes telles que les procédures d'entreprise [3]. Par exemple, les progiciels de gestion intégrés (*Enterprise Resource Planning*, ERP [BLJM08]) assurent ce rôle d'automatisation et de dématérialisation des procédures d'entreprise. Dans le meilleur des cas, une procédure d'entreprise peut être divisée en processus correspondant aux métiers principaux de l'entreprise, comme par exemple, « fabrication et réalisation » ou « marketing et ventes » [LL09]. Dans ce manuscrit, nous utiliserons le terme « processus » pour signifier un « processus métier(s) » (traduction de *Business Process*). Ils représentent le(s) métier(s) d'une entreprise, et permettent de connaître la valeur ajoutée pour chaque réalisation d'une activité de l'organisation du travail. Ils sont souvent comparés à un Workflow – anglicisme pour « flux de travaux » – qui exécute un enchaînement d'activités discontinues pour assurer la production escomptée d'un bien ou la fourniture de services métiers. Ainsi, chaque chaîne de valeur [4] du SIE se construit autour d'une architecture des processus métiers, et non simplement autour de bases de données ou d'applications logicielles. Par exemple, la Figure 1.1 donne un aperçu (de l'architecture) des processus métiers d'une chaîne logistique type pour la vente au détail. Il s'agit d'un point de vue tourné vers la gestion du référentiel des processus de l'organisation interne du détaillant, ainsi qu'une description des flux physiques ou dématérialisés entre ce dernier et ses partenaires (fournisseur, distributeur et client).

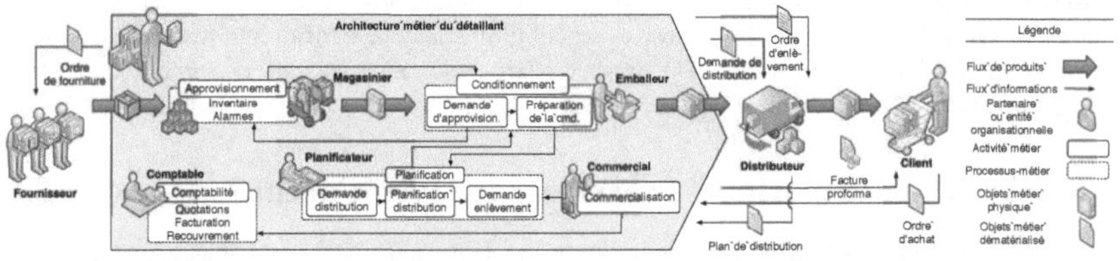

Figure 1.1 – Architecture métier : une vue des processus métiers de la vente au détail.

Dans la gestion des processus métiers (BPM : *Business Process Management* [Incl2a]), on parle parfois de « services fonctionnels » [SPJ10] qui entrent dans la composition du SIE et qui réalisent les processus métiers. L'architecture fonctionnelle classifie alors l'ensemble des objets métiers (informations et règles de gestion) qui sont mis en œuvre pour les processus métiers. Par exemple, la Figure 1.2 schématise l'architecture fonctionnelle du détaillant – présentée dans la Figure 1.1. Celle-ci donne un aperçu sur le déroulement de la procédure de commercialisation au détail. Elle recense les services fonctionnels avec un point de vue tourné sur l'organisation, le classement et la présentation des informations en accord avec la manière dont les entités organisationnelles vont les interpréter, retrouver ou modifier. Chaque service fonctionnel est un regroupement de fonctions permettant d'échanger (à travers des interfaces) avec les autres blocs du SIE. Cela inclut également les flux qu'il prend en charge et ceux qu'il produit.

3. Méthodes normatives pour exécuter un ouvrage ou pour régir des opérations de l'entreprise [Wik12d].
4. Ensemble d'étapes caractérisant la capacité d'une organisation à obtenir un avantage concurrentiel.

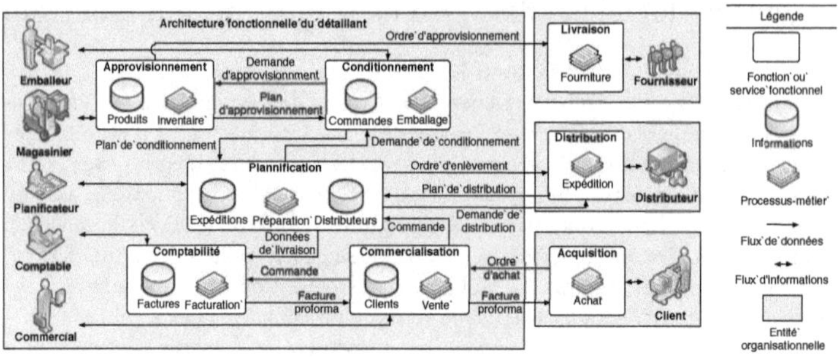

Figure 1.2 – Architecture fonctionnelle : une vue des informations de la commercialisation.

Par ailleurs, la granularité ou le maillage de ces blocs doit faciliter leur réutilisation dans différents processus métiers en renforçant la modularité du SIE. Souvent, on ne parle de réutilisation que lorsque le développement du SI est achevé ou du moins la réalisation est bien avancée. Effectivement, la « modularité » favorise le remplacement d'un service fonctionnel par un bloc offrant des fonctionnalités équivalentes afin de faciliter l'adaptation du SIE. Elle consiste en un regroupement des fonctionnalités et des traitements visant à répartir le procédé de développement d'un SI sur plusieurs personnes, mais aussi à permettre une certaine « réutilisabilité » [5] des blocs. Dans ce cas, le travail de l'architecte – la personne chargée de créer une architecture – consiste à explorer l'éventail des besoins ainsi que la gamme des moyens technologiques et à apporter une solution théorique. Pour décrire schématiquement la solution en question sous forme de diagrammes, l'architecte se base sur un savoir-faire, son expérience et les recommandations – tel que les styles d'architectures – en rapport avec les différentes solutions envisageables.

1.3 Architecture orientée services : le style d'architecture de facto

L'architecture orientée services (*Service Oriented Architecture*, SOA) est considérée comme un style d'architecture fonctionnelle [RLSB08, Las06]. Elle est devenue, en quelques années [Erl07], le style de facto pour structurer les services fonctionnels en fonction des technologies disponibles [GOO09]. Citons l'exemple de la SNCF, qui a mis en place une architecture SOA pour sa plateforme de réservation prenant en charge, à la fois les terminaux dans les guichets des agences et les sollicitations de son site Web de commande en ligne [Wik12a]. Les étapes de recherche d'horaire, de requête de tarification et de demande de réservation correspondent à des unités organisationnelles différentes – fournissant des services fonctionnels – de la SNCF. De ce fait, elle est devenu une « entreprise orientée services » [ABL+10, SPJ10]. Indépendamment des technologies qu'il utilise et des langages de programmation avec lesquels il est construit, un service fonctionnel est souvent fourni – au sens où, il est réalisé – par un « composant applicatif » qui lui confère sa valeur opérative. Ce dernier fait l'objet d'un maillage plus petit pour la structuration du SI par couches, ce qui améliore sa réutilisation. Les ingénieurs-système considèrent alors les composants applicatifs comme des éléments constitutifs destinés à être composés – c'est-à-dire imbriqués ou couplés par des « connecteurs » – en tant que briques élémentaires dans une architecture SOA. Le service fonctionnel devient alors un concept à grandes mailles.

5. Capacité à concevoir un logiciel en réutilisant des fonctionnalités existantes.

Fréquemment, on parle de composition de services applicatifs, ou plus techniquement, d'orchestration de services Web comme autant de mises en œuvre d'une architecture SOA. Un service Web est un programme informatique permettant la communication et l'échange de données entre applications logicielles hétérogènes et, bien souvent, distribuées. Ce programme peut être écrit avec divers langages de programmation et peut utiliser diverses technologies et plateformes Internet. Le plus souvent les services applicatifs sont construits autour d'un « bus d'entreprise » et utilisent des standards comme *Web Services* [WCL$^+$05] pour interagir, mais aussi pour opérer la composition des services proprement dite. À titre d'exemple, la Figure 1.3 montre une architecture applicative mettant en œuvre l'architecture fonctionnelle du détaillant de la Figure 1.2 (se reporter au Chapitre 3 pour les acronymes). La Figure 1.4 suggère un déploiement au sein d'une infrastructure matérielle. Nous pouvons y remarquer la distribution géographique des plateformes et leur interconnexion à travers un réseau. Cependant, construire ou reconstruire une architecture fonctionnelle avec des services applicatifs nécessite un important travail d'analyse.

L'ingénierie des composants (*Component Based Software Development* [LR00]) est utilisée comme une approche modulaire pour édifier une architecture applicative. Elle assure aux applications logicielles une meilleure qualité de documentation et de maintenance. La plupart du temps, le bénéfice de l'ingénierie des composants se voit plutôt à long terme. Elle est particulièrement pratique pour le travail en équipe, et permet d'industrialiser les procédés du génie logiciel. Il faut préciser qu'elle n'induit pas un paradigme de programmation. Celui-ci est plutôt apporté par le style d'architecture SOA qui favorise la réutilisation des services fonctionnels.

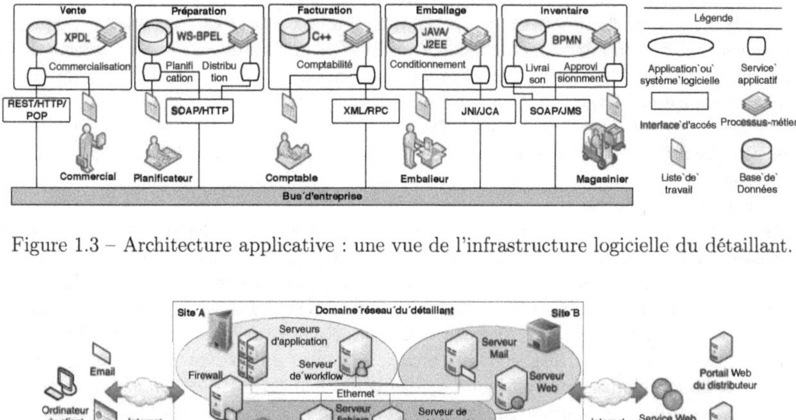

Figure 1.3 – Architecture applicative : une vue de l'infrastructure logicielle du détaillant.

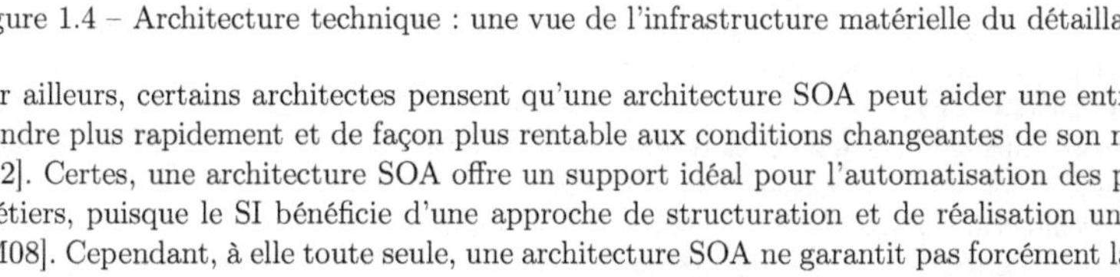

Figure 1.4 – Architecture technique : une vue de l'infrastructure matérielle du détaillant.

Par ailleurs, certains architectes pensent qu'une architecture SOA peut aider une entreprise à répondre plus rapidement et de façon plus rentable aux conditions changeantes de son marché [Man12]. Certes, une architecture SOA offre un support idéal pour l'automatisation des processus métiers, puisque le SI bénéficie d'une approche de structuration et de réalisation uniforme [BLJM08]. Cependant, à elle toute seule, une architecture SOA ne garantit pas forcément la flexibilité des ressources IT. En effet, les concepteurs oublient parfois les desiderata d'« extensibilité » et de « maintenabilité » des architectures fonctionnelles. De même, les développeurs codent « en dur » – sans modèles explicites – les activités, les produits et les services de l'organisation, ce qui rend les ressources IT difficilement extensibles. Et parfois même, les évolutions fonctionnelles peuvent compromettre la fiabilité du SI tout entier.

1.4 Gouvernance du changement des processus métiers

Pour relever les défis de l'évolution fonctionnelle d'un SIE, la gouvernance du changement représente la mise en place de procédés d'ingénierie du SI pour la conception, la fourniture et l'amélioration de ressources IT potentiellement flexibles [Win06]. Comme nous l'avons évoqué, l'objectif principal de l'architecture SOA est de fournir la « flexibilité » des ressources IT aux entreprises en améliorant la réutilisation des blocs fonctionnels. Au delà d'un style d'architecture, elle est à la base de « l'ingénierie logiciel des services » (*Service Oriented Software Engineering* [KJE05, McC07]). Outre la qualité de la réalisation, le but de l'ingénierie logiciel des services est de faire correspondre l'architecture applicative aux processus métiers et aux fonctions « mutualisables » de l'entreprise. Son fondement est « l'alignement » de l'architecture fonctionnelle aux changements de l'architecture des processus métiers. L'ingénierie des services vise à fournir aux entreprises un cadre méthodologique qui contribue à augmenter leur compétitivité en synchronisant les SI avec les évolutions de leurs objectifs et leurs infrastructures logicielles.

À ce jour, seuls quelques projets pilotes [CD08] ont réussi à égaler ce niveau de maturité [LL09], où l'agilité de l'entreprise est supportée par des infrastructures IT « intéropérables » et des architectures de médiation flexibles [Erl07]. Bien souvent, « l'agilité » est une conséquence de l'automatisation des processus métiers, et un résultat de la réalisation d'une architecture SOA facilement adaptable [BLGM08]. Dans la plus part des cas [PTDL07], ceci est dû au fait que les approches utilisées manquent, à la fois, de méthodes couvrant le développement, à partir des besoins métiers, d'une architecture applicative selon le style SOA, et d'outils intégrés permettant l'évolution des processus et l'adaptation en sus des fonctionnalités logicielles. En réalité, l'agilité requiert que les services fonctionnels soient pilotés par la logique métier de l'entreprise telle qu'elle peut être définie par ses motivations [Ber12].

Dans cette perspective, nous nous intéressons à un cadre méthodologique permettant de lier les processus métiers d'une entreprise à ses services fonctionnels et applicatifs, afin d'aligner ses ressources IT à ses objectifs et ses capacités selon l'orientation « service ». Ceci est effectivement possible grâce à une mise en cohérence des architectures internes d'un SI, à savoir son architecture métier « centrée processus » [VDA99], son architecture fonctionnelle « orientée services » et, son architecture applicative « à base de composants ». Le contexte de notre thèse possède son unité scientifique. Il est délimité par l'informatique en modèles intégrés (*Model Integrated Computing* [SK97]). Cette discipline informatique traite des problèmes de conception et d'évolution d'un SI en fournissant des outils de modélisation basés sur la synthèse de ses architectures [Uni12]. En effet, les nouvelles technologies incitent les architectes-système à plus de transparence concernant les fonctionnalités et les dépendances des logiciels qu'ils auront à maintenir. Nous sommes convaincus que cette discipline peut jouer un rôle dans l'exploitation des nouvelles technologies comme une méthode de réalisation adéquate afin de réussir la mise en cohérence des architectures d'un SI. Ensuite, nous explorons les principes de la conduite du changement entre ces architectures, et ce dans le but d'aligner les ressources IT à l'évolution des objectifs et des capacités de l'entreprise. Plus particulièrement, nous étudions l'impact du changement des processus métiers sur les architectures SOA, puisque modifier une partie d'une architecture nécessitera de faire la maintenance de toutes les architectures qui sont liées à la vue du SI soumis à modification.

2 Problématique et motivations

Dans ce chapitre, nous exposons la problématique de notre thèse qui a trait aux principes de gouvernance et l'étude de l'impact du changement des processus métiers sur les architectures orientées services. Nous sommes convaincus que ces principes tiennent dans un cadre systémique pour l'ingénierie du SI – pour système informatique – d'une « entreprise orientée services », que n'est d'ailleurs pas le style d'architecture SOA. En effet, nous illustrons nos motivations par un exemple qui met en évidence les aspects méthodologiques à traiter lors de la phase de conception-tissage des architectures d'un SI, et les aspects techniques à employer pour la conduite de leurs changements. En effet, l'ajout du nouveau processus ou l'adaptation d'un processus existant peut provoquer des incohérences entre les différents niveaux d'architecture. À la suite d'une revue de ces cas d'emploi, nous présenterons l'objet de nos contributions – fruit de nos recherches – qui seront exposées dans le présent document. Les recherches que nous avons menées œuvrent dans le support des disciplines de gestion de processus métiers et l'intégration des applications composites d'entreprise.

2.1 Problématique

Certes, la séparation des perspectives – entre les différentes architectures d'un SI – permet une adaptation plus simple de la solution technique d'un SIE (système d'information d'entreprise), puisque les architectures sont conceptuellement découplées selon des vues différentes [DK10]. En théorie, ceci facilite la conduite du changement du SI en favorisant l'indépendance des modifications sur chacune des vues. Cependant, il s'avère qu'en pratique les modifications apportées à l'architecture des processus métiers ont un impact, dans la majorité des cas, sur l'architecture des services fonctionnels et l'architecture des services applicatifs. Par exemple, l'ajout d'un nouveau service métier nécessite une attention supplémentaire pour la qualité des services applicatifs fournissant les services fonctionnels. Ceci concerne la qualité de conception de nouveaux services, ou bien l'adaptation des services existants. De plus, devant la complexité des processus, la diversité des disciplines informatiques employées, au nombre important d'acteurs à mobiliser et la multiplicité des unités organisationnelles impliquées (potentiellement connexes), l'une des préoccupations majeures des entreprises est d'avoir la garantie que la « cohérence fonctionnelle » et la « cohérence architecturale » de l'ensemble de son SI seront maintenues[6] tout au long des projets d'évolutions structurelles. Ceci est le thème de l'étude de notre thèse.

6. À titre indicatif, ORACLE réaliserait 90% de ses profits grâce aux frais de maintenance [Pil12].

2.1.1 Cohérence architecturale et cohérence fonctionnelle

L'investigation d'une approche de conception qui favoriserait la traçabilité architecturale et la cohérence fonctionnelle constitue la problématique générale de cette thèse. La « cohérence architecturale » de l'ensemble des ouvrages techniques réalisés, ou à venir, est primordiale pour permettre une meilleure harmonie entre la conception architecturale d'un SI et son projet de mise en œuvre. Le déni de cette cohérence est souvent préjudiciable à la stabilité du SIE et à la rentabilité globale des IT. Généralement, il s'agit pour les concepteurs SI d'adopter une approche de réalisation uniforme, comme par exemple, le style d'architecture SOA. Nous utilisons le terme de « cohérence fonctionnelle » pour désigner la capacité pour les différentes vues d'un SI, particulièrement l'architecture des processus métiers, à refléter les changements intervenus dans le domaine fonctionnel, sur les différentes vues sous-jacentes. Non seulement, elle signifie la cohérence entre les besoins fonctionnels des processus et l'ingénierie de la solution technique, mais aussi la cohérence entre les parties-prenantes du projet de réalisation et de maintenance. Toutefois, ces constatations nous amènent aux interrogations suivantes :

- Comment éviter que les incohérences des décisions de conception d'une architecture SOA ne représentent pas un risque majeur de dérapage des coûts et des délais ?
- Comment assurer la capacité d'une architecture SOA à s'adapter aux évolutions des processus, sans remettre en cause les choix architecturaux des développements antérieurs ?
- Comment garantir que les problèmes de cohérence soulevés soient correctement traités et que l'impact de « l'extensibilité » du SI puisse être maîtrisé ?
- Comment propager concrètement les évolutions structurelles de l'entreprise au SI avec une garantie de « l'alignement » de la solution technique aux changements du métier ?

Nous comprenons qu'indépendamment du thème à étudier, notre étude doit concerner davantage l'investigation de principes méthodologiques, plutôt, qu'une démonstration de la rentabilité d'une ingénierie particulière des architectures d'une entreprise orientée services. Une architecture SOA incorpore les composants applicatifs, leurs compositions et l'inventaire de toutes les ressources technologiques à l'échelle de l'entreprise qui sont accessibles par les dispositifs existants, comme par exemple, des progiciels de gestion intégrées. Elle permet de documenter les exigences des services fonctionnels et leurs implémentations indépendamment des processus métiers qu'ils automatisent, et aide à identifier les incohérences liés à leur combinaison. C'est pourquoi il est important d'investir dans la recherche d'un cadre méthodologique selon les fondements de l'ingénierie des services [Erl07] qui donnerait la visibilité conceptuelle suffisante à la conduite du changement dans les architectures applicatives. Les deux objectifs principaux de toute architecture applicative sont la réduction des coûts et l'augmentation de la qualité du logiciel. La réduction des coûts est principalement réalisée par la réutilisation des éléments précédemment développés et par la diminution du temps de maintenance. Par contre, la qualité, se trouve distribuée à travers plusieurs critères [7]. Quoi qu'il en soit, nous admettons que si l'ingénierie des composants industrialise la réalisation des architectures applicatives basées sur une architecture SOA, alors la « modélisation » prendra un rôle encore plus important pour la gouvernance du changement. En effet, celle-ci guide aussi bien l'évolution des architectures, qu'elle ne pilote l'adaptation des ressources qui les composent.

7. La norme ISO 9126 est un exemple d'un tel ensemble de critères.

2.1.2 Alignement architectural et alignement fonctionnel

Généralement, une procédure d'entreprise est transverse à l'entreprise. Elle concerne plusieurs unités organisationnelles qui impliquent des processus métiers différents. C'est pourquoi la modélisation des architectures des processus métiers assiste la compréhension des interdépendances entre les services métiers des unités organisationnelles d'une entreprise [DAP04]. Ces architectures sont souvent un résultat issu de la cartographie ou de l'optimisation des processus métiers (*Business Process Reengineering* [MAA06]). La cartographie désigne la création des architectures pour les services métiers [KHK$^+$08]. Elle consiste à définir explicitement, avec un ensemble restreint de concepts, les processus métiers d'une entreprise, ses produits, ses informations, ses dispositifs logiciels, ainsi que la manière dont le SI doit être adaptable. Elle renvoie à la démarche plus générale de gestion de processus métiers (*Business Process Management*, BPM [Incl2a]) qui permet de maîtriser, en particulier, les processus métiers. De façon complémentaire, l'optimisation des processus métiers consiste à améliorer les processus avec l'objectif de faciliter le changement de l'organisation en tenant compte de la dimension humaine. Le principe est de repenser les processus et à les rendre plus efficace tout en réduisant les coûts liés à leur mise en œuvre et la réorganisation de l'entreprise.

Il va sans dire que certains changements dans l'architecture des processus métiers auront un impact sur la manière dont certains services métiers interagissent avec les autres processus de l'entreprise, de ses partenaires et de ses clients. Ceux-ci requièrent aussi une remise en question des architectures fonctionnelles pour fournir des processus évolués en adéquation avec un SI correctement et efficacement maintenu. Par exemple, supposons que le détaillant présenté au chapitre précédent, voyant augmenter le nombre de retour de ses marchandises, décide de mettre en place une politique de « contrôle qualité » des produits après leur réception, en provenance des fournisseurs, et avant l'expédition des commandes aux clients. L'évolution de la chaîne logistique peut s'opérer en introduisant une unité de « contrôle » pour fournir le service « qualité ». Cette évolution du détaillant est schématisée dans la Figure 2.1. Elle implique la définition d'un processus de « contrôle » et la modification des processus d'inventaire et d'emballage afin qu'il prennent en compte de nouvelles activités réalisés par le contrôleur qualité. Pour cela, les unités d'approvisionnement et de conditionnement doivent faire évoluer leurs services fonctionnels afin qu'ils aient une interface avec le service « qualité ».

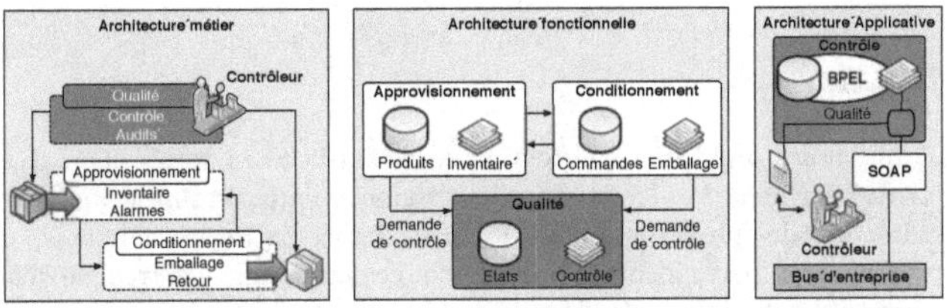

Figure 2.1 – Exemple de motivation : évolution de la chaîne logistique de la vente au détail.

L'une des conséquences du déploiement d'une architecture SOA est que le changement d'un service métier existant ou l'introduction d'un nouveau service métier ont souvent des répercussions imprévues sur la refonte de l'architecture applicative. En effet, les préoccupations concernant les dispositifs logiciels ne sont pas pris en compte au niveau de l'architecture fonctionnelle. Ceci rend l'analyse de l'impact du changement du SI et l'adaptation de l'architecture applicative encore plus complexe. En effet, refaire, à chaque changement, le procédé complexe de conception-tissage entre les processus métiers et l'architecture SOA – constituée des services applicatifs qui automatisent les processus–devient beaucoup trop cher, trop lent et sujet à de nombreuses erreurs. D'abord, les changements des processus métiers doivent être pris en compte au niveau de l'architecture fonctionnelle. Ainsi, plus le nombre de services fonctionnels permettant de réaliser un processus est élevé, et plus le coût dû à la composition de ces services est élevé.

Ce coût de l'agencement des services fait apparaître la nécessité d'avoir le meilleur alignement architectural possible entre un processus « à réaliser » et la vue fonctionnelle « cible » du SI. Ensuite, il y une nécessite à mettre en cohérence l'architecture applicative et l'architecture fonctionnelle en introduisant ou en modifiant une variante d'un service applicatif, et ce pour l'adapter aux évolutions des services fonctionnels. Il s'agit de maintenir l'alignement fonctionnel entre les architectures du SI. Pour ces raisons, il est nécessaire de garantir que les modifications de l'architecture applicative s'effectuent de façon incrémentale et localisée, sans pour autant remettre en cause la totalité des développements antérieurs. L'approche « incrémentale » cherche à corriger progressivement les inconsistances et à améliorer l'efficience du SI sans effectuer une remise en cause complète[8]. Ainsi, lorsque le projet de développement dépasse en durée une dizaine de journées en moyenne, la production des programmes logiciels doit s'effectuer en plusieurs incréments. Pour cela, il faut bien sûr que tant les outils que les langages utilisés soient rendus incrémentals et soient évolutifs pour être utilisés par les concepteurs SI.

En un mot, la problématique particulière de notre thèse est le procédé de conception-tissage qui doit permettre de fournir des services applicatifs en cohérence fonctionnelle avec les services métiers. Dans le cas de l'ingénierie logicielle traditionnelle, ce procédé devrait consommer autour de 40% de l'effort total de réalisation d'un SI et devrait être supérieur ou égal, en effort, à la phase de codage et de déploiement [Pre96]. Nous pouvons y ajouter le corollaire suivant : si ce procédé n'est pas structuré et documenté, alors l'historique des décisions fonctionnelles et architecturales de la conception entre deux versions du SI sera perdu. Effectivement, la perte des choix de conception, issues de l'expertise des ingénieurs-système sur le domaine fonctionnel, signifie la perte du capital informationnel pour les évolutions futures du SI. Quand bien même la documentation des architectures d'un SI est plus ou moins de taille importante, cela va sans dire que le procédé de réalisation et de son extensibilité ne peut être efficient, que si ce procédé est rendu exécutable. Enfin, il doit aussi être incrémental avec un minimum d'intervention des parties-prenantes du projet de réalisation ou de maintenance.

2.2 Motivations

Il apparaît que notre problématique regroupe des sujets aussi variés que l'architecture des processus métiers, l'architecture des services fonctionnels, l'architecture des composants applicatifs et l'architecture des programmes. La Figure 2.2 schématise les différentes disciplines et les acteurs principaux qui participent au procédé d'ingénierie d'une « entreprise dématérialisée » [ABL+10] « composée » des vues précédemment citées. Indépendamment du style SOA, le principe de composition est essentiel à tel point que le SI résultant de ce procédé est souvent associé à des applications composites (en référence au concept *Service Oriented Business Applications*[9]). Ceci pour souligner que la réalisation est faite par la composition de processus, de services, de composants et de programmes. La composition se retrouve dans la démarche BPM, l'ingénierie des services, l'ingénierie des composants et la programmation Web [WCL+05].

8. À l'opposé, l'approche radicale vise à modifier non pas seulement des éléments, mais le SI lui-même.
9. Leur composition se fait au profit de l'intégration d'applications sur Internet [FBD+11].

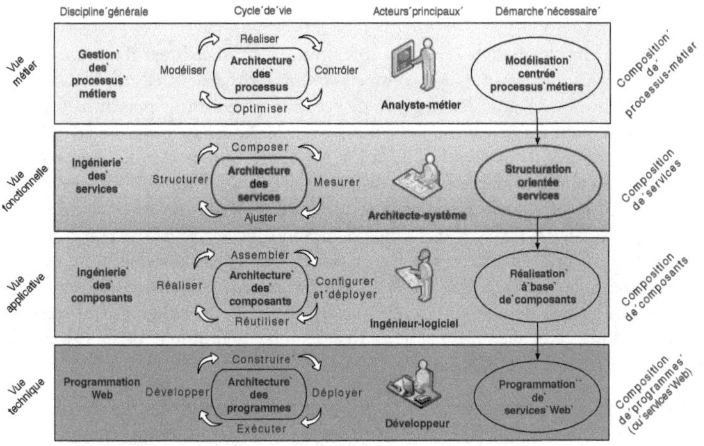

Figure 2.2 – Ingénierie logicielle axée sur le(s) métier(s).

Cette revue des différents cas d'emploi de la composition, et des cycles de vie des artéfacts à composer, permet de comprendre qu'il ne pourra pas y avoir une approche de conception unifiée des différentes architectures, avec comme corollaire un unique langage universel de description. À chaque cas d'emploi devra finalement correspondre un usage adapté à la modélisation de chaque vue. Cet usage se rapporte à un langage de modélisation dont l'objectif est de permettre une étude plus simple dans un contexte maitrisé et plus abstrait que le contexte réel du SI, sujet à la modélisation [SrL01]. La séparation des préoccupations de composition de chacun des concepts (processus, service, composant, programme) implique l'utilisation systématique de langages spécifiques au domaine de modélisation pour décrire les différentes architectures d'une solution du SI. Ces langages sont des standards industriels qui sont associés à un support graphique [NSM00]. Ils possèdent un niveau d'abstraction moins élevé que les langages de modélisation généralistes (par exemple, le langage de modélisation unifié [SWB03]). Cette abstraction promeut des modèles plus simples avec une plus grande attention sur le problème et la complexité du SI à modéliser. En suite, il s'agira de réaliser un SI selon une vision idéalisée [10] de l'entreprise, tout en répondant aux soucis de l'automatisation de l'organisation du travail avec des contraintes de coût, de temps de mise en œuvre, de performances, et de fiabilité. Outre le fait qu'il constitue le « moyen » permettant d'automatiser et de « dématérialiser » les processus métiers, un SI doit aussi refléter la structure évolutive de l'entreprise.

Dans ce contexte, il est vital d'automatiser au mieux la phase de conception-tissage afin que les efforts soient davantage portés sur la modélisation en mettant à disposition des parties-prenantes du cycle de développement (analystes-métier, architectes-système, ingénieurs-logiciel et développeurs) des outils, concepts et langages pour créer, transformer et optimiser les modèles de l'entreprise. Cette automatisation devrait se faire selon une ingénierie logicielle axée sur le métier (*Business Driven Development* [Pan08]) pour assurer « l'alignement » du SI sur les processus métiers de l'entreprise – son cœur de métier [SPJ10].

10. Elle implique « généricité », « modularité », « portabilité », « maintenabilité », « compatibilité » avec les variations de l'environnement matériel et logiciel [RRH08].

2.2.1 Modélisation des architectures des processus métiers

Dans bien des cas, la modélisation du référentiel des procédures d'entreprise se rapporte à l'esquisse – par un analyste-métier – d'un diagramme de processus métiers. Aujourd'hui, le langage de modélisation le plus répandu et de facto le standard le plus utilisé est celui de la notation graphique pour les processus : *Business Process Modeling Notation* (BPMN [OMG09]). Reprenons notre exemple de motivation de la Figure 1.1 du Chapitre 1 qui illustre une procédure d'entreprise de la chaîne logistique pour la vente au détail. La Figure 2.3 montre un modèle de processus privés du « détaillant » constitués de tâches et de « sous-processus » décrits en BPMN. Un processus privé (interne à l'organisation) comprend les activités qui contribuent à ajouter de la valeur dans un produit ou un service métier. Un sous-processus est une tâche composée contenant des tâches de maillage plus fin. Il est représenté par un rectangle avec le symbole « + » permettant d'accéder aux détails représentés par un rectangle à fond gris. Il va sans dire que ces processus sont pilotés par chacun des acteurs (commercial, comptable, planificateur, magasinier, emballeur) de la Figure 1.2 du Chapitre 1.

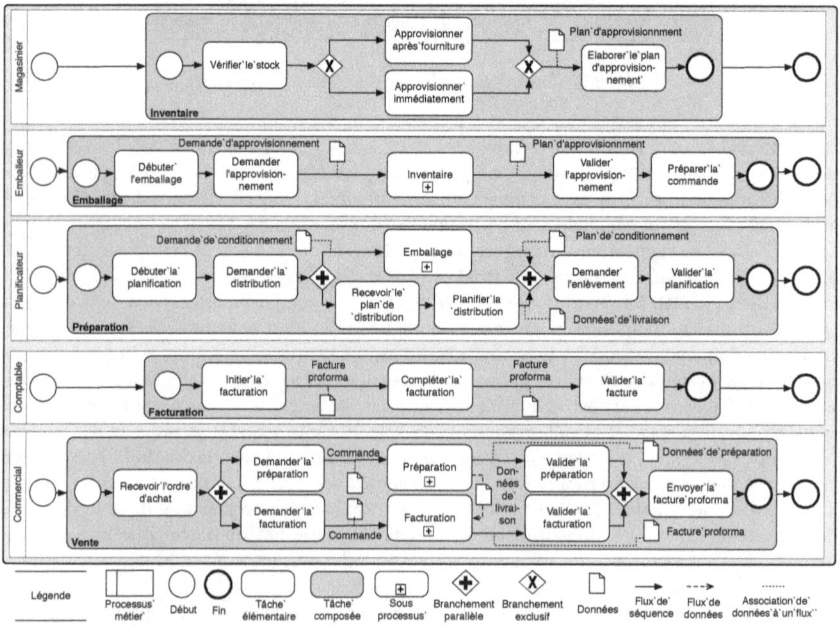

Figure 2.3 – Diagramme BPMN des processus privés pour la vente au détail.

La cartographie de la procédure de commercialisation en processus privés indépendants assure une séparation des préoccupations entre des unités organisationnelles indépendantes. Par exemple, la Figure 2.3 montre que la « vente » est assurée par un « commercial » et qu'elle est composée de la « préparation » de la commande et de la « facturation » des produits expédiés. Cependant, elle ne donne aucune indication sur l'interaction des services métiers. Il est alors difficile de comprendre comment le processus du « commercial » collabore avec les sous-processus de « préparation » du « planificateur » et celui de « facturation » du « comptable ». De plus, il est ardu de deviner les flux inter-processus, tant nécessaires pour avoir une vision complète sur la procédure de commercialisation. En effet, le service métier de la vente à un client est constitué par des services fonctionnels, qui sont eux-mêmes en interactions. Evidemment, les interactions bilatérales de la vente font que le client doit posséder son propre processus d'« achat ». De même, le service de vente nécessite une collaboration avec d'autres services métiers externes – selon la composition de services avec ses partenaires–voir même, des échanges multilatéraux.

En général, on dit qu'une activité est publique (ou externalisée) lorsqu'elle dépasse le champ de l'entreprise ou bien qu'elle met en action des partenaires ou des sous-traitants. Pour le détaillant de la Figure 1.2, la « vente » interagit avec « achat », la « planification » fait appel à l' « expédition » et l'« approvisionnement » requière la « fourniture » de marchandises. À titre d'exemple, la Figure 2.4 montre une collaboration des processus publics du détaillant, du client, du distributeur et du fournisseur. Souvent, les modèles de « collaboration BPMN » sont représentés comme des « compositions de services fonctionnels ». Ils mettent en évidence les flux entre les processus (la facturation, la vente, etc.) des diverses unités organisationnelles (le comptable, le commercial) d'une même entreprise (le détaillant), ou entre plusieurs processus publics (achat, expédition, fourniture) appartenant à différents partenaires. Ces derniers sont impliqués dans une procédure de l'entreprise (la vente au détail).

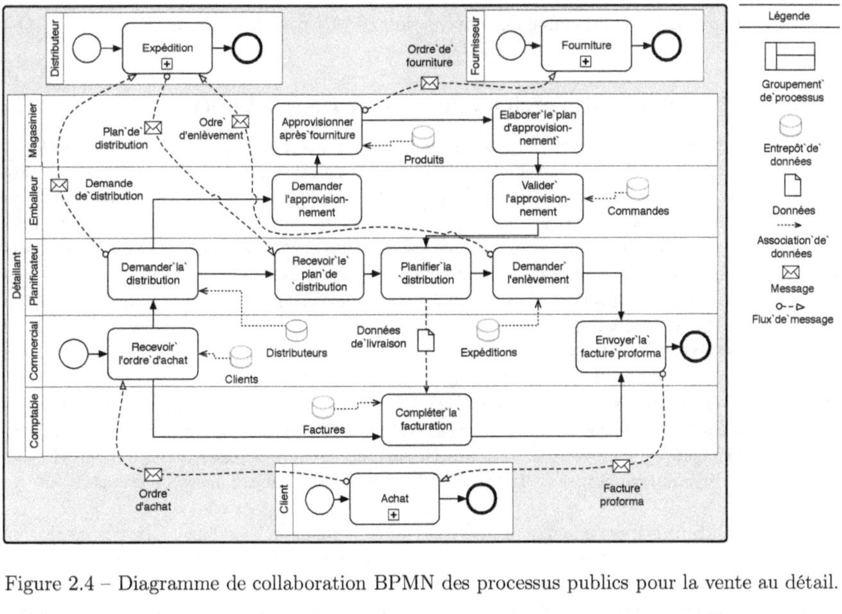

Figure 2.4 – Diagramme de collaboration BPMN des processus publics pour la vente au détail.

Le langage BPMN fait donc la différence entre les processus privés et publics. Par ailleurs, BPMN utilise des concepts (flux de message, conversation, etc.) pour décrire les architectures fonctionnelles qui sont très différents de ceux d'une architecture applicative (composant, connecteurs, etc.). En effet, on peut parler d'architectures de processus métiers « inter-organisationnels » qui concernent plusieurs unités organisationnelles (commercial, planificateur, client et prestataire). Un architecte-système représentera cette architecture par un diagramme de « conversation BPMN », comme celui de la Figure 2.5. Dans ce cas, les diagrammes BPMN jouent un rôle de médiation architecturale et représentent l'architecture fonctionnelle d'un SI. Cependant, il faut apporter une précision. Un processus décrit « quoi faire », alors que l'architecture décrit « comment le faire ». En effet, un modèle de conversation BPMN décrit les interactions entre plusieurs participants possédant leurs propres descriptions du flux de travail selon lequel leur services fonctionnels doivent être réalisés.

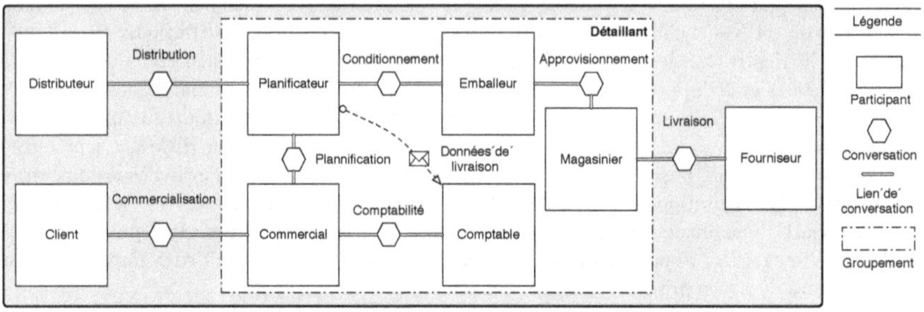

Figure 2.5 – Diagramme de conversation BPMN pour la vente au détail.

2.2.2 Mise en œuvre des architectures de processus métiers

En général, la mise en œuvre des processus métiers passe par la réalisation d'un Workflow (partiellement ou entièrement) automatisé. L'objectif premier de BPMN est de séparer la description de la « logique métier » des processus de la « logique applicative ». Si la totalité ou une partie de cette logique métier venait à être automatisée, ceci permettrait de découpler les processus et les applications qui les exécutent. La notation BPMN est assez rigoureuse de sorte qu'il est possible d'esquisser un diagramme pouvant couvrir tous les détails de la « logique applicative » nécessaire à la réalisation d'un SI [DDO08]. Cependant, la plupart des analystes-métier ne sont pas intéressés à réaliser un modèle BPMN « exécutable », car cela exigerait de prendre en compte beaucoup de détails, que seul un ingénieur-logiciel est capable de maîtriser. Ce sont les développeurs qui complètent les détails ayant une signification précise pour l'automatisation du Workflow. Le résultat est souvent un modèle BPMN très complexe. Ils transforment alors un diagramme BPMN en un programme exécutable. Ensuite, ils éditent une interface pour les utilisateurs finaux. Quoi qu'il en soit, le standard BPMN, en voulant imposer une approche globale, ne résout pas le paradoxe actuel de BPM. En effet, la modélisation universelle n'existe pas.

Un des grands principes de la modélisation est de toujours modéliser dans un but précis. Si l'on souhaite documenter le métier de l'entreprise, il faut modéliser des processus métier en suivant une méthodologie particulière. Rappelons que BPMN est une « notation » qui n'impose pas de démarche d'analyse. Contrairement aux spécifications produites par une « analyse fonctionnelle » [SPJ10], une « démarche d'analyse » ne décrit pas ce que réalise un SI mais comment il est conçu : son ingénierie. Celle-ci est composée d'un ensemble de points de vue, et de moyens de traçabilité architecturale. Les liens entre les concepts des différentes architectures établissent des connexions entre des entités appartenant à des modèles différents (hétérogènes ou non).

Par contre, si la modélisation est faite dans le but d'alimenter un moteur de Workflow, alors il faudra également modéliser dans le but de l'exécution, en transposant le modèle BPMN en un modèle compréhensible par un moteur de Workflow. Cependant, ce dispositif est loin de fournir l'architecture applicative suffisante à la réalisation d'une « entreprise dématérialisée » [ABP12, GSCB99]. Force est de reconnaître que ces technologies s'orientent vers la gestion des processus métiers, mais ne répondent en rien à l'ingénierie d'un SI. Outre le codage du Workflow, il est nécessaire adopter un procédé de tissage entre les processus métier et les architectures SOA.

Le standard BPMN dans sa version 2.0 [OMG09] propose de rendre un modèle BPMN « exécutable » en tant que tel, ou bien de le transformer vers le langage d'orchestration des services Web : WS-BPEL [Pan08], un autre standard de fait pour alimenter les moteurs de Workflow (se reporter au Chapitre 3 pour plus de précisions). Il est vrai que cela apporte une réponse directe permettant de fusionner les solutions d'architectures des processus métiers aux préoccupations techniques avec un code source de programme bénéficiant d'un style SOA. Malheureusement, tout ceci se fait au détriment de la « cohérence architecturale » du SI. L'ingénierie de l'architecture fonctionnelle et la modélisation des responsabilités (incluant la modularité et la réutilisabilité), pourtant si importantes pour la logique applicative, sont exclus du procédé de conception et sont relégués à une activité parallèle. Cette activité se retrouve principalement dans la réalisation des architectures applicatives selon les fondements de l'ingénierie des composants.

2.2.3 Ingénierie des architectures orientées services

L'ingénierie des composants se base sur l'idée selon laquelle un service fonctionnel se construit par assemblage, agrégation et composition de composants applicatifs de granularité inférieure ou équivalente, et ce quelque soit le maillage choisi, par exemple, services organisationnels, services métiers, services techniques. Les ingénieurs-logiciel se servent de briques réutilisables pour construire des applications composites par combinaison de composants (pouvant être développés séparément) au lieu de créer des architectures monolithiques. Aujourd'hui, l'une des mises en œuvre des plus commune du style SOA est sans nul doute celle de « l'architecture de composants à services » (*Service Component Architecture*, SCA [Ope09a]) qui tend à devenir un standard de fait. L'engouement des éditeurs de logiciel est bien visible par leur nombre dans le groupe de travail *OASIS Open Composite Services Architecture* (Open CSA) qui est à l'origine des spécifications SCA [MR09]. L'usage de SCA ouvre la voie à la refonte progressive des SI existants en permettant de réaliser une architecture SOA en tant que nouvelles applications composite, ou juste d'« envelopper » les systèmes existants comme une réponse non intrusive pour réaliser une architecture SOA. Cet usage s'intègre dans une démarche des schémas généraux, dans lesquels le fonctionnement de l'entreprise doit s'insérer dans un modèle proposé par une équipe dirigeante pour rendre les SI « intéropérables ».

A première vue, il s'agit d'un ensemble de spécifications décrivant un cadre de programmation pour construire des applications composites à base de composants dans lequel les services Web ont pu donner à la notion ordinaire de « composant technique » une nouvelle dimension de « service » [FBD+11]. Cependant, SCA est bien plus qu'un cadre d'assemblage de composants applicatifs selon le style SOA. Il vise à simplifier la création et la composition de services fonctionnels indépendamment de leur(s) logique(s) applicative(s). Le fait de pouvoir s'abstraire des considérations techniques simplifie énormément la conception des architectures applicatives selon le style SOA et améliore leurs « interopérabilité ». La construction d'une architecture applicative se fait alors par combinaison et association de composants. Chaque composant (un service fonctionnel) réalise une fonctionnalité ou un aspect de la logique métier, qu'il peut exposer des interfaces et des contrats de service. Les modalités d'assemblage des composants applicatifs sont en cohérence avec les processus métiers. La Figure 2.6 montre une « configuration canonique » de composants SCA. Ce modèle de composants SCA est regroupé au sein d'un composite « détaillant » qui met en œuvre l'architecture fonctionnelle présentée dans la section précédente. Nous utilisons l'adjectif « canonique » pour qualifier une forme « standard » de l'architecture applicative dont plusieurs représentations sont possibles. Une configuration représente un graphe de composants et de connecteurs décrivant la façon dont les composants sont reliés entre eux : des dépendances entre références et services applicatifs.

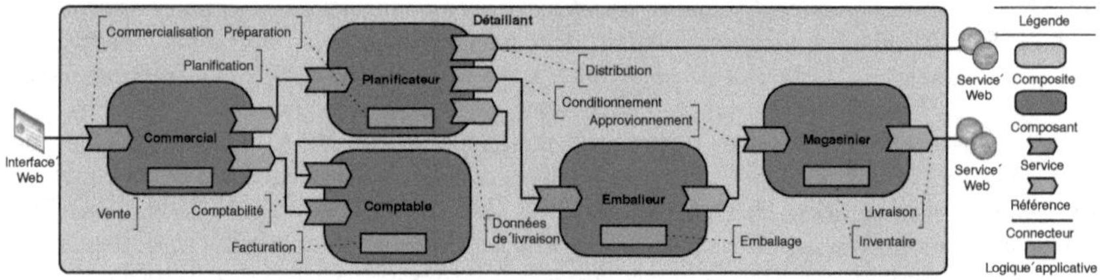

Figure 2.6 – Diagramme SCA de l'architecture applicative du détaillant.

Bien que l'ingénierie des composants soit réellement appréciable dans la réalisation des composants SCA, elle n'est pas sans imposer quelques contraintes. Cette branche du génie logiciel met l'accent sur la séparation des préoccupations en ce qui concerne les fonctionnalités des composants. Un composant est censé fournir des services fonctionnels. Les fonctionnalités qu'il encapsule doivent être en rapport et cohérentes entre elles. Trouver un compromis entre la spécialisation du composant, pour optimiser son utilisation dans le cadre du projet de réalisation actuel, et sa généralisation, en vue de sa réutilisation dans les projets de maintenance futurs, est souvent un casse-tête pour les concepteurs. D'abord, la structure de l'architecture applicative doit être en « cohérence architecturale » avec l'architecture métier et l'architecture fonctionnelle. Par exemple, comme c'est le cas de la Figure 2.6 où la configuration des composants applicatifs doit refléter la structure de l'entreprise. Si nous considérons que le service métier de « planification » de commandes et celui de la « comptabilité » sont deux unités organisationnelles indépendantes (cas de la Figure 2.5), alors cette séparation de la logique métier doit être traduite en une structuration de la logique applicative. Cette traçabilité architecturale permet d'améliorer énormément la lisibilité du SI. Ainsi, notre première motivation est de définir un procédé de développement automatisé qui puisse générer une configuration canonique basée sur le style SOA, où la granularité des composants applicatifs correspond au maillage des processus.

Ensuite, lors de l'évolution des processus, nous voulons simplifier la maintenance dans le cas où une partie de cette logique des processus venait à être modifiée de manière incrémentale. En effet, selon les concepts introduits par le style SOA, il est plus aisé de faire la mise à jour localisée d'un composant, et de ne modifier qu'une partie du SI, que de devoir remettre en question toute l'architecture applicative pour garantir la « cohérence fonctionnelle ». Reprenons l'exemple de l'évolution de la chaîne logistique du détaillant de la Figure 2.1. L'introduction d'un service métier de « contrôle » peut être modélisé par le modèle BPMN de la Figure 2.7. L'introduction du processus de « contrôle » implique la modification des processus « inventaire » et « emballage ». L'impact de ces modifications est illustré dans le modèle SCA par le fait que les unités d'approvisionnement et de conditionnement doivent faire évoluer leurs services fonctionnels afin qu'ils aient une interface avec le processus de « contrôle » de la qualité.

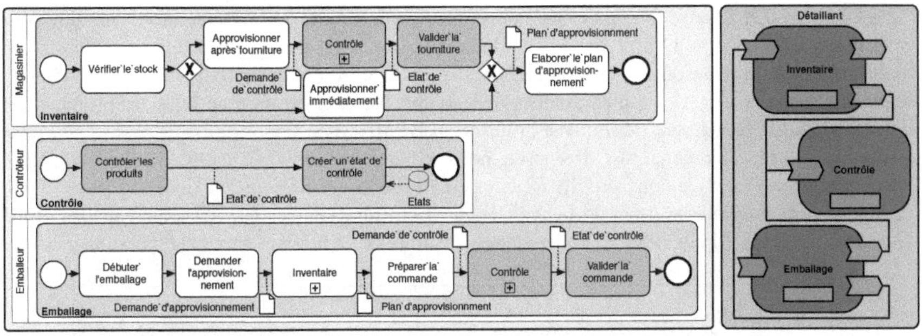

Figure 2.7 – Exemple d'un changement des modèles BPMN et SCA.

Notre deuxième motivation est de proposer un outil pour la simulation de l'impact des changements des modèles de processus sur les modèles sous-jacents, et relever ainsi les défis de la gouvernance des changements de la logique métier et de l'adaptation de l'infrastructure IT. Dans la section suivante, nous présentons une revue de nos contributions pour les motivations que nous venons d'évoquer.

2.3 Revue des contributions et plan

Les travaux de recherche que nous avons menés ont abouti à trois contributions que nous présentons ici. Cette thèse est d'ailleurs un triptyque organisé selon les sujets suivants :

- La transformation de modèles pour l'alignement architectural ;
- La synchronisation incrémentale de modèles pour l'alignement fonctionnel ;
- L'outillage pour l'alignement architectural et fonctionnel.

Dans ce qui suit, nous abordons succinctement ces trois contributions avant de les situées, au chapitre suivant, par rapport à l'état de l'art qui entoure nos travaux.

2.3.1 Transformation de modèles pour l'alignement architectural

Sur un plan méthodologique, un SI est souvent vu comme un ensemble de transformations d'informations, alors que le procédé de conception d'un SI peut être vu comme une chaîne de transformations de modèles partiellement ordonnée. Chaque transformation prend un modèle d'architecture en entrée, et produit, en sortie, un modèle d'architecture de niveau inférieur, et ce jusqu'à l'obtention d'une solution technique du SI. C'est dans ce cadre de conception-tissage par la transformation de modèles que nous proposons une approche dirigée par les modèles (*Model Driven Engineering*) pour « l'alignement architectural » des différents modèles d'un SI. Elle permet de conserver le savoir-faire et les choix de conception contenu dans les modèles proches des centres de décision et apporte l'agilité aux méthodes d'analyse et de conception, grâce aux économies d'échelle réalisées par l'automatisation du procédé de développement. Ce premier volet de nos travaux a été publié dans [DCG10].

La Figure 2.8 illustre la démarche de conception que nous entendons suivre et que nous présentons au Chapitre 4. Elle montre les différents modèles que nous utilisons pour décrire les quatres vues d'un SI selon le principe illustré dans la Figure 2.2. Nous adoptons une ingénierie logicielle axée sur le métier qui commence avec la spécification des interactions des processus et des exigences de la logique métier avec la notation BPMN. Selon une chaîne de transformations automatisées de raffinement architectural, nous générons un modèle canonique qui constitue l'architecture applicative concrète du SI. Ce modèle est une configuration de composants SCA. Le raffinement consiste en une approche de conception itérative où nous affinons à chaque étape le niveau de détails de la solution technique du SI tout en répondant aux exigences du métier.

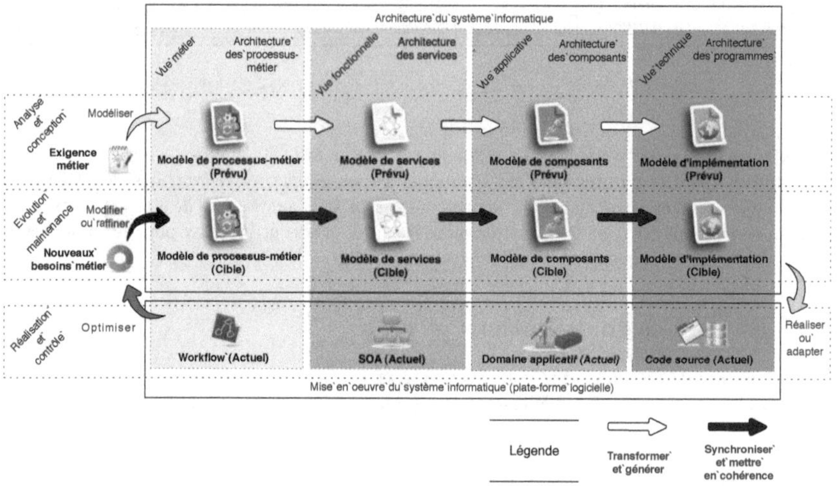

Figure 2.8 – Approche itérative pour l'ingénierie dirigée par les modèles.

En produisant une configuration SCA selon une « approche descendante », notre démarche de conception permet de faire correspondre la granularité des composants SCA au maillage des processus métiers décrits en BPMN. Le passage d'une architecture abstraite des processus vers une architecture SOA concrète se fait par la production d'une architecture fonctionnelle intermédiaire. Ensuite, la programmation des services Web [Hin08] permet de convertir les composants SCA en des services applicatifs en utilisant les technologies disponibles pour SCA [Ope09a].

Notre méthode d'analyse est composée de deux niveaux de conception – « prévu » et « cible » – qui correspondent à deux générations de modèles. Cette distinction entre modèles permet la traçabilité des exigences qui documentent les fonctionnalités de chacune des vues du SI. La génération « prévu » représente les modèles qui sont actuellement utilisés et qui répondent aux exigences du métier actuel. La Figure 2.8 illustre la mise en œuvre « actuelle » comme celle qui contient les différents artéfacts déployés du SI. La génération « cible » regroupe les modèles qui doivent être utilisés à l'avenir, lors de l'apparition de nouveaux besoins métiers ou d'un changement des exigences « actuelles ». Ils nécessitent la propagation du changement de ces fonctionnalités entre les modèles et l'adaptation de la plate-forme logicielle. Il s'agit de la synchronisation de modèles.

2.3.2 Synchronisation incrémentale de modèles pour l'alignement fonctionnel

Sur un plan fonctionnel, nous proposons une approche de synchronisation incrémentale permettant la modification manuelle des modèles de processus métiers et la propagation automatique du changement aux modèles de plus bas niveaux. Elle permet de procéder par des essais-pilotes afin d'effectuer des évolutions contrôlées de petite ou moyenne envergure sur la logique métier. Notre approche est associée à un procédé de développement « agile » qui synchronise[11] les modèles d'un SI. Ce procédé offre la possibilité d'affiner progressivement les processus et d'adapter les fonctionnalités logicielles déjà réalisées dans une architecture SOA, ou même en cours de réalisation, tout en préservant la cohérence fonctionnelle des vues du SI. Ainsi, quand il est nécessaire de procéder à un changement structurel dans le SIE – qu'il s'agit d'une simple évolution des processus existants ou d'une introduction de nouveaux services métiers –, nous pouvons nous contenter, dans la majorité de cas, de « modéliser » le SI « en cible » en modifiant les modèles existants ou en en créant de nouveaux. Afin d'améliorer la productivité des architectes-système et des ingénieurs-logiciel, ils peuvent ensuite « rejouer » la plus grande partie du procédé de transformation, et changer quelques détails pour adapter les développements antérieurs. Ce sont les principes de « l'alignement fonctionnel » que nous proposons. Il s'agit des principes de gouvernance du changement qui garantissent une traçabilité des modifications effectuées entre les modèles BPMN et SCA. En comparaison au tissage manuel des architectures, la fiabilité de la transformation automatique et la synchronisation des modèles permet de réduire le nombre de défauts dans les programmes résultants.

Généralement, la transformation de modèles utilise un langage dédié [TEG$^+$05, AC08, CH06, CH03, MGVK06] et prévu pour être intégrable aux environnements de développement et aux ateliers de génie logiciel. Un tel langage a l'avantage de permettre l'automatisation des transformations modèles. En revanche, nous montrons que les langages existants sont mal adaptés pour la synchronisation incrémentale de modèles, qui vont au-delà des problématiques de traductions conceptuelles entre des domaines de modélisation différents. Ils trouvent rapidement leurs limites lorsque la sémantique de la transformation devient complexe du point de vue algorithmique : comme dans notre cas de la transformation BPMN en SCA. En effet, ils ne permettent pas d'exprimer la propagation des modifications au niveau de la sémantique des modèles manipulés. Le plus souvent, ils se rapportent à l'expression d'un graphe couvrant la correspondance entre les modèles transformés. Ceci impose de nombreuses contorsions qui rendent les transformations de modèles complexes à élaborer, à valider et, surtout, à maintenir. De plus, si certains patrons de conception ne sont pas respectés au niveau des modèles, il est parfois nécessaire d'intervenir manuellement pour intégrer les modifications des modèles. Pour remédier à cela, nous proposons une approche alternative qui permet de propager les changements entre les modèles BPMN et SCA et de procéder à des synchronisations plus consciencieuses. Concevoir une approche incrémentale de conception-réalisation est la seconde contribution de notre thèse. Les travaux autour de ce volet, que nous présentons d'ailleurs au Chapitre 5, ont été publiés dans [DCG11b].

11. Action de coordonner plusieurs modifications entre elles en fonction des niveaux d'abstraction de modèles.

2.3.3 Outillage pour l'alignement architectural et fonctionnel

Sur un plan technique, nous savons que pour initier toute action évolutive ou corrective sur les processus métiers, il est crucial d'analyser l'impact des changements qu'elle implique sur les vues du SI et de justifier son bien fondé [LRvV03]. D'ailleurs, il est intéressant de pouvoir lire le modèle d'analyse de l'impact sous la forme de liens entre les différents vues. Avec les approches existantes d'estimation de l'impact du changement, il est impossible d'évaluer les effets des modifications d'une vue du SI sur la réingénierie des autres vues. Au Chapitre 6, nous proposons un outil d'analyse d'impact qui est intégré à un environnement de modélisation. Cet outil offre un cadre pour la production et la visualisation des modèles BPMN et SCA, et permet de propager, d'une manière incrémentale, les modifications des modèles BPMN aux modèles SCA. Cet outil nous permet de valider notre approche dirigée par les modèles et de mettre en valeur les principes de notre méthode de synchronisation incrémentale des modèles BPMN et SCA. Les résultats de cette troisième contribution ont été publiés dans [DCG11a, DCG11b].

Notre utilisation de BPMN pour la modélisation des services métiers s'intègre dans la démarche BPM. Elle s'inscrit dans une « approche ascendante » qui consiste à analyser le fonctionnement réel de l'entreprise afin de l'automatiser et de le faire évoluer. Ceci permet de mettre en évidence le lien étroit entre les processus métiers et les applications composites d'une entreprise orientée services. Cependant, avant d'effectuer l'adaptation effective des applications, nous proposons d'identifier les composants applicatifs qui sont touchés par le changement des processus et de déterminer la manière selon laquelle ces composants doivent être adaptés. Nous affirmons qu'il est possible de combiner notre méthode d'ingénierie à une « approche ascendante » où il s'agit de faire évoluer le SI à partir d'éléments de base bien connus, solidement maîtrisés, et explicitement décrits avec des modèles SCA. Par ailleurs, nous introduisons des métriques qui permettent d'évaluer les changements sur les modèles et de simuler leur impact dans notre chaîne de transformations. Ces métriques peuvent être intégrées dans une méthode prédictive pour l'estimation de l'effort et des coûts de la maintenance logicielle. Enfin, elles nous permettent de proposer un cadre systémique pour accompagner les entreprises dans leur gouvernance du changement de l'architecture SOA. Dans le chapitre suivant, nous positionnons nos trois contributions au sein de l'état de l'art des disciplines, auxquelles nous faisons référence dans cette thèse.

3 État de l'art et positionnement

Dans ce chapitre, nous faisons l'état de l'art des problématiques qui entourent les travaux présentés dans cette thèse. En effet, les recherches que nous avons menés sont à l'affluence de plusieurs disciplines à savoir (a) la gestion et l'optimisation des processus métiers, (b) l'ingénierie des services et des composants, et (c) l'informatique en modèles intégrés. Tout d'abord, intéressons-nous à la gestion des processus métiers.

3.1 Gestion des processus métiers

Comme nous l'avons énoncé au chapitre précèdent, notre motivation est la définition d'un cadre méthodologique pour une ingénierie logicielle axée sur le métier qui s'inscrit dans la démarche BPM (gestion des processus métiers [Inc12a]). La démarche BPM propose un cadre méthodologique global pour l'analyse et l'élaboration d'une vue « holistique » de la cartographie des procédures d'entreprise, du management des flux de travaux et du pilotage des processus métiers automatisés ou dématérialisés. Elle s'accompagnent, en autre, d'une méthode d'analyse de l'organisation par les « processus » telle que *Office Support Systems Analysis and Design* [DC90]. La méthode d'analyse propose la réalisation d'un SIE (système d'information d'entreprise) qui soit piloté par les processus. Elle met l'accent sur les phases de conception, de développement et de déploiement des solutions de Workflow. Pour comprendre l'objectif de la démarche BPM, il faut comprendre ce qu'est une procédure d'entreprise, un processus et un Workflow.

3.1.1 Procédure, processus et Workflow d'entreprise

Une « procédure » désigne la méthode qu'il faut suivre pour réaliser un ouvrage ou pour régir des opérations. C'est donc une succession imposée de tâches à réaliser [Wik12d]. Puisqu'elle concerne les unités organisationnelles, la « procédure d'entreprise » représente la manière de mettre en œuvre tout ou une partie du métier d'une entreprise. A l'opposé, un procédé ou « processus » représente une démarche indicative qui est communément défini comme « un ensemble fini d'activités ou un enchaînement d'opérations qui transforment des éléments d'entrées en vue d'obtenir des élément de sorties » [Hoy06]. Nous suivons la définition de la spécification BPMN [OMG09] qui définit une « activité » pour désigner le travail à réaliser [12]. Par conséquent, le « processus » est une prescription en vue d'obtenir un résultat déterminé dans le contexte d'une organisation de travail. Afin de concilier cette définition à une vision « économique », nous pouvons y ajouter le fait que le résultat escompté peut avoir de la valeur pour l'entreprise [HC03].

Un processus est utile pour décrire le travail selon lequel une entreprise devrait produire [13] un résultat ayant une valeur ajoutée pour elle-même ou pour ses clients. Pourtant, il nécessite

12. « *... a generic term for work that a company performs in a process...* » [OMG09].
13. Ici, nous faisons abstraction des ressources nécessaires à l'accomplissement du processus.

parfois des déviations du contexte réel [Dah08]. Dans ce cas, nous parlons de la « logique métier » comme une manière de décrire un processus réel. Les processus sont souvent rattachées à une division opérationnelle ou une unité organisationnelle afin de mieux les situer dans la masse des informations de l'entreprise. Nous parlons alors de « processus métier » – traduction de l'anglais : *Business Process* [RB95]. Comme le métier d'une entreprise est lié au secteur industriel où celle-ci opère, un processus est donc la description des actions du travail qui conduisent directement à l'obtention de biens ou à la fourniture de service(s) métier(s) [Dav93].

Un processus ne doit pas être confondu avec un Workflow. À savoir qu'un Workflow – anglicisme pour « flux de travaux » – est la traduction informatique d'un processus partiellement ou entièrement automatisé. Un Workflow sert à fournir à chacun des acteurs d'un processus, les informations nécessaires à l'exécution des activités qui le composent. Par exemple, pour un processus de publication en ligne, il s'agit de modéliser les tâches de la chaîne éditoriale pour pouvoir dématérialiser le circuit de validation des publications. Pour cela, le processus doit être modélisé avant d'être exécuté par un dispositif informatique : un moteur de Workflow [RLSB08].

3.1.2 Modélisation, notation et modèle de l'architecture de processus métiers

La modélisation des processus métiers (*Business Process Modeling* [KHK$^+$08]) se situe au cœur de la démarche BPM. Elle concerne la création de modèles de processus métiers [LD99]. Les modèles sont représentés sous une forme graphique qui décrit les responsabilités des processus. Schématiquement, un processus est communément représenté par un rectangle avec des entrées fléchées et des flèches orientées en dehors du processus pour les sorties, comme cela est illustré à la Figure 3.1. Le processus est souvent décomposé en sous-processus définis par une collection de tâches (ou d'actions) avec des données d'entrée et des données de sortie, ainsi que des flux de contrôle. Il est toujours initié par un événement « déclencheur », et lorsqu'il se termine, un ou plusieurs événements « terminaux » son déclenchés – susceptibles de déclencher d'autres processus d'une entreprise « étendue » ou « dématérialisée » [ABP12, GSCB99].

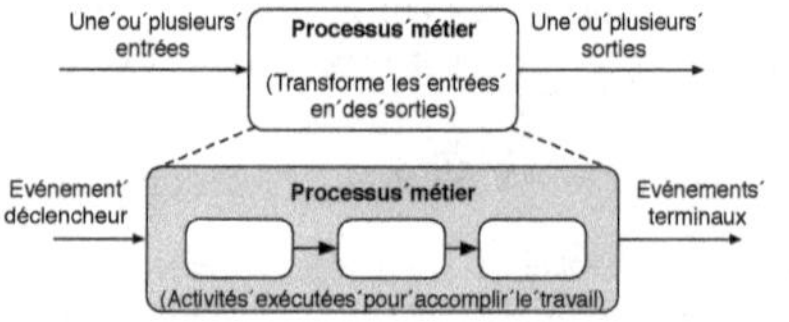

Figure 3.1 – Schématisation d'un processus métier.

On parle souvent de collaborations de processus (ou inter-organisationnels [VDA99]) avec de simples échanges de données ou des services métiers complexes [vdAMSW09, BB05] modélisées au sein d'une architecture de processus métiers [KHB00]. Cette architecture décrit les interactions entre les services métiers des unités organisationnelles d'une entreprise [KHK$^+$08]. Selon cette perspective, nous pouvons alors parler de « processus de services métiers » [WK02]. L'objectif étant de documenter les exigences de « la logique métier » des services métiers indépendamment des architectures fonctionnelles qui les supportent et de leur implémentations [GHS95]. Les processus peuvent être modélisés selon des abstractions différentes [BK03], pour la simple raison, qu'un des grands principes de la modélisation, est de toujours modéliser dans un but précis [DK10]. Les abstractions – selon une notation – s'imposent pour permettre une étude plus simple au sein d'un contexte maîtrisé autre que le contexte réel [SrL01].

De part sa construction et les outils qui ont été développés autour, le standard BPMN (*Business Process Modeling Notation* [OMG09]) est devenu la notation incontournable de la modélisation des processus. Ce standard introduit la modélisation des collaborations qui permettent de décrire les modèles d'interactions entre plusieurs processus. Individuellement, chaque processus possède sa propre description du flux de travail – selon lequel les fonctionnalités de la logique métier sont réalisées – avec une valeur ajoutée pour les services métiers. Cependant, BPMN n'est pas pour autant un langage de représentation de flux de données, ni un langage de modélisation universelle des processus. Normalement, il vise les acteurs en charge de convertir un modèle BPMN en un processus exécutable, par exemple, une orchestration de services Web. Toutefois, les diagrammes BPMN restent normalement compréhensible par les analystes-métier et les ingénieurs-système. Dans l'ensemble, chaque artéfact BPMN possède une signification précise [Whi05, Pan08], mais, tous les éléments sont rarement utilisés dans la modélisation. En réalité, ils compliquent la mise en œuvre de processus métiers flexibles [RW06].

3.1.3 Flexibilité des processus métiers

Au-delà des aspects méthodologiques, les entreprises ont recourt à des solutions informatiques tels que les suites de modélisation et de simulation de processus, les plateformes *Business Process Management System*, où la modélisation tient la place centrale. Ces solutions les aident sur toute la chaîne de l'automatisation de leurs processus métiers : de la cartographie jusqu'à l'optimisation [14]. En général, le cycle de vie de la majorité des processus peut être schématisé par la Figure 3.2. Il y a bien différentes étapes où le processus est graduellement modifié d'une manière incrémentale [KGZ09], et d'autres périodes où il est nécessaire de changer le processus de manière radicale [RBW07, RRH08]. Ces étapes oscillent entre évolutions dites avec ruptures – quand le lien entre le processus de départ et celui d'arrivée ne peut pas être établi – et évolutions continues qui permettent de faire le lien entre le processus « actuel » (qui doit évoluer) et le processus « en cible » (ayant évolué). Ceci nécessite une flexibilité des processus métiers. La flexibilité d'un processus se définit comme une propriété de ce dernier à être modifié sans provoquer l'instabilité du système où il est utilisé [RSS06, KN06]. L'expérience montre qu'il est plus simple de changer les processus directement dans l'outil de modélisation, mais qu'il convient de définir des mécanismes permettant d'assurer la cohérence du modèle métier et du modèle exécutable. Ici, nous nous intéressons à la flexibilité par le changement [SMR+08] et par l'adaptation [HHJ+99], ainsi qu'au caractère incrémental du changement des processus. Nous supposons aussi que les changements manuels sur les modèles métiers sont recommandés [CO07], autorisés [CO07], et qu'ils n'invalident pas de règles métiers [BS06].

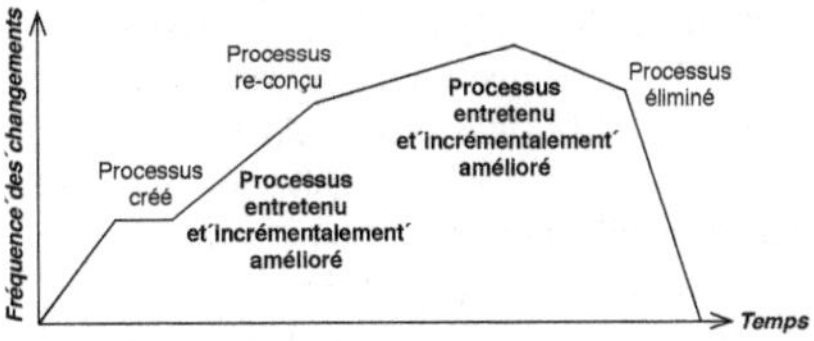

Figure 3.2 – Cycle de vie des processus métiers selon Hammer [HC03].

14. Il s'agit des approches comme *Greay Rummler's Performance Improvement Model* [RB95], *Business Process Reengineering* [MAA06], *Continuous Process Improvement* [Cha94].

Quoi qu'il en soit, pour pouvoir modifier un processus existant en maîtrisant les charges informatiques, il est souvent nécessaire d'adapter les architectures fonctionnelles et applicatives sous-jacentes, au sein d'une méthodologie unifiée [WEL02, SPJ10]. Ceci dépasse le cadre de la modélisation et la cartographie des processus métiers [KHK+08], car la réalisation ou la refonte du modèle exécutable se rapporte aux principes de l'ingénierie des services [KJE05, Erl07]. D'ailleurs, selon les principes fondamentaux de la démarche BPM, le remplacement des processus ou leur changement radical ne doit pas induire le remplacement des réalisations de type SOA (architecture orientée services), mais simplement leur réutilisation. Il s'agit d'une condition indispensable pour justifier les investissements liés à l'adoption de la démarche BPM. Adapter l'architecture SOA aux évolutions de la logique métier n'est pas une nouvelle problématique [SKI09]. Citons pour cela ces propos extraits de [BLGM08] : « *... there is no magic in SOA. In many ways it is the evolution of the ever-present and old concept of modularity ... applied to better alignment of IT and business at a global* ».

Il est donc important de ne pas considérer les domaines de BPM et de SOA comme antagonistes, mais comme complémentaires [DK10, CKP10, Bra07]. D'ailleurs, la preuve de cette complémentarité dans le paradigme *Business Process as a Service* (BPaaS [Acc11]) qui consiste à « externaliser » un processus suffisamment automatisé. Cela suppose que nous pouvons subdiviser le processus en applications logicielles distinctes pour chaque unité organisationnelle. En particulier, nous devrions pouvoir modifier séparément les applications lors de l'évolution des processus. En effet, si l'infrastructure logicielle fait l'objet d'une ingénierie efficace qui promeut la réutilisation et l'extensibilité, alors le changement des processus devrait générer moins d'incertitudes et de craintes, puisqu'il ne concernera que quelques unités. Il est donc nécessaire de garantir que les modifications sur l'infrastructure logicielle s'effectuent de façon incrémentale et localisée [BMZ+05], sans pour autant remettre en cause la totalité des développements antérieurs.

3.2 Ingénierie logicielle orientée services

L'ingénierie des services offre un cadre pour développer des applications logicielles – appelées *Service Oriented Business Application* [PTDL07] – évolutifs et facilement adaptables à l'échelle d'une entreprise. Les unités organisationnelles sont considérées comme des services métiers qui sont faciles à produire et à améliorer. Il s'agit de construire des « corporations » construites comme un travail coordonné entre des unités organisationnelles indépendantes. Selon les concepts introduits par l'ingénierie des services, le développement du SI (système informatique) se ferait donc selon un style d'architecture uniforme de « composition de services fonctionnels » au sein d'une architecture SOA (architecture orientée services) [GOO09, RLSB08].

Généralement, la composition permet de réduire les coûts de fourniture des services. En effet, les services fonctionnels sont plus simple à maintenir avec une description architecturale uniforme. L'objectif principale d'une architecture SOA est la qualité architecturale et la cohérence du projet de conception [Erl07]. Elle favorise la réutilisation des logiciels au niveau macro – le service fonctionnel – plutôt que le niveau micro – les modules[15]. Le SI est alors constitué de blocs fonctionnels qui spécifient explicitement les services qu'ils délivrent ou qu'ils consomment, bien que les détails d'implémentation et des protocoles d'échanges entre les services soient isolés de la description architecturale qui contient la « logique structurelle » [PW92]. Ainsi, les services fonctionnels sont modélisés sans savoir quelles seront les applications qui vont le consommer. Ceci promeut un découplage entre le projet de conception d'un service fonctionnel et le projet de réalisation des services applicatifs.

15. Regroupement de code source en un langage de programmation quelconque.

3.2.1 Conception et réalisation des architectures orientées services

Bien souvent, le scénario de conception d'une architecture SOA se base sur le principe du raffinement architectural [Fou08c]. Pour commencer, la description de la logique métier des architectures de processus métiers se fait en utilisant un outil de modélisation [Fou12b, BDE+04, Ora10]. Ce même outil produit ensuite une « logique structurelle » qui est séparée de la « logique applicative ». Outre son bénéfice à la documentation et la transparence logicielle, cette séparation facilite la communication entre les intervenants du procédé de développement et la gestion des configurations logicielles [CW95], ou bien quand il s'agit d'adapter les réalisations existantes [Wes94]. La « logique structurelle » est décrite dans un langage de description d'architecture (*Architecture Analysis and Design Language*, ADL). Ce langage fournit une syntaxe concrète permettant de représenter et de construire des assemblages de services fonctionnels. En somme, il fournit la notation pour décrire une configuration. En général, une configuration est représentée par un graphe de « composition de composants applicatifs ». Elle définit la façon dont les composants sont imbriqués et reliés entre eux avec des connecteurs. La notion de « configuration » est nécessaire pour déterminer que les interfaces des composants s'accordent, que les connecteurs correspondants permettent une interaction correcte [DJL09] et que la composition aboutit au comportement escompté.

La « logique applicative » généré par l'outil de modélisation [ZD06, OYP03, DLE+11] est souvent décrite par une « orchestration de services Web » [PTDL07] qui utilise le standard de fait WS-BPEL (*Web Services - Business Process Execution Language* [Com07]). Il s'agit d'un langage de programmation destiné à l'exécution des processus métiers. Il permet de décrire d'une manière déclarative les interactions des services applicatifs comme un enchaînement d'actions – appelé orchestration – qui seront exécutées par un moteur d'orchestration [Pan08, BSGB07]. L'orchestration est parfois considérée comme le code source – le modèle exécutable – d'une application représentée par un fichier WS-BPEL. Le moteur d'orchestration agit alors comme une machine capable d'exécuter ce code. Il peut être intégré aux bases de données et à d'autres progiciels.

Néanmoins, WS-BPEL ne représente pas la totalité de la logique applicative. Souvent, les composants applicatifs doivent être (ou sont) développés avec d'autres langages de programmation[16] (Java, C++, etc.) [BLJM08]. L'architecture SOA est donc utile pour l'intégration des capacités existantes ainsi que pour la création de nouvelles capacités. Les services fonctionnels sont alors construits à partir de composants applicatifs qui mettent en œuvre la logique métier des processus. Dans ce cas, l'ingénierie des composants est utilisée comme l'approche modulaire pour la réalisation de l'architecture applicative. En plus de la gestion de versions, de supervision et de contrôle des configurations [LR00], elle assure la réduction des dépendances entre les services applicatifs. Finalement, la configuration est déployée, exécutée et supervisée dans un intergiciel.

3.2.2 Limites des outils de modélisation

Il est vrai que des outils [Fou12b, BDE+04, Ora10] offrent déjà la possibilité de générer automatiquement des modèles en langage SCA [Ope09a] à partir des modèles BPMN [Fou08b]. Ces approches se substituent aux approches généralistes [Git06, HLS+08] pour la réalisation des architectures SOA en proposant un cadre de modélisation spécifique. Force est de constater que les règles de correspondance – entre BPMN et SCA – établies dans ces outils sont généralement

16. La déclinaison des principes SOA qui repose entièrement sur Internet est appelée la programmation Web. Elle a été popularisée par les standards *Web Services* [WCL+05].

très simplistes, restrictifs, et qui plus est, souvent erronées [DCG10]. En plus, il faut bien sûr que les modèles BPMN soient suffisamment structurés pour être transformés en SCA.

À titre d'exemple, la Figure 3.3 illustre un cas de tissage entre des modèles BPMN et SCA qui sont générés avec l'outil *Eclipse SOA Tools Platform* (STP [Fou12b]). STP est à notre avis assez représentatif des autres outils similaires [BDE+04, Ora10]. L'exemple de la figure est inspiré de [MBQM08, Fou08a] et nous l'adaptons à notre scénario de commercialisation au détail (Figure 2.3 du chapitre précédent). Nous pouvons y voir clairement les correspondances entre les modèles.

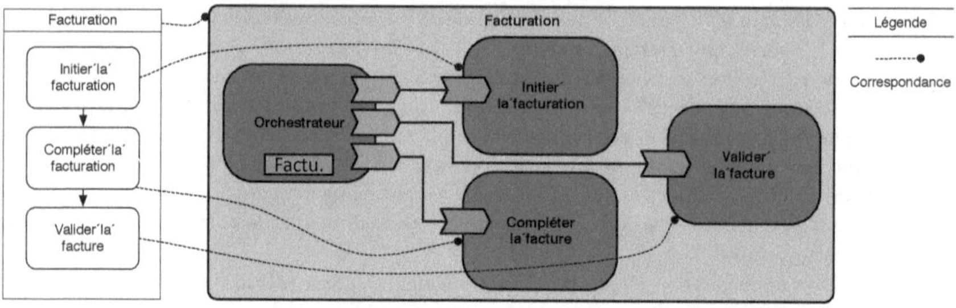

Figure 3.3 – Tissage de modèles BPMN et SCA avec *Eclipse SOA Tools Platform*.

Le tissage correspond à la production d'une configuration SCA contenue dans le composite « facturation » selon une vision d'orchestration des services Web. Il s'agit de générer un composant « orchestrateur » censé exécuter le processus de « facturation » en faisant appels à d'autres composants SCA – obtenus des tâches BPMN – qui réalisent chaque étape de la facturation. Nous pensons que les règles de correspondance qui sont mises en œuvre dans cet outil sont très simplistes. Comme le montre la Figure 3.3, le principe est de transformer les tâches BPMN en des composants et les flux de contrôle en des connecteurs SCA. Puisque l'objectif est de générer la structure d'une application composite, l'outil considère que la configuration SCA peut être composée de la même façon que les tâches du processus. Ceci est parfois désigné par « l'alignement dynamique » pour signifier que « l'association entre une relation de succession d'activités métiers est une relation de dépendance de services fonctionnels » [SPJ10]. L'abstraction est judicieuse, mais non viable. Nous sommes convaincus que l'idée selon laquelle un flux de contrôle – entre deux tâches – correspond, tout simplement, à un connecteur entre deux composants, est erronée.

Un flux de contrôle signifie une dépendance entre les tâches d'un processus. Elle est conceptualisée par la notion de passage de « jetons » [OMG09] et un concept « d'état » associé aux tâches pour décrire leur cycle de vie d'exécution. Il s'agit d'assigner un contexte d'exécution à un processus ou un contexte conversationnel global entre plusieurs processus [Gro11], qui peut s'étendre sur des durées très longues (semaines, mois, etc.). A l'opposé, la dépendance entre les composants SCA est conceptualisée par un concept « d'activation » qui utilise la notion de transmission de messages. Celui-ci n'implique pas forcément une notion « d'état » pour les composants. La raison est que le style SOA suppose l'existence d'une infrastructure technique de routage qui évite de surcharger les composants par des fonctionnalités techniques. En effet, les composants exposent (et ont des références vers) des services applicatifs qui utilisent des protocoles d'appels de procédures distantes. Un service fonctionnel est donc dépourvu de la notion « d'état », mais son implémentation peut mettre en œuvre des mécanismes de « corrélation » afin de gérer le contexte des messages (de conversation) du processus qu'il réalise [OMG09]. Ceci est mise en valeur par une spécification [Ope09b] qui permet d'implémenter un composant SCA avec un fichier WS-BPEL.

Nous sommes convaincus que la seule correspondance – qui existe pour un flux entre des tâches et un connecteur entre composants – est celle qui fait correspondre une association de données ou un échange de messages entre processus collaborants à une dépendance entre services fonctionnels. Nous pensons qu'il n'y a aucun intérêt à faire correspondre une tâche BPMN à un composant SCA, car cela réduirait le procédé de tissage entre les processus et les services fonctionnels à une approche de simple « encapsulation ». En effet, la composition de composants n'est pas au même niveau de granularité que la composition des processus. Si tel était le cas, il s'agirait alors de prendre en compte les intentions et les aspects de la décomposition de tâches dans un procédé de transformation automatique entre BPMN et SCA. Par exemple, dans la Figure 3.3, nous pouvons considérer que les tâches « initier la facturation » et « compléter la facturation » doivent être assignées à un même composant, car elles se rapportent à un même aspect de « la création d'une facture » qui diffère de la « validation ». La modélisation des tâches BPMN peut utiliser une vision systémique qui veut que les étapes d'un processus soient décomposées en tâches gérant leurs propres données, ou bien une vision « cartésienne » qui veut que chaque étape doit être décomposée en activités définies par une collection de tâches. Dans l'absolu, il est improbable que cela puisse être confié à un outil de transformation, car l'outil ne peut pas remplacer l'expertise des architectes-système. D'où le problème de l'assignation des fonctionnalités métiers dans les services.

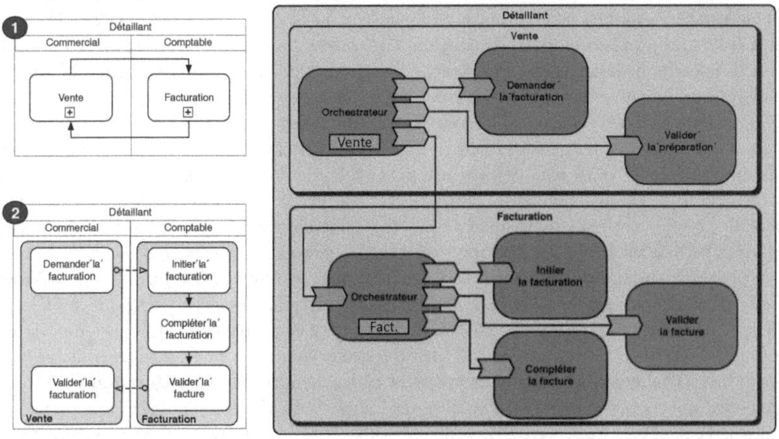

Figure 3.4 – Illustration de l'alignement architectural produit par *Eclipse SOA Tools Platform.*

De plus, l'outil STP ne permet pas de produire la logique structurelle et applicative à partir de modèles « de processus collaborants ». Quand bien même, si nous lui attribuons une telle fonctionnalité, il semblerait que la cohérence architecturale entre les modèles BPMN et SCA resterait bien peut convaincante. Comme nous l'illustrons dans la Figure 3.4, il n'est pas simple de trouver des règles de correspondance « uniformes » entre les modèles BPMN et le modèle SCA. Pourtant, les modèles *1* et *2* expriment la même logique métier. D'ailleurs, comme cela est décrit dans [MBQM08], si certains patrons de conception ne sont pas respectés au niveau des modèles BPMN, alors il est souvent nécessaire d'intervenir manuellement sur les modèles SCA afin adapter les résultats de l'outil [Fou08a].

Modifier la configuration SCA nécessite un important travail d'analyse qui est donc réalisé en dehors de l'outil de modélisation. Evidemment, ceci discrédite totalement l'automatisation du procédé de tissage entre BPMN et SCA et remet en cause l'utilité même de l'outil. Nous nous intéresserons à résoudre ce problème au Chapitre 4. Enfin, imaginons que si le modèle BPMN venait à changer, par exemple, en modifiant l'ordre des tâches, alors il serait nécessaire de refaire la maintenance aussi bien du composant « orchestrateur », que des connecteurs des autres composants SCA. Toutefois, dans les outils que nous venons de citer, il n'existe pas à notre connaissance de fonctionnalités pour la synchronisation incrémentale des modèles BPMN et SCA. Ceci est l'objet du Chapitre 5.

3.2.3 Évolution structurelle des architectures et l'analyse de l'impact

L'évolution structurelle des architectures d'un SI provoque différents changements dans sa structure et/ou dans la structure des éléments qui le constituent [Luq90, ZUV10, HB08]. Les changements surgissent pendant la conception (évolution statique [DJL09]) ou au cours de l'exécution (évolution dynamique [LLC10, FL10, SBDP08]). Dans les deux cas, il faut considérer que tout élément de l'architecture peut être amené à évoluer [BMZ+05]. Ainsi, il faut identifier ce qui peut évoluer, comment le faire évoluer, comment garantir la cohérence de l'architecture qui a évolué, et comment répercuter ces évolutions de l'architecture applicative sur le SI réel. Même si certains produits SCA proposent des mécanismes de replacement des composants à la volet, l'étude des problèmes opérationnels, qui apparaissent a postériori du projet de conception, dépassent le cadre de notre thèse. Pourtant, nous sommes persuadés qu'il s'agit d'une dimension essentielle dans la gouvernance SOA [Win06] qui permet de « cadrer » le projet de redéploiement d'une architecture SOA [Ven10] où la gouvernance du changement [BLGM08] est primordiale.

Des travaux comme [ZAA+07, LB07, ABL+10] présentent un cadre général pour la gouvernance du changement dans une architecture SOA. L'étude de [RNPG08] propose un cadre pour la propagation du changement entre des modèles utilisés au sein d'une ingénierie des services. Cependant, ces approches « holistiques » sont très générales pour répondre aux problématiques spécifiques du maintient de l'alignement fonctionnel entre les modèles BPMN et SCA. À titre d'exemple, indépendamment des outils que l'on peut utiliser, l'illustration de la Figure 3.5 montre une évolution du processus BPMN de commercialisation d'un modèle *1* vers un modèle *2*. Le modèle SCA correspond au modèle BPMN *1*. Puisque nous pouvons identifier les modifications directement sur les diagrammes BPMN, les questions que nous nous posons sont : Quel est l'impact de ce changement ? Comment propager ce changement à la configuration SCA ?

Avec les approches existantes d'analyse de l'impact du changement des configurations logicielles [HB08, ZYXX02, LZWM05, RB05, Boh02, RST+04, EMM+12], il n'est pas possible d'évaluer les effets des modifications des processus métiers sur le réingénierie du SI. Ils se limitent à l'évaluation des changements endogènes des configurations SCA. En général, l'analyse de l'impact du changement est définie comme l'identification des conséquences potentielles d'un changement et l'estimation de ce qui doit être modifié afin d'accomplir le changement [Boh96]. Elle se focalise sur les détails de l'ingénierie selon deux aspects : la traçabilité et la dépendance [Boh02]. La traçabilité s'intéresse aux liens entre les exigences, les spécification, les artéfacts de modélisation afin de déterminer la portée nécessaire pour initier un changement. La dépendance s'intéresse plutôt aux relations entre les constituants du SI afin de déterminer les conséquences de ce changement [Raj00]. L'analyse de l'impact pour changer un service applicatif est bien plus complexe, puisqu'il consiste en des changements de plus bas niveau. Ces changements nécessitent

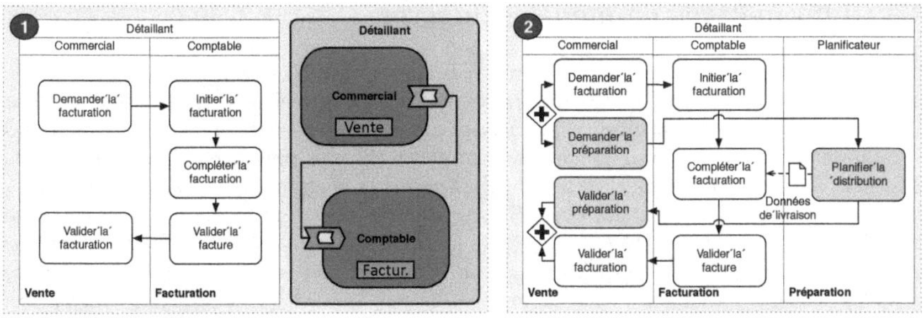

Figure 3.5 – Exemple de motivation pour l'alignement fonctionnel.

un certain effort d'interprétation des décisions de conception.

Ici, nous parlons de l'impact de l'évolution des modèles de processus métiers sur la « logique structurelle » [LR00]. Cependant, la refonte de l'architecture applicative – pour laquelle SCA est un bon support – consiste en des modifications structurelles sur les éléments qui composent l'architecture SOA. Notre choix pour le langage SCA [MR09] est justifié par le fait qu'il donne une dimension universelle à un ADL (*Architecture Analysis and Design Language*) en insistant sur une séparation forte entre les modèles d'implémentation des composants et leur modèles d'assemblage. SCA fournit deux niveaux de modèles. Un premier niveau « d'assemblage » permet de lier les composants indépendamment des langages de programmation ou d'exposition des données utilisées. Le deuxième niveau « d'implémentation » permet de programmer des composants sans que cela n'influence la description architecturale du niveau d'assemblage, du moment que les signatures des interfaces des services ne sont pas modifiées.

La méthode du couplage faible associée à « l'activation » des composants SCA produit un niveau d'autonomie des composants encore plus élevé que les précédentes technologies de « médiation » tel que JBI (*Java Business Integration*), ou d'« invocation » tel que JCA (*Java EE Connector Architecture*). Cependant, l'inconvénient de SCA est lié à son format de description SCDL (*Service Component Definition Language*) qui utilise XML (*eXtensible Markup Language*). Avec l'absence d'un format binaire natif pour les protocoles d'appel des procédures distantes, les applications SCA nécessitent plus de ressources, en raison des interprétations du format SCDL, ce qui a un coût supplémentaire. Ce coût peut être réduit par l'utilisation des technologies JBI qui ne font pas appel aux interprétations de XML.

Enfin, le langage SCA ne résout pas « le paradoxe de la pléthore des standards *Web Services* [WCL+05] ». Ces standards introduisent davantage de risques puisqu'ils n'apportent pas de preuves de concepts directs. Pourtant ils nécessitent de gérer des fichiers supplémentaires. En effet, enfouir les processus métiers dans du code source ne ferait que rendre plus difficile leur maintenance et la réutilisation des composants applicatifs. Il va sans dire que pour répondre à des contraintes de coût, de temps de mise en œuvre, de performances et de fiabilité, nous devons intégrer les deux visions de « modèle métier » et « modèle exécutable » [RLSB08]. Les travaux que nous présentons dans ce manuscrit son une preuve de principe selon lequel « l'informatique en modèles intégrés » offre le cadre idéal pour diriger la conception, la réalisation et l'évolution d'une architecture SOA axée sur le(s) métier(s) avec la garantie d'une meilleure intégration des modèles d'architectures.

3.3 Informatique en modèles intégrés

L'idée directrice de l'informatique en modèles intégrés [SK97, Uni12] est d'exploiter les patrons de conception récurrents à l'aide d'une forme d'ingénierie générative qui vise à automatiser – toutes les étapes du développement : analyse, conception, mise en œuvre, test, maintenance et évolution – et à promouvoir la normalisation des meilleures pratiques utilisées dans la modélisation (*Domain Specific Modeling* [MM03]). Comme la programmation par intention ou par aspects, elle se singularise par une démarche par laquelle les architectures du SI sont contenues dans des « modèles ». L'objectif est d'améliorer la productivité du procédé de développement en maximisant la compatibilité entre les vues d'un SI via la réutilisation de modèles standardisés avec des langages spécifiques à chaque domaine de modélisation (*Domain Specific Language*). Popularisé par l'organisme de standardisation *Object Management Group* (OMG), l'initiative *Model Driven Architecture* (MDA [MM03]) propose de mécaniser les procédés de tissage entre les vues d'un SI via l'utilisation de mécanismes normalisés de « transformation de modèles ».

Dans ce sens, l'organisme OMG a défini le standard QVT (*Query / View / Transformation* [Ste07]). Il spécifie un langage de création de vues sur les modèles, un langage de modélisation de requête sur ces vues, et un langage d'écriture des définitions de transformation. La communauté scientifique fait souvent référence à « l'ingénierie dirigée par les modèles » (*Model Driven Engineering*) sans se restreindre aux concepts de MDA. Les recherches autour de cette ingénierie nécessitent aujourd'hui une synergie entre des travaux issus de différentes disciplines pour la méta-modélisation [SV06], mais aussi un intérêt à la « synchronisation de modèles ». Dans le contexte de l'ingénierie des services, la transformation n'est pas la seule panacée, la synchronisation est aussi capitale pour assurer la propagation du changement entre les architectures. Toujours est-il que la question demeure : qu'est-ce la méta-modélisation pour un modèle ?

3.3.1 Modèles et méta-modélisation

Bien que possédant un grand nombre de définitions, un « modèle » est une abstraction d'un système sujet à une étude [JAB+06]. Il est construit avec l'intention de décrire le système en adoptant un point de vue défini (d'une conception, d'une théorie, etc.) [LHBJ05]. Un modèle est donc une représentation, d'une vue particulière d'un système, au sein d'une démarche d'analyse. Son but est de permettre une étude plus simple dans un contexte maîtrisé, autre que celui du contexte réel. Un système est alors décrit par plusieurs modèles – selon les différentes vues – avec des langages qui représentent une terminologie abstraite régissant un domaine de modélisation particulier. Souvent, les modèles sont transformés en des représentations moins abstraites (code source ou autres artéfacts techniques) mais équivalentes, afin d'être interprétables par des ordinateurs. En général, il existe deux types de transformations. Lorsque les modèles sont décrits par des langages appartenant au même domaine de modélisation, la transformation est dite « endogène » [MG06]. Une transformation d'un langage vers un autre est dite « exogène ».

Les règles de passage (ou règles de correspondance) d'un modèle à un autre sont spécifiées au niveau des « méta-modèles ». Un méta-modèle est le modèle qui définit le langage dans lequel sont exprimés plusieurs modèles. Il est constitué de méta-données sur les types du langage utilisé dans les modèles. Généralement, un lien de conformité (du modèle au méta-modèle) s'établit entre les modèles et un méta-modèle. L'activité qui consiste à définir le méta-modèle d'un langage s'appelle la « méta-modélisation ». La modélisation des règles de correspondance entre méta-modèles est appelée *mapping*[17]. Ainsi, les transformations sont réalisées par l'exécution de ce *mapping*.

17. Anglicisme désignant une « fonction » mathématique entre deux ensembles.

3.3.2 Languages pour la transformation de modèles

Aujourd'hui, de nombreux outils permettant la spécification d'un *mapping* et la génération de modèles sont disponibles. Il existe de nombreuses études comparatives [TEG+05, AC08, CH06] et de classifications [CH03, MGVK06] relatives à ce sujet. Généralement, les approchent prônent la méta-modélisation des transformations en utilisant un langage dédié. Par exemple, UML-RSDS [Lan08], AndroMDA [CH06], ATL [JK05] [18]. Ces langages « interprétés » sont prévus pour être intégrés à des ateliers de génie logiciel [Fou12a]. Alternativement, des langages « graphiques », tels que Fujaba [CH06], GReAT [KASS03], VIATARA [VB07] – utilisant l'idée de réécriture de graphes – ont vus le jour [Bie10]. La modélisation du *mapping* se fait à l'aide de structures graphiques. En général, ces approches se basent sur la construction d'un graphe fonctionnel appelé TGG (*Triple Graph Grammar* [Sch94, VMP04, GW06, HEO+11]) qui décrit le mapping.

Toutefois, l'utilisation de ces langages est problématique lorsque les modèles doivent être adaptés après une transformation, ou plus précisément face à la « synchronisation incrémentale ». La transformation est l'action générative de modèles, alors la synchronisation est l'action de coordonner plusieurs modifications entre elles, en fonction des niveaux d'abstraction de modèles, précédemment générés. Il convient donc de parler de la « propagation du changement entre modèles ». Nous précisions que les modifications « concurrentes » des modèles [GH08, XSHT11] et les « co-évolutions » des méta-modèles [HVW11, CREP08] sont hors du cadre de notre thèse.

L'outil *Eclipse SOA Tools Platform*, présenté à la Section 3.2.1, est un bon exemple pour se rendre compte des problèmes de la synchronisation. En réalité, il ne permet pas la propagation du changement entre BPMN et SCA. Cela est dû au fait qu'il utilise le langage ATL, mais aussi à cause du *mapping* BPMN-SCA qu'il implémente. En réalité, la transformation réalisée par l'outil n'est pas directe. L'outil opère une transformation intermédiaire vers un langage – qui lui est propre – plus abstrait que BPMN, et ce dans le but de supporter la transformation du langage WS-BPEL en SCA [Fou08b]. Ceci rend la propagation plus complexe à réaliser puisqu'il y a ce niveau intermédiaire à prendre en compte. Nous reviendrons sur ce problème au Chapitre 5.

3.3.3 Synchronisation incrémentale et propagation du changement

En théorie, un *mapping* peut être exécuté automatiquement et être répété en cas de modification des modèles. La réalité est tout autre. Si les règles de transformation ont été établies dans un contexte d'exécution d'une transformation initiale, alors il est toujours possible de : (a) détecter les règles de correspondance qui doivent être réévaluées via un concept de « règle de réévaluation » [GLO09], (b) mettre à jour le graphe de correspondance en réappliquant un ensemble de nouvelles règles [Ste07], et (c) vérifier la cohérence du contexte d'exécution et contrôler l'impact lié à une modification indirecte de ce contexte [OGDLE09].

Il s'agit du principe des approches de synchronisation incrémentale de modèles [AC08]. À ce titre, ce principe est similaire à celui de la propagation du changement dans les bases de données [RS05], par exemple, entre les vues [DB82] ou les schémas [VMP04, VV04]. Le terme « propagation du changement » [EMM+12] est en général associé au « *ripple effect* » [YCM78] dans l'ingénierie logicielle lorsqu'une petite modification – relativement à la taille du SI – engendre un important travail de réingénierie. La réingénierie des architectures du SI est alors réalisée de manière incrémentale, puisque la manière de changer un SI a un impact direct sur la réduction des coûts et la diminution du temps de maintenance [LRvV03].

Le traitement incrémental est un sujet abordé à travers de nombreux et divers thèmes de recherche comme une technique « d'optimisation » dont l'idée est qu'« un léger changement

18. ATL est une implémentation du langage du même nom, très librement inspiré du langage QVT.

sur les données d'entrée d'un algorithme est souvent à l'origine de légers changements dans le résultat ». L'objectif est de calculer « incrémentalement » le nouveau résultat en mettant à jour les parties adéquates de l'ancien résultat, plutôt que de le re-calculer complètement.

Souvent, le terme « incrémental » est employé pour désigner le fait que les calculs de la synchronisation incrémentale sont minimaux [RKBN09], dans le sens où ils doivent être plus efficaces que ceux de la nouvelle transformation [GW06]. La mise à jour du résultat de la transformation précédente doit garantir sa consistance [HHS02, WGP09]. Bien entendu la synchronisation incrémentale des modèles n'est pas une problématique récente. Il existe d'ores et déjà une multitude d'approches [XLH+07] ou d'outils [JT10] qui s'intéressent à rendre incrémentales les implémentations de QVT ou les langages de transformation selon la réécriture de graphes [VMP04, GW09]. Les approches utilisées se basent sur une algèbre de transformation [Dis08] avec une logique combinatoire simplifiée [FGM+07]. Elles permettent une généralisation de l'emploi des synchronisations avec des langages généralistes comme UML (*Unified Modeling Language* [SWB03]).

Toutefois, l'automatisation de la propagation du changement entre les modèles exogènes en utilisant ces langages généralistes s'avère être très fastidieuse. Généralement, la sémantique de la synchronisation se rapporte à la réévaluation du *mapping*, ce qui nécessite la détection de l'éventail des modifications pouvant se produire dans chacun des langages, et l'écriture ensuite des règles de traduction de ces modifications d'un langage à l'autre. Ceci impose de nombreuses contorsions rendant les synchronisations de modèles complexes à élaborer, à valider et surtout à maintenir sur le long terme. Les langages de transformation existants sont assez mal adaptés pour les synchronisations de modèles avec un *mapping* complexe.

Outre le revers de leur intégration poussée dans l'atelier de génie logiciel qui les héberge, ces langages ne permettent pas d'exprimer la propagation du changement au niveau de la sémantique des modèles manipulés. Souvent, l'écriture du *mapping* se rapporte à l'expression des relations entre patrons couvrant la syntaxe des modèles. S'agissant de descriptions de structures statiques, ces langages occultent toute la sémantique relative à la construction des états d'un modèle et la manière selon laquelle il peut évoluer. Les approches existantes se soucient peu des modifications qui ont été réalisées. Il n'y a aucune prise en compte du changement dans le *mapping* entre les méta-modèles. Dans l'absolu, il est vrai que pour transformer un modèle, il n'est pas nécessaire de savoir comment il a été construit, mais c'est de connaître à partir de quoi il est construit. L'essentiel pour la transformation de modèles, c'est que les changements autorisés soient contraints par la conformité des modèles à leur méta-modèles. En somme, c'est un modèle modifié que l'on transforme et non la modification du modèle.

A contrario, dans le cas d'une synchronisation incrémentale, le plus important c'est la taille et la complexité des modifications, car c'est le changement que l'on propage. En effet, il ne faut transformer que les éléments modifiés qui sont impliqués dans un *mapping*, et non réactiver toutes les règles de correspondance. Rappelons que notre objectif est d'améliorer progressivement le SI sans remettre en cause les réalisations précédentes ou en cours de construction. L'impact du changement doit être maîtrisé afin de maximiser la réutilisation [SS08]. Dans une ingénierie dirigée par les modèles, il existe plusieurs manières pour décrire l'évolution d'un modèle « actuel » vers un autre modèle « cible ». De manière générale, pour préparer un SI à l'évolution, il faut :

- appliquer les changements pour atteindre l'objectif visé en spécifiant le besoin d'évolution,
- gérer l'impact engendré par ces changements,
- et établir la feuille de route.

Enfin, pour une propagation plus consciencieuse des changements et l'établissement de la feuille de route pour le réingénierie des architectures SOA réellement déployées, la traçabilité des modifications des modèles [IK04] est un aspect très important. Nous détaillerons ce point au Chapitre 6 concernant l'outillage qui nous a permis de valider les contributions de cette thèse.

3.4 Positionnement

La démarche BPM requièrent une remise en question permanente des modèles métiers pour fournir des processus évolués en adéquation avec des modèles applicatifs correctement maintenus. De plus, l'ingénierie des services, voudrait que, pour chaque aspect métier à faire évoluer, nous puissions étendre facilement et rapidement l'architecture fonctionnelle, et évidemment, arriver à changer l'architecture applicative en réduisant les coûts de maintenance.

Nous savons que « facilité » et « rapidité » sont des appréciations subjectives aussi bien pour la qualité du SI, que pour la cohérence du projet de sa réalisation. Notre objectif est d'automatiser la mise en cohérence des modèles représentant les différentes architectures du SI en rendant « itératif » le procédé de développement des architectures SOA [Man10]. Nous sommes convaincu que la modélisation des processus doit être incrémentale car elle est indispensable pour mettre en œuvre les concepts – corrective, adaptative et perfective [LST78] – de la démarche BPM avec comme support l'architecture SOA. Nous suivons pour cela l'affirmation suivante :

« SOA is about behavior, not something you build or buy. You have to change behavior to make it effective ... » [Win06].

Dans ce chapitre de l'état de l'art, nous avons montré les limites des outils de modélisation existants du fait qu'ils ne permettent par la propagation des changements entre les modèles BPMN et SCA. Nous avons mis l'accent sur les inconvénients des langages de transformations de modèles pour la synchronisation incrémentale. Bien évidemment, ceci nous amène à proposer une solution alternative pour les motivations que nous avons exprimé au Chapitre 2. Le cadre conceptuel, que nous présentons au chapitre suivant, est nécessaire pour développer des applications évolutives et facilement adaptables. En effet, l'une des préoccupations majeures des entreprises orientées services est d'avoir la garantie de l'alignement architectural et fonctionnel de l'ensemble des vues de son SI. Plus précisément, il s'agit de propager les évolutions de l'architecture des processus à une configuration de composants applicatifs basée sur l'architecture SOA.

4 Transformation de modèles pour l'alignement architectural

Dans ce chapitre, nous présentons notre première contribution qui consiste en une démarche d'analyse et de conception pour « l'alignement architectural » des différentes vues d'un SI (système informatique). À cet égard, nous proposons un procédé de tissage entre les architectures du SI à spécifier (ou à maintenir) avec un mode de génération de la logique structurelle et applicative à partir de la logique d'affaire. L'ingénierie dirigée par les modèles que nous préconisons est basée sur une chaîne de transformations de modèles. Elle permet de générer automatiquement une configuration de composants SCA à partir des spécifications de processus en BPMN.

4.1 Introduction

Notre démarche de conception est composée d'un ensemble de points de vues qui représentent les différentes facettes d'une solution d'un SI. Nous avons montré au chapitre précédent, que « concevoir » voulait dire pour nous « modéliser ». Ainsi, chacune de nos vues est décrite par un modèle qui utilise une notation spécifique à chacun des domaines de modélisation pour la gestion des processus métiers, l'ingénierie des services, l'ingénierie des composants ou la programmation Web. Par exemple, nous utilisons la notation BPMN pour modéliser les collaborations de processus métiers et leurs structuration au sein de modèles qui décrivent la logique des services métiers et leurs interactions. Nous utilisons le langage SCA pour décrire les architectures applicatives.

Notre démarche d'analyse est intégrée à une approche de réalisation selon les recommandations de l'initiative MDA allant de la vue métier jusqu'à la vue technique, en passant, bien évidement, par les vues fonctionnelle et applicatives. Ainsi, par une transformation automatisée d'un modèle BPMN « source » – modélisé par les analystes-métier et les architectes-système–, nous générons un modèle exprimé dans le langage SCA. Ce modèle SCA « cible » représente une configuration canonique. Il s'agit d'un assemblage de composants, où chaque composant réalise un service fonctionnel particulier du modèle BPMN source. Il peut être affiné par les ingénieurs-logiciel et les développeurs afin d'implémenter l'architecture des programmes pour une plateforme applicative particulière.

Déduire la « spécialisation » d'un composant pour optimiser son utilisation dans le cadre du projet actuel de réalisation du SI fait l'objet d'une démarche d'analyse uniforme. La spécialisation est un gage à l'extensibilité et la réutilisation des composants. L'« alignement architectural » entre les processus et les autres architectures garantit la cohérence entre la modélisation des services métiers et leurs réalisations. Ils peuvent être localement adaptés aux technologies disponibles, sans que cela ait un impact sur son comportement ou ses interfaces.

4.1.1 Alignement architectural par transformation de modèles

Afin de mettre l'accent sur la séparation des préoccupations en ce qui concerne les fonctionnalités des composants SCA, nous opérons une transformation intermédiaire du modèle BPMN source en un modèle BPMN « intermédiaire ». Ce modèle BPMN met en exergue la composition des services fonctionnels dans une représentation plus explicite [19] que le modèle BPMN source. Ce traitement intermédiaire permet de déterminer le maillage des services fonctionnels, et ensuite, de déduire le niveau de granularité des composants SCA à générer. Par conséquent, nous pouvons garantir que le maillage des fonctionnalités des composants soit équivalent au maillage des processus. Dans ce cas, chaque processus est concrétisé par des blocs fonctionnels indépendants, et non par un ensemble monolithique – comme le cas des approches d'ingénierie existantes.

La séparation des perspectives permet de différencier les compositions de processus des compositions de services applicatifs selon le style SOA (architecture orientée services). La mise en correspondance des concepts, que nous proposons entre les langages exogènes BPMN et SCA, offre une traçabilité architecturale. Cette traçabilité entre les modèles (sources, intermédiaires et cibles) s'établit par la transposition du paradigme « service » (métier, fonctionnel et applicatif) entre les vues du SI. Elle permet d'améliorer sa lisibilité globale. Dans une perspective du changement des processus, elle simplifiera la maintenance pour atteindre « l'alignement fonctionnel ».

Un des défis de l'ingénierie des services est la fourniture de services fonctionnels par la construction ou l'adaptation d'un inventaire de services. Il s'agit de modifier ou introduire une nouvelle réalisation d'un service fonctionnel dans l'architecture applicative après l'apparition d'un nouvel aspect de la logique métier. Évidemment, en favorisant leur « réutilisabilité », il est plus aisé de faire la maintenance d'un bloc fonctionnel identifiable selon un lien conceptuel avec un processus qu'il réalise. Plutôt que de passer en revue toute l'architecture applicative. En effet, en l'absence d'un tel mécanisme d'analyse, il faudrait refaire tout le procédé de tissage entre les modèles et déduire ce qui doit être entrepris. Assurément, cela demande plus d'effort d'analyse. Enfin, après que le SI eut été déployé au moins une fois, sa « maintenabilité » peut être considérablement améliorée, et la démarche d'évolution du système d'information d'entreprise qu'il accompagne devient plus « agile » avec le bénéfice de la « modularité ».

Ce chapitre est organisé en trois sections. La première section décrit notre approche d'ingénierie dirigée par les modèles BPMN et SCA. Dans la deuxième section, nous présentons les détails de la mise en correspondance de ces modèles en décrivant le cadre de modélisation du *mapping* entre les langages BPMN et SCA. Dans la troisième section, nous formalisons ce cadre avec une logique plus rigoureuse en définissant les exigences qu'une mise en œuvre [20] de la transformation – au sein d'un outil de transformation – doit pouvoir offrir. Enfin, dans une optique d'optimisation des processus métiers, nous faisons le bilan de notre première contribution et nous montrons que les exigences doivent être étendues pour intégrer la modélisation incrémentale.

4.2 Transformation des modèles d'architectures

Pour assurer l'alignement architectural, notre démarche de conception est basée sur la manipulation de modèles BPMN et SCA pour décrire la solution technique d'un SI. Cette solution est ce que l'on désire modéliser. Le passage d'un modèle à l'autre est une activité centrale de notre approche. Pour cela, nous faisons passer les modèles des architectures d'un SI du statut contemplatif – utilisés pour la documentation et l'aide à la compréhension – au statut productif – afin qu'ils soient utilisés dans l'automatisation du procédé de développement – . Nous les

19. Avec « une forte cohérence interne et un couplage externe faible » [PW92].

20. Une telle mise en œuvre est présentée dans le Chapitre 6.

rendons interprétables par des machines. L'illustration de la Figure 4.1 présente les différentes actions de notre première contribution. Les sections suivantes définiront leurs rôles. Au début, nous transformons un modèle BPMN source – chargé de son méta-modèle – en un modèle BPMN intermédiaire issu du même méta-modèle. Ensuite, nous générons un modèle SCA cible ayant un méta-modèle différent. Les flèches de la figure montrent les liens de conformités entre chaque modèle et son méta-modèle. Dans ce qui suit, nous commençons par présenter les méta-modèles (BPMN central et SCA canonique) que nous utilisons.

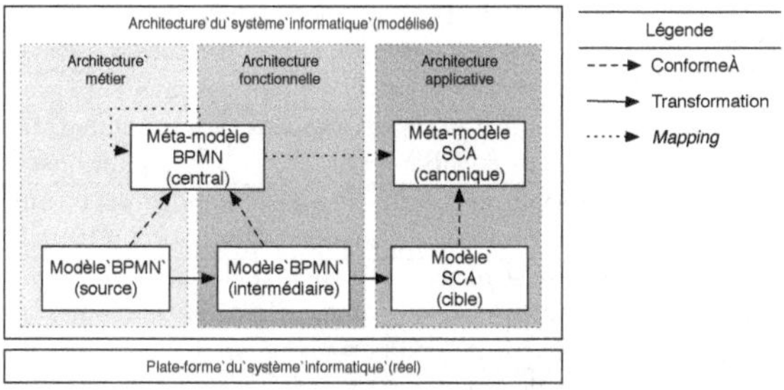

Figure 4.1 – Chaîne de transformation de BPMN vers SCA.

4.2.1 Méta-modèle BPMN central

La spécification BPMN 2.0 [OMG09] est constituée de plus d'une centaine d'éléments qui donnent lieu à de nombreuses combinaisons de concepts et de sémantiques [DDO08]. La majorité de ces éléments servent à décrire des processus en vue de leur conversion en WS-BPEL[21]. Pour notre étude, nous nous restreignons à un sous-ensemble d'éléments centraux de BPMN que nous supposons complet et suffisant pour la description des architectures de processus métiers et des services fonctionnels. Il est volontairement simplifié pour restreindre notre champs d'étude. Ceci nous permet de nous concentrer sur les concepts principaux de BPMN.

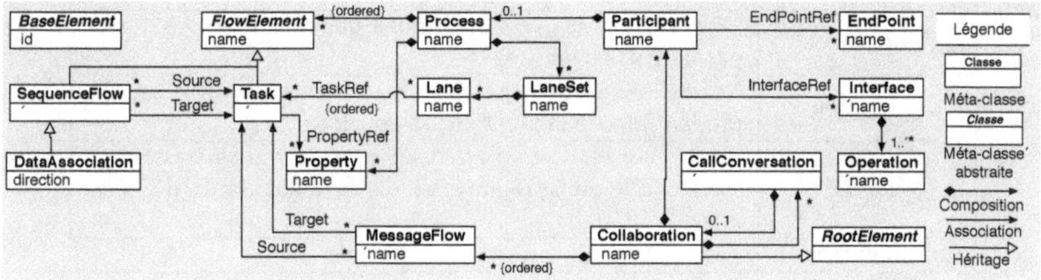

Figure 4.2 – Méta-modèle BPMN central.

La Figure 4.2 illustre notre méta-modèle BPMN par un diagramme de classes UML. La réduction du méta-modèle BPMN à un méta-modèle que nous qualifions de « central » n'exige pas – des analystes-métier et des architectes-système – de tenir compte de tous les détails nécessaires

21. Langage permettant d'exécuter les processus dans un moteur de Workflow

à l'exécution des processus. Rappelons que notre objectif est de démontrer l'existence de liens de correspondance entre les éléments fondamentaux de BPMN et SCA, et non d'apporter une preuve de l'exhaustivité de notre démarche. La liste des méta-classes [22] et leurs descriptions sont présentées dans le Tableau 4.1. Nous utilisons une terminologie anglaise afin de restituer le plus fidèlement possible la spécification originale de la notation BPMN [OMG09].

Méta-classe	**Description**
BaseElement	Permet d'identifier d'une manière unique les artéfacts BPMN. Elle est une super-classe de toutes les méta-classes.
RootElement	Représente l'élément racine du méta-modèle.
Collaboration	Sert à modéliser les interactions d'une collaboration de processus. Les collaborations peuvent être imbriquées.
Participant	Représente une entité organisationnelle ou un rôle endossé par une partie-prenante de l'organisation à modéliser.
Process	Décrit la séquence ou le flux d'activités d'une collaboration. Il est illustré par un graphe orienté et représente le processus qui appartient à un participant.
LaneSet	Permet de structurer les tâches d'un processus par des lignes afin de séparer les préoccupations.
Lane	Subdivise un LaneSet dans un Process.
FlowElement	Représente la méta-classe des éléments d'un Process, par exemple, les tâches, les branchements et les événements.
SequenceFlow	Utilisé pour définir l'enchaînement des tâches selon un flux de séquence.
Task	Définit une activité atomique qui peut est représenté par une tâche. Elle est exécutée par une partie-prenante de l'organisation ou une applications.
MessageFlow	Définit un flux de message entre deux participants pour les interactions de services qu'ils offrent ou utilisent.
DataAssociation	Permet de modéliser le flux de données au sein d'un processus en l'associant à un flux de message.
Interface	Définit un ensemble d'opérations qui sont mises en œuvre par un participant.
Operation	Définit les messages qui sont consommés et, éventuellement, produit lorsque l'opération est appelée.
EndPoint	Représente un point d'extension pour définir l'adresse d'un service. Elle est introduite par d'autres standards *Web Services* [WCL+05].
CallConversation	Permet d'imbriquer les collaborations.
Property	Décrit une propriété dans un processus ou pour une tâche.

Tableau 4.1 – Description des méta-classes du méta-modèle BPMN central.

22. Représentation d'un type des éléments et des associations d'un modèle.

À titre d'exemple, la Figure 4.3 montre un modèle de collaboration BPMN avec une description des icônes graphiques [23]. Dans ce diagramme, le participant B est illustré par un processus en interaction avec un autre participant E. La représentation d'un « participant » au sein d'une « collaboration » est un rectangle contenant le graphe des tâches d'un « processus ». Tout diagramme BPMN est structuré de sorte que les artéfacts soient séparés de leurs propriétés graphiques. Cependant, certains éléments du méta-modèle n'ont pas de représentation graphique. Par exemple, ceci est le cas d'une interface (*Interface*). Par ailleurs, il est inutile de tenir compte des propriétés graphiques puisqu'ils n'introduisent point de sémantique dans les modèles.

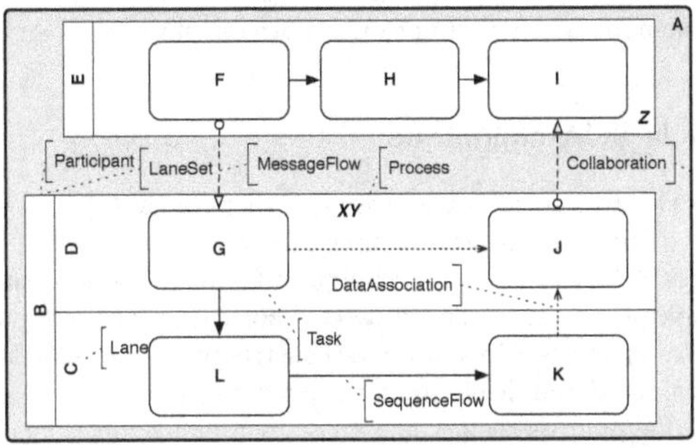

Figure 4.3 – Diagramme BPMN d'une architecture des processus métier.

Il faut savoir que BPMN définit plusieurs types de tâches qui peuvent intervenir dans les échanges de messages au sein d'une collaboration. Généralement, les tâches d'envoi et de réception de message sont reliées entre elles. Elles décrivent des scénarios métiers. Une taxonomie de ses relations est présentée dans [vdAMSW09]. Elles sont regroupées au sein d'un ensemble de patrons d'interactions de services. La relation peut être simple. Par exemple, une demande suivie d'une réponse. Toutefois, pour les activités commerciales réelles, la relation peut être bien plus complexe. Elle peut être établi sur de longues durées, des échanges réciproques (bidirectionnels) de messages, et s'étendre au-delà d'interactions bilatérales, voir même, aux collaborations multilatérales. Par exemple, dans une chaîne logistique, les réapprovisionnements de stocks impliquent les scénarios suivants : création des ordres de fourniture, affectation des transporteurs pour les expéditions suite aux ordres de fourniture, traitement des paiements et évaluation des exceptions.

Le concept de « corrélation » [24] de BPMN facilite énormément l'association d'un message à une tâche (d'envoi ou de réception) et permet de lier les messages entre eux. L'idée est d'utiliser un « jeton » qui est intégré aux messages sortants et entrants des processus. C'est un mécanisme particulièrement utile en l'absence d'une infrastructure technique de routage. Ainsi, pour différencier les interactions et maintenir la corrélation des messages dans les échanges bilatéraux, nous utilisons l'élément « *CallConversation* ». En plus de permettre l'imbrication des collaborations, il offre la possibilité de structurer les participants. Il est alors possible d'identifier le type de relation qui s'établit entre deux participants. Par exemple, une demande suivie d'une réponse ou bien un simple envoi de message. Nous utiliserons les mentions « *source* » et « *target* » (anglicisme pour « cible ») pour identifier les tâches au sein d'un flux de messages (*MessageFlow*).

23. Puisque notre intérêt ne porte que sur les processus publics, le lecteur remarquera une simplification des éléments graphiques par rapport aux illustrations du Chapitre 2.

24. Gestion du contexte des messages dans les conversations entre plusieurs processus [OMG09].

Pour simplifier la présentation, nous considérons que les flux de messages sont ordonnés dans une collaboration. Ceci est exprimé par la mention « *ordered* » dans la Figure 4.2. En conséquence, les tâches au sein d'un processus – qui envoient ou reçoivent des messages – sont aussi ordonnées. De plus, nous utilisons les mentions « *initial* » (anglicisme pour initiale) ou *final* (anglicisme pour finale) pour désigner une tâche qui initie ou qui clôture une collaboration. Nous voulons exprimer le fait que le nombre de messages dans une collaboration est fini, bien que les interactions peuvent impliquer de longues durées. En effet, nous cherchons à différentier les interactions bidirectionnelles de celles qui sont unidirectionnelles. Cela nous permet de générer correctement les interactions des composants SCA. Dans la section suivante, nous introduisons le méta-modèle SCA canonique vers lequel nous transformons un modèle de collaboration BPMN.

4.2.2 Méta-modèle SCA canonique

La perspective de s'abstraire des technologies utilisés pour SCA [Ope09a], nous amène à restreindre notre champ d'étude. Nous nous restreignons à un méta-modèle SCA canonique pour générer des composites SCA sans détails techniques. Ce méta-modèle est agnostique vis-à-vis des technologies d'implémentation, d'exposition et d'invocation utilisées pour les configurations SCA. Il fournit tous les artéfacts nécessaire à la construction d'un modèle SCA qui décrit une architecture applicative. Le détail de ces artéfacts est donné dans le Tableau 4.2. Nous utilisons un composite (*Composite*) pour regrouper, au sein d'un ensemble fonctionnellement cohérent, des composants (*Component*) non nécessairement liés. Encore une fois, tous les éléments du méta-modèle SCA canonique n'ont pas tous une représentation graphique.

Méta-classe	**Description**
CommonBase	Permet d'identifier d'une manière unique les artéfacts SCA. Elle est la super-classe de tout le méta-modèle SCA.
EntryElement	Représente le point d'entrée du méta-modèle.
Composite	Représente l'élément racine d'un modèle SCA.
Component	Constitue l'unité élémentaire de construction SCA.
Inclusion	Utilisé pour structurer les compositions de composants.
Contract	Constitue un contrat de service des ports exposés ou requis.
Service	Représente une fourniture de fonctionnalités applicatives en vue de leur utilisation par d'autres composants.
Reference	Représente une dépendance de service. Il est associé à des services applicatifs qui sont exposés.
Wire	Définit un lien de dépendance entre réference et service.
Callback	Utilisé pour des interactions bidirectionnelles.
Implementation	Représente une implémentation d'un composant.
Binding	Décrit les mécanismes d'appels aux services.
Interface	Définit les opérations utilisées par un contrat.
Operation	Définit les messages qui sont consommés ou produits lorsque l'opération est appelée.
Property	Décrit une propriété pour configurer à un composant.

Tableau 4.2 – Description des méta-classes utilisées dans le méta-modèle SCA canonique.

Au moment où nous écrivons ces lignes, il n'existe a priori aucune standardisation de la notation de SCA. Cependant, la notation de la version SCA 1.1 [Ope09a] fait l'objet d'un consensus, puisque elle est d'ores et déjà implantée dans plusieurs outils appartenant aux éditeurs qui sont à l'origine de la spécification. Par exemple, la Figure 4.5, illustre un composite[25]. Comme le montre la Figure 4.4, il s'agit du point d'entrée de notre méta-modèle. Un composite peut être inclue au sein d'un autre composite à travers l'artéfact *Inclusion*. Le composite inclue est alors considéré comme une agrégation d'autres composants. Les composants agrégés peuvent être implémentés avec des langages de programmation non nécessairement identiques.

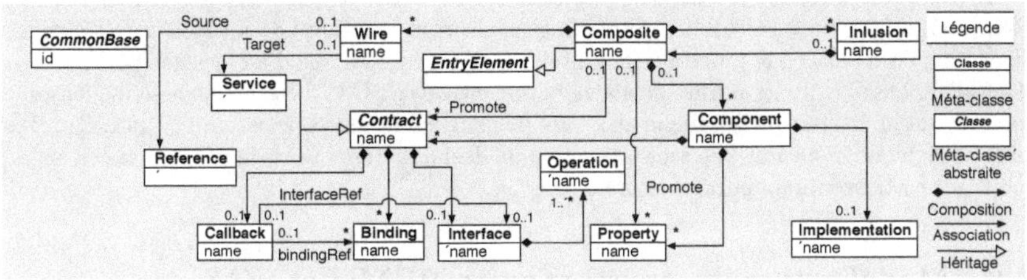

Figure 4.4 – Méta-modèle SCA canonique.

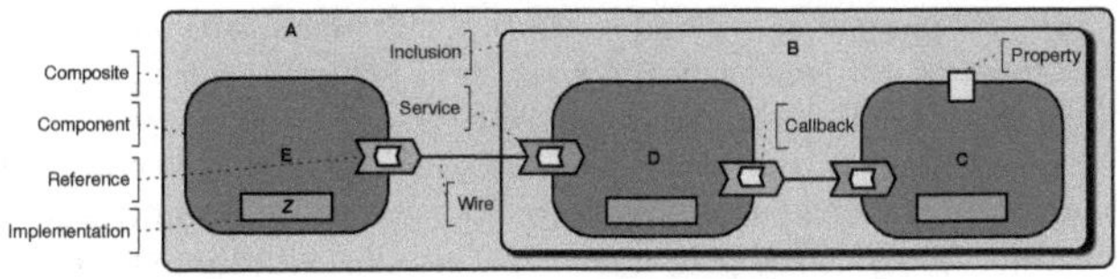

Figure 4.5 – Exemple d'un modèle SCA.

Nous considérons qu'un composant est constitué de services (*Service*), références (*Reference*) et de propriétés (*Property*). Un composant est un service fonctionnel qui possède une implémentation : un code source fournissant des fonctionnalités (*Implementation*). Ces fonctionnalités sont exposées en tant que services pour être utiliser par d'autres composants, et peuvent être paramétrées par des propriétés. Un service applicatif au sein d'un composant est décrit au travers d'interfaces (composés d'opérations) qui constituent le contrat (*Contract*) de service. Un connecteur entre une référence et un service est appelé *Wire* pour signifier qu'une fonctionnalité d'un composant utilise les services fournis par d'autres composants. La notion de référence associée à celle d'interface qui permet un couplage faible entre les composants. Ainsi, un composant consommateur de services ne connaît pas forcément les composants fournisseurs de services sur lesquelles il s'appuie. Les interfaces des services qu'il consomme peuvent être définies lors du déploiement du composant. Un *Binding* permet de définir les mécanismes (avec différentes technologies) d'accès aussi bien pour un service ou une référence.

Dans bien de cas, les échanges entre les services métiers se font selon un schéma de pair-à-pair, ce qui nécessite une dépendance à deux voies (bidirectionnelle). En effet, il est difficile de départager deux processus collaborants entre consommateur (le client) et fournisseur (le producteur),

25. Un composite est déployé dans un intergiciel – appelé « *SCA Runtime* » –. Il regroupe l'ensemble des applications. À noter que la spécification SCA [Ope09a] ne concerne pas les fonctionnalités du « *SCA Runtime* ».

puisqu'ils contribuent tous les deux à l'élaboration du service métier attendu. Ceci est d'autant plus évident dans le cas où les interactions des services fonctionnels requièrent un échange de messages asynchrones entre les partenaires, plutôt qu'un appel de procédure distante. Par exemple, un processus de préparation de commande effectue des interactions asynchrones avec un service d'expédition. SCA définit une notion d'interface bidirectionnelle à travers l'utilisation d'un contrat de service (avec une interface) pour lequel un *Callback* est spécifié (avec une autre interface de rappel). Le composant, pour lequel est défini un contrat, doit implémenter l'interface du contrat. Il utilise l'interface de rappel pour converser avec l'appelant de l'interface du service.

Il existe un autre cas où la logique métier implique de longues durées entre les échanges réciproques de deux activités. Les exemples typiques sont les étapes d'un processus de commercialisation au détail, où le processus de vente doit atteindre l'arrivée d'un message pour un ordre d'achat ou bien l'expiration d'un délais de payement. Avec SCA, il est possible de modéliser les interactions de longue durée comme une paire de deux opérations asynchrones. Cependant, il est plus pratique de modéliser une seule opération de demande-réponse et de reléguer la gestion des messages asynchrones à l'infrastructure de routage[26].

4.3 Modélisation du *mapping* entre BPMN et SCA

Avec la présentation des méta-modèles BPMN et SCA, nous comprenons mieux le caractère « dirigé par les modèles » de notre démarche. Lors de notre chaîne de transformation, ils prennent toute leur importance, puisque les règles de passage d'un modèle à un autre sont spécifiées au niveau des méta-modèles. En premier lieu, il s'agit de modéliser les invariants fonctionnels des processus métiers (par définition non liés à une plateforme). Ensuite, nous produisons les compositions de services fonctionnels et applicatifs. Ainsi, nous partons de modèles BPMN sources représentant l'architecture métier, nous produisons des modèles BPMN intermédiaires qui représentent l'architecture fonctionnelle, pour obtenir, in fine, l'architecture applicative représentée par des modèles SCA. Ces transformations sont réalisées par l'activation des règles de correspondance. Il s'agit d'exécuter un *mapping*. Intéressons nous au *mapping* BPMN-BPMN.

4.3.1 Correspondance entre les architectures : métier et fonctionnelle

Nous savons qu'il est intéressant que l'architecture applicative doit refléter la logique métier de l'entreprise, et la logique structurelle entre les blocs applicatifs doit être indépendante des technologies utilisées. Comme le montre le modèle SCA de la Figure 4.6, les composants fournissent des services applicatifs et réalisent la logique métier du modèle BPMN. Il s'agit d'une logique qui correspond à celle de Figure 4.3. Par exemple, la collaboration entre les processus *E* et *D* correspond à une composition entre deux composants *E* et *D*. De même, les composants *D* et *C* reproduisent, à un niveau de maillage inférieur, la même composition des processus collaborants *D* et *C* au sein de la collaboration *B*. Ce cas d'alignement architectural entre les modèles BPMN et SCA est idéale. Il facilite la lisibilité du SI avec des correspondances intuitives entre les éléments des architectures différentes. Cependant, avant de pouvoir générer ce genre de modèle SCA, il faut trouver un compromis entre la spécialisation des composants – par rapport aux fonctionnalités qui sont décrites dans le modèle BPMN – et la séparation des préoccupations – vis-à-vis des autres composants de l'assemblage.

26. Elle est implémenté par le *SCA Runtime* pour simplifier le travail du développeur. Par exemple, il n'est pas nécessaire de gérer les verrous sur les bases de données.

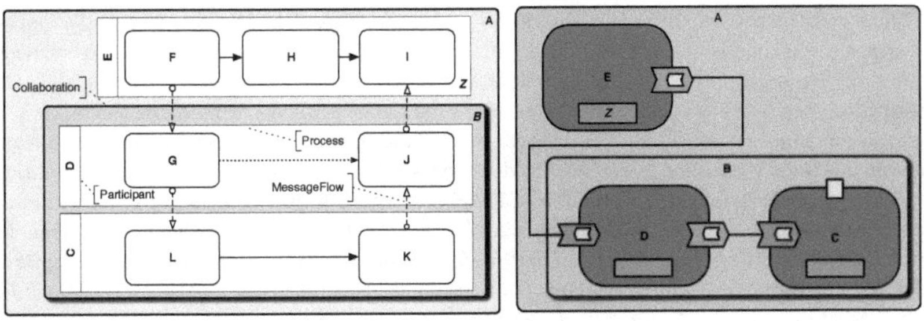

Figure 4.6 – Diagramme BPMN représentant une architecture fonctionnelle.

Nous pouvons remarquer que le modèle BPMN de la Figure 4.6 n'est pas identique au modèle BPMN de la Figure 4.3. En effet, le modèle BPMN de la Figure 4.6 représente une composition « intermédiaire » des processus D et C. Par exemple, le composite B (voir Figure 4.6) est une composition des composants D et C qui représentent les processus D et C du modèle BPMN de la Figure 4.3. Pour cela, au sein même de la transformation entre BPMN et SCA, nous opérons automatiquement une transformation intermédiaire du modèle BPMN source en un modèle BPMN qui comprend cette séparation. Le *mapping* BPMN-BPMN est décrit dans le Tableau 4.3. Plus précisément, nous listons les correspondances entre les « types » des éléments BPMN. En effet, la correspondance définit une relation liant l'ensemble d'éléments d'un modèle BPMN « source » à l'ensemble des éléments d'un modèle BPMN « intermédiaire ». L'intérêt de ces règles est de faire correspondre d'une manière explicite les éléments de chacun des modèles.

Règle	**Élement BPMN**	**Élement BPMN**
R1	Collaboration	Collaboration
R2	Participant	Participant
R3	Process	Process
R4	Task	Task
R5	MessageFlow	MessageFlow
R6	(Intra-Lane) SequenceFlow	SequenceFlow
R7	(Intra-Lane) DataAssociation	DataAssociation
R8	LaneSet	Collaboration CallConversation
R9	Lane	Participant Process
R10	(Inter-Lane) SequenceFlow	MessageFlow
R11	(Inter-Lane) DataAssociation	MessageFlow
R12	Interface	Interface
R13	Operation	Operation
R14	EndPoint	EndPoint
R15	Property	Property

Tableau 4.3 – Description du *mapping* BPMN-BPMN.

Nous voulons attirer l'attention du lecteur sur les artéfacts BPMN *Lane* et *LaneSet* qui sont illustrés au sein du participant *B* de la Figure 4.3. Ces constructions permettent d'organiser la logique métier selon l'idée des flux fonctionnels croisés (*Cross Functional Flowcharts* [Tut12]). Les diagrammes [27] de flux fonctionnels croisés [28] indiquent la relation qui existe entre les unités organisationnelles responsables d'un processus. Ils mettent en évidence les relations entre les intervenants pour contrôler la réalisation des tâches du processus en divisant la représentation en bandes (ou en colonnes). Le standard BPMN regroupe ces diagrammes sous l'appellation de « processus publics » au sein d'une ligne multiple (*LaneSet*). Ils séparent fonctionnellement les contributions de chaque participant (*Lane*) dans le processus. Par exemple, dans le diagramme BPMN de la Figure 4.3, le participant *D* est responsable de l'exécution des tâches *G* et *J* qui sont en relation avec les tâches *L* et *K* exécutées [29] par un autre service fonctionnel *C*.

La Figure 4.7 représente – de gauche à droite – un modèle BPMN source et le modèle intermédiaire qui est généré par les règles de *R1* à *R7*. Ces règles transforment les artéfacts qui n'apparaissent pas dans un flux fonctionnel croisé. Il s'agit là de règles élémentaires qui recopient les interactions entre les processus et les tâches qui les décrivent. Les diagrammes d'objets UML montrent la structure des modèles et leur conformité au méta-modèle BPMN central.

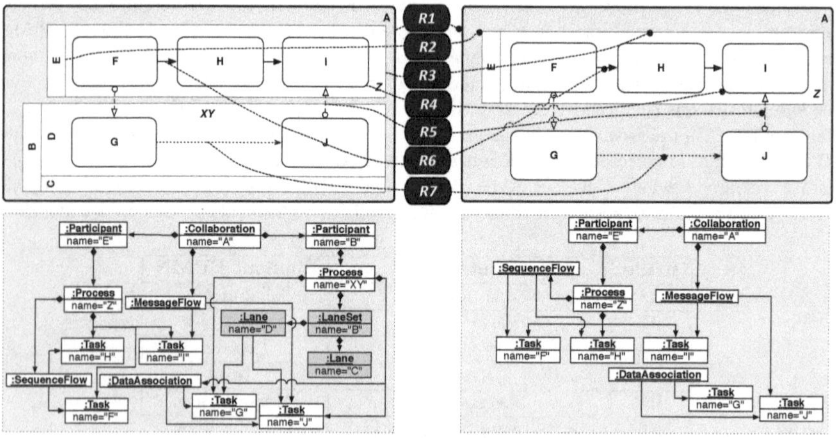

Figure 4.7 – Illustration du *mapping* du Tableau 4.3.

Les règles de *R8* à *R11* sont illustrées sur la Figure 4.8 complémentaire. Elles transforment un flux fonctionnel croisé en une collaboration entre processus collaborants. Les flux de séquences et de données entre les tâches appartenant à des lignes différentes (*Inter-Lane*) sont transformés en flux de messages. Il s'agit d'un principe important de cette transformation intermédiaire. Les lignes groupées (*LaneSet*) sont transformées en des processus séparés. Ensuite, les règles de *R12* à *R15* recopient les éléments *Interface*, *Operation*, *EndPoint*, *Property* pour chaque participants. Le but est de découper le flux fonctionnel croisé selon les activités réalisées par chacune des unités organisationnelles. Il s'agit d'un « partitionnement ensembliste » de l'ensemble des tâches en

27. Utilisés pour les orchestrations de services et sont plus simples à modéliser que les « collaborations ».
28. Souvent utilisées dans la méthode *Six Sigma* [Inc12a] pour étudier les interfaces entre les participants.
29. Cette séparation des préoccupations est celle du le maillage de l'assemblage de la Figure 4.5.

plusieurs sous-ensembles selon leur appartenance aux lignes. En effet, ce critère de découpage est déjà présent dans le méta-modèle BPMN [30]. Il est important de signaler, qu'à la différence de nos travaux présentés dans [FBD+11], cette méthode ne crée pas d'artéfacts BPMN supplémentaires lors du partitionnement. Comme nous le monterons plus loin, il s'agit d'une condition nécessaire pour que la transformation automatisée des modèles soit incrémentale.

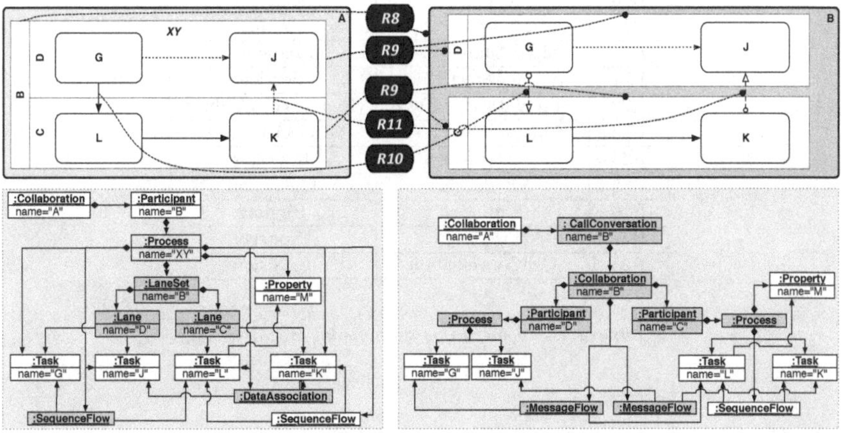

Figure 4.8 – Illustration complémentaire du *mapping* du Tableau 4.3.

4.3.2 Correspondance entre les architectures : fonctionnelle et applicative

Bien que les domaines utilisant BPMN et SCA soient différents, notre travail d'investigation des spécifications montre qu'il est possible d'établir des liens de passages entre les concepts de processus et de composant. Le *mapping* BPMN-SCA est décrit dans le Tableau 4.4. Il recense les règles de correspondance entre les méta-classes BPMN et SCA. Pour illustrer ce *mapping*, reprenons l'exemple didactique.

La Figure 4.9 illustre les liens de correspondance entre les artéfacts de chaque modèle de la Figure 4.6. Elle présente un cas typique d'une interaction multilatérale impliquant les processus de plusieurs services fonctionnels (par exemple, *E*, *D* et *C*). Cette interaction est subdivisé en deux collaborations BPMN *A* et *B* et les participants sont structurés deux-à-deux :*E* avec *D*, et *D* avec *C*. Les deux collaborations son imbriquées par un élément *CallConversation*. Elles représentent deux opérations séparées de demande-réponse au sein d'un échange bidirectionnel entre les participants (*E* avec *D* et *D* avec *C*). Rappelons que SCA utilise la notion d'interface bidirectionnelle à travers la définition de *Callback* pour les contrats des composants impliqués dans des échanges pair-à-pair. De plus, SCA met l'accent sur la séparation des contrats pour l'exposition (*Service*) et l'invocation (*Reference*) des composants.

30. Citons un extrait du standard BPMN 2.0 [OMG09] : « *a Lane element defines one specific partition in a LaneSet. The Lane can define a partition element which specifies the value and element type, a tool can use to determine the list of nodes to be partitioned into this Lane. All Lanes in a single LaneSet must define partition element of the same type, e.g., all Lanes in a LaneSet reference a Resource as the partition element* ».

Règle	Élement BPMN	Élement SCA
R16	Collaboration	Composite
R17	Participant	Component
R18	Process	Implementation
R19	(Initial) MessageFlow	Wire
R20	(Initial Source) Task	Reference
R21	(Initial Target) Task	Service
R22	(Final Target) Task	(Reference) Callback
R23	(Final Source) Task	(Service) Callback
R24	Interface	Interface
R25	Operation	Operation
R26	EndPoint	Binding
R27	Property	Property
R28	CallConversation	Inclusion

Tableau 4.4 – Description du *mapping* BPMN-SCA.

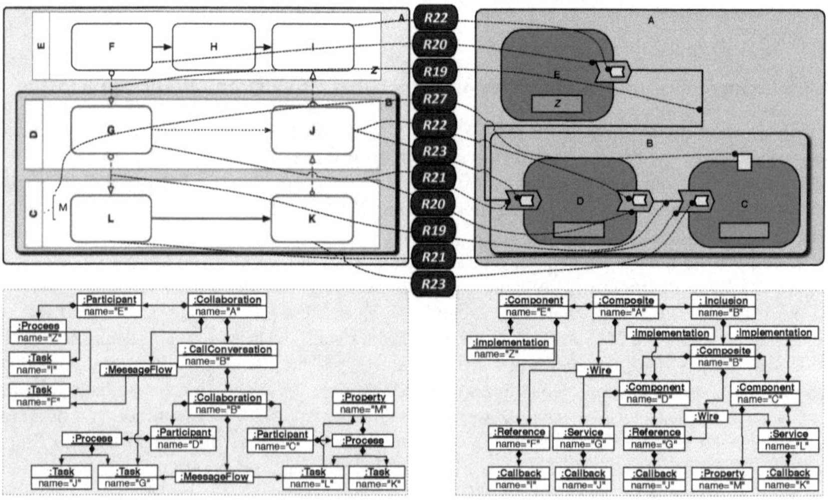

Figure 4.9 – Exemple de transformation d'un modèle BPMN en un modèle SCA.

En effet, il nous est nécessaire de différencier les processus collaborants entre consommateur ou fournisseur de service pour pouvoir générer correctement les artéfacts SCA. Comme les *MessageFlow* sont ordonnés au sein des collaborations, nous pouvons facilement distinguer les flux de message qui sont initiateurs (avec la mention *Initial*) ou ceux qui mettent fin aux interactions de service (avec la mention *Final*). Dans notre cas, E initie l'interaction au sein de la collaboration A. Il est donc le consommateur. De même, D est un consommateur d'un service fourni par C. Cette information est directement déduite du modèle BPMN. Il n'est pas nécessaire de recourir à des annotations supplémentaires ou bien de recourir à des algorithmes avancés [31] pour déterminer les patrons d'interaction entre les services. En effet, l'ordre des messages existe dans le méta-modèle BPMN central. Enfin, les flux de messages initiateurs sont transformés en connecteurs entre *Reference* et *Service* selon la règle *R19*.

Par ailleurs, il est bien plus difficile d'illustrer les règles qui impliquent des artéfacts BPMN sans représentation graphique, autre que par des diagrammes d'objets UML de la Figure 4.9. Par exemple, pour la règle *R27* nous montrons que la propriété M est transformée en une propriété pour le composant qui correspond au participant C. De même, chaque *Contract* et son *Callback* sont générés par les règles *R20*, *R21*, *R22*, *R23* pour chaque composant à partir des tâches BPMN – qu'ils soient des tâches d'envoi (*Source*) ou de réception (*Target*) de messages. Par ailleurs, une *Interface* et un *Binding* qui lui est associé, ainsi que les *Operation* ne sont créées pour chacun des contrats SCA que si une *Interface* et un *EndPoint* existent. En effet, une *Interface* décrit les opérations par lesquelles les messages sont consommés ou produits à travers l'adresse contenue dans le *EndPoint*. La règle *R18* signifie qu'un composant doit fournir une logique applicative qui correspond au processus du participant qu'il représente. Bien que nous générons une configuration SCA qui peut être déployée sans remaniements, la production de code source [32] est hors du contexte de cette thèse.

Finalement, nous pouvons affirmer que notre méta-modèle BPMN central est complet pour pouvoir générer une configuration SCA canonique. La justification ne tient pas dans l'exhaustivité des méta-modèles BPMN ou SCA, mais au fait que tous les types SCA – auxquels nous nous restreignons – peuvent être générés à partir des types BPMN. Evidemment, il faut que toutes les règles du *mapping* soient activées pour un modèle source contenant tous les types du méta-modèle BPMN central. D'ailleurs, nous n'émettons aucune hypothèse sur la « correction » des modèles. Nous supposons qu'un modèle est structurellement valide s'il est conforme à son méta-modèle. Dans ce cas, nous pouvons parler de « correction statique ». Lors de la transformation, l'ordre de leur déclenchement des règles doit correspondre à l'ordre de numérotation afin que les modèles soient conformes aux méta-modèles. À titre d'exemple, si le modèle BPMN source contient un participant n'appartenant pas à une collaboration, alors un composant SCA ne sera pas généré. En effet, la règle *R2* ne peut être activée sans la *R1*. Le but est que la transformation soit indépendante de la correction des modèles BPMN. Ceci nous évite d'émettre des hypothèses sur les propriétés structurelles des processus. Par exemple, comme c'est le cas pour un Workflow dit « correct » [KHB00, PW06], une orchestration de services dite « simulable » [ANRR10] ou les interfaces dites compatibles [LLC10]. Enfin, dans la section suivante, ceci nous permet de définir une formalisation des modèles plus simple.

31. Comme nous le faisons dans [FBD$^+$11]
32. Il s'agit d'une perspective selon laquelle un composant SCA est un programme décrit par un code source.

4.4 Cadre formel pour la transformation de modèles

Dans cette section, nous établissons un cadre formel qui assure l'indépendance de notre approche vis-à-vis des différents langages qui permettent une mise en œuvre d'une transformation automatisée. La formulation de ce cadre doit être abordée comme une preuve rigoureuse qui précise le bien-fondé du *mapping* BPMN-BPMN-SCA que nous avons défini.

4.4.1 Formalisation du *mapping* entre les modèles

Comme nous l'avons précédemment évoqué, la notion centrale de notre démarche est celle de la transformation « unidirectionnelle ». L'entrée de notre chaîne de transformation est un modèle BPMN spécifiant l'architecture des processus métier, comme celui de la Figure 4.2. Un tel modèle BPMN peut-être formalisé par la Définition 1. Cette définition liste les éléments du Tableau 4.1 comme des ensembles. Elle recense les associations décrites dans la Figure 4.2 entre ces éléments, comme autant de relations binaires[33]. Par exemple, dans la Figure 4.10 supposons que la tâche initiale possédant l'étiquette « Recevoir la demande » soit notée e', et que le processus du « Distributeur » soit noté e. Pour signifier que e' est contenue dans e, nous pouvons écrire : $\exists e \in \mathcal{M}^{Participant}, e' \in (\mathcal{M}^{Task})_{Initial} \mid \mathcal{M}^{\square}(e, e')$.

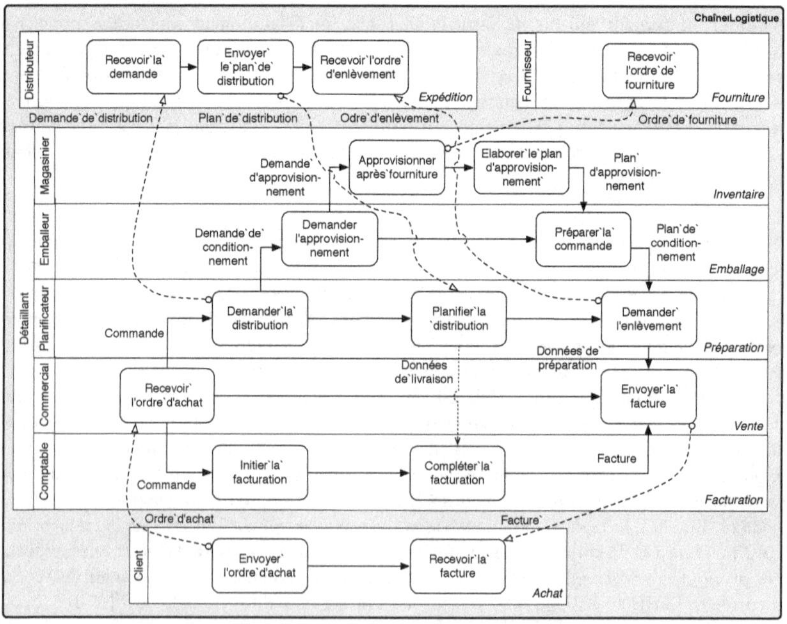

Figure 4.10 – Exemple d'un modèle BPMN source.

33. Une relation binaire R d'un ensemble E (dit, de départ) vers un ensemble F (dit, d'arrivée) est définie par une partie $\mathcal{G}$ de $E \times F$ (appelée le graphe de la relation). Si $(x, y) \in \mathcal{G}$ on dit que x est en relation avec y et on note « $\mathcal{R}(x, y)$ » (en notation préfixe) ou « $x\mathcal{R}y$ » (en notation infixe).

Définition 1 (Modèle BPMN) *Un modèle BPMN (2.0), conforme au méta-modèle BPMN central (voir Figure 4.2) est un n-uplet* $\mathcal{M}$ *défini par :*

- $\mathcal{M}^{BaseElement}$ *est un ensemble dénombrable d'artéfacts BPMN,*
  - $\mathcal{M}^{Name}$ *est un ensemble fini d'étiquettes,*
  - $\mathcal{M}^{\dagger} : \mathcal{M}^{BaseElement} \times \mathcal{M}^{Name}$ *associe les artéfacts aux étiquettes,*
- $\mathcal{M}^{Container} \subseteq \mathcal{M}^{BaseElement}$ *un ensemble fini de conteneurs d'artéfacts,*
  - $\mathcal{M}^{\square} : \mathcal{P}(\mathcal{M}^{BaseElement}) \times \mathcal{M}^{Container}$ *associe l'ensemble des parties de* $\mathcal{M}^{BaseElement}$ *à leur conteneur* ($\mathcal{M}^{\boxdot}$ *est sa fermeture transitive et* $\mathcal{M}^{\boxdot-1}$ *est une fonction),*
- $\mathcal{M}^{Collaboration} \subseteq \mathcal{M}^{Container}$ *est un ensemble fini de collaborations,*
- $\mathcal{M}^{RootElement} = \{e \in \mathcal{M}^{Collaboration}\}$ *est un singleton représentant la racine,*
- $\mathcal{M}^{Participant} \subseteq \mathcal{M}^{Container}$ *est un ensemble fini de participants,*
  - $(\mathcal{M}^{Collaboration} \times \mathcal{M}^{Participant}) \subseteq \mathcal{M}^{\square}$,
- $\mathcal{M}^{Process} \subseteq \mathcal{M}^{Container}$ *est un ensemble fini de processus (Workflow),*
  - $(\mathcal{M}^{Participant} \times \mathcal{M}^{Process}) \subseteq \mathcal{M}^{\square}$,
- $\mathcal{M}^{Property} \subseteq \mathcal{M}^{BaseElement}$ *est un ensemble fini de propriétés,*
  - $(\mathcal{M}^{Process} \times \mathcal{M}^{Property}) \subseteq \mathcal{M}^{\square}$,
- $({\mathcal{M}^{FlowElement}}_j)_{j \leq \mathbb{N}} \subseteq \mathcal{M}^{BaseElement}$ *est une famille finie d'éléments de flux,*
  - $(\mathcal{M}^{Process} \times \mathcal{M}^{FlowElement}) \subseteq \mathcal{M}^{\square}$,
  - $\mathcal{M}^{\jmath} : \mathcal{M}^{\square} \rightarrow \mathbb{N}$ *associe les indices aux éléments,*
- $({\mathcal{M}^{Task}}_j)_{j \leq \mathbb{N}} \subseteq \mathcal{M}^{FlowElement}$ *est une famille finie de tâches,*
  - $\mathcal{M}^{\intercal} : \mathcal{M}^{Task} \times \mathcal{M}^{Property}$ *définit les propriétés des tâches (où* $\mathcal{M}^{\intercal-1}$ *est une fonction),*
- $({\mathcal{M}^{SequenceFlow}}_j)_{j \leq \mathbb{N}} \subseteq \mathcal{M}^{FlowElement}$ *est une famille finie de flux de séquence,*
  - $\mathcal{M}^{\blacktriangleright} : \mathcal{M}^{Task} \times \mathcal{M}^{SequenceFlow}$ *définit la source du flux (où* $\mathcal{M}^{\blacktriangleleft-1}$ *est une fonction),*
  - $\mathcal{M}^{\blacktriangleleft} : \mathcal{M}^{Task} \times \mathcal{M}^{SequenceFlow}$ *en définit la destination (où* $\mathcal{M}^{\blacktriangleright-1}$ *est une fonction),*
- $({\mathcal{M}^{DataAssociation}}_j)_{j \leq \mathbb{N}} \subseteq \mathcal{M}^{SequenceFlow}$ *est un ensemble fini de flux de données,*
- $({\mathcal{M}^{MessageFlow}}_j)_{j \leq \mathbb{N}} \subseteq \mathcal{M}^{BaseElement}$ *est un ensemble fini de flux de messages,*
  - $\mathcal{M}^{\triangleright} : \mathcal{M}^{Task} \times \mathcal{M}^{MessageFlow}$ *définit la source du flux (Source),*
  - $\mathcal{M}^{\triangleleft} : \mathcal{M}^{Task} \times \mathcal{M}^{MessageFlow}$ *en définit la destination (Target),*
  - $(\mathcal{M}^{Collaboration} \times \mathcal{M}^{MessageFlow}) \subseteq \mathcal{M}^{\square}$,
- $\mathcal{M}^{Interface} \subseteq \mathcal{M}^{Container}$ *est un ensemble fini d'interfaces,*
  - $\mathcal{M}^{\diamond} : \mathcal{M}^{Participant} \times \mathcal{M}^{Interface}$ *définit l'interface des participants,*
- $\mathcal{M}^{Operation} \subseteq \mathcal{M}^{BaseElement}$ *est un ensemble fini d'opérations,*
  - $(\mathcal{M}^{Interface} \times \mathcal{M}^{Operation}) \subseteq \mathcal{M}^{\square}$,
- $\mathcal{M}^{EndPoint} \subseteq \mathcal{M}^{BaseElement}$ *est un ensemble fini d'adresses de service,*
  - $\mathcal{M}^{\star} : \mathcal{M}^{Participant} \times \mathcal{M}^{EndPoint}$ *définit les adresses des participants,*
- $\mathcal{M}^{LaneSet} \subseteq \mathcal{M}^{Container}$ *est un ensemble fini de regroupements de lignes,*
  - $(\mathcal{M}^{Process} \times \mathcal{M}^{LaneSet}) \subseteq \mathcal{M}^{\square}$,
- $\mathcal{M}^{Lane} \subseteq (\mathcal{M}^{Process} \cap \mathcal{M}^{FlowElement})$
  - $(\mathcal{M}^{Lane} \times \mathcal{M}^{Task}) \subseteq \mathcal{M}^{\square}$ *définit les tâches intra-lignes,*
  - $(\mathcal{M}^{LaneSet} \times \mathcal{M}^{Lane}) \subseteq \mathcal{M}^{\square}$,
- $\mathcal{M}^{CallConversation} \subseteq \mathcal{M}^{Collaboration}$ *définit les imbrications entre les collaborations,*
  - $\mathcal{M}^{CallConversation} \times \mathcal{M}^{CallConversation} \subseteq \mathcal{M}^{\square}$,
- *et les conditions suivantes doivent être vérifiées :*
  - *si* $\forall e \in \mathcal{M}^{Collaboration}, \exists (e', e'') \in (\mathcal{M}^{Participant})^2, e''' \in \mathcal{M}^{MessageFlow}, e'''', e''''' \in \mathcal{M}^{Task} \mid \mathcal{M}^{\square}(e, e') \wedge \mathcal{M}^{\square}(e, e'') \wedge \mathcal{M}^{\square}(e, e''') \wedge \mathcal{M}^{\triangleright}(e'''', e''') \wedge \mathcal{M}^{\triangleleft}(e''''', e''') \wedge \mathcal{M}^{\boxdot}(e', e'''') \wedge \mathcal{M}^{\boxdot}(e'', e''''')$ *alors* $(\mathcal{M}^{MessageFlow})_{Initial} = inf(\mathcal{M}^{\jmath}(e, e'''))$,
  - *si* $\forall e \in \mathcal{M}^{Process}, \exists e' \in \mathcal{M}^{Task} / \mathcal{M}^{\square}(e, e')$ *alors* $(\mathcal{M}^{Task})_{Initial} = inf(\mathcal{M}^{\jmath}(e, e')) \vee (\mathcal{M}^{Task})_{Final} = sup(\mathcal{M}^{\jmath}(e, e'))$.

La production d'un modèle BPMN intermédiaire à partir d'un modèle BPMN source fait suite à l'exécution d'une transformation selon le *mapping* du Tableau 4.3. En d'autres termes, pour des modèles BPMN sources, notés $\mathcal{M}_s$, nous générons des modèles intermédiaires, notés $\mathcal{M}_i$, qui sont conformes au même méta-modèle BPMN central. Cette transformation « endogène » peut être définie dans la Définition 2. Dans cette définition, les règles BPMN-BPMN sont écrites d'une manière impérative entre les modèles BPMN (voir Définition 1).

Définition 2 (Transformation d'un modèle BPMN en BPMN) *Selon les règles de mapping du Tableau 4.3, un modèle BPMN intermédiaire $\mathcal{M}_i$ est généré à partir d'un modèle BPMN source $\mathcal{M}_s$ avec les opérations suivantes :*

R0 : $\mathcal{M}_i^{RootElement} := \mathcal{M}_s^{RootElement}$,

R1 : $\mathcal{M}_i^{Collaboration} := \mathcal{M}_s^{Collaboration}$,

R2 : $\mathcal{M}_i^{Participant} := \{e \in \mathcal{M}_s^{Participant} \mid \nexists e' \in \mathcal{M}_s^{LaneSet} / \mathcal{M}_s^{\boxdot}(e,e')\}$,

– $\mathcal{M}_i^{\square} := \{(e,e') \in (\mathcal{M}_s^{Collaboration} \times \mathcal{M}_s^{Participant}) \mid \nexists e'' \in \mathcal{M}_s^{LaneSet} / \mathcal{M}_s^{\boxdot}(e,e') \wedge \mathcal{M}_s^{\boxdot}(e',e'')\}$,

R3 : $\mathcal{M}_i^{Process} := \{e \in \mathcal{M}_s^{Process} \mid \nexists e' \in \mathcal{M}_s^{LaneSet} / \mathcal{M}_s^{\square}(e,e')\}$,

– $\mathcal{M}_i^{\square} := \{(e,e') \in (\mathcal{M}_s^{Participant} \times \mathcal{M}_s^{Process}) \mid \nexists e'' \in \mathcal{M}_s^{LaneSet} / \mathcal{M}_s^{\boxdot}(e,e') \wedge \mathcal{M}_s^{\square}(e',e'')\}$,

R4 : $\mathcal{M}_i^{Task} := \{e \in \mathcal{M}_s^{Task} \mid \exists e' \in \mathcal{M}_s^{Process}, \nexists e'' \in \mathcal{M}_s^{LaneSet} / \mathcal{M}_s^{\square}(e',e) \wedge \mathcal{M}_s^{\square}(e',e'')\}$,

– $\mathcal{M}_i^{\square} := \{(e,e') \in (\mathcal{M}_s^{Process} \times \mathcal{M}_s^{Task}) \mid \nexists e'' \in \mathcal{M}_s^{LaneSet} / \mathcal{M}_s^{\square}(e,e') \wedge \mathcal{M}_s^{\square}(e',e'')\}$,

R5 : $\mathcal{M}_i^{MessageFlow} := \mathcal{M}_s^{MessageFlow}$,

– $\mathcal{M}_i^{\triangleright} := \{(e,e') \in (\mathcal{M}_s^{Task} \times \mathcal{M}_s^{MessageFlow}) \mid \mathcal{M}_s^{\triangleright}(e,e')\}$,

– $\mathcal{M}_i^{\triangleleft} := \{(e,e') \in (\mathcal{M}_s^{Task} \times \mathcal{M}_s^{MessageFlow}) \mid \mathcal{M}_s^{\triangleleft}(e,e')\}$,

– $\mathcal{M}_i^{\square} := \{(e,e') \in (\mathcal{M}_s^{Collaboration} \times \mathcal{M}_s^{MessageFlow}) \mid \mathcal{M}_s^{\square}(e,e')\}$,

R6 : $\mathcal{M}_i^{SequenceFlow} := \{e \in \mathcal{M}_s^{SequenceFlow} \mid \exists e' \in \mathcal{M}_s^{Process}, \nexists e'' \in \mathcal{M}_s^{LaneSet} / \mathcal{M}_s^{\square}(e',e) \wedge \mathcal{M}_s^{\square}(e',e'')\}$,

R7 : $\mathcal{M}_i^{DataAssociation} := \{e \in \mathcal{M}_s^{DataAssociation} \mid \exists e' \in \mathcal{M}_s^{Process}, \nexists e'' \in \mathcal{M}_s^{LaneSet} / \mathcal{M}_s^{\square}(e',e) \wedge \mathcal{M}_s^{\square}(e',e'')\}$, *avec* $(\mathcal{M}_s^{DataAssociation} \subseteq \mathcal{M}_s^{SequenceFlow})$ *et* $(\mathcal{M}_i^{DataAssociation} \subseteq \mathcal{M}_i^{SequenceFlow})$,

– $\mathcal{M}_i^{\blacktriangleright} := \{(e,e') \in (\mathcal{M}_s^{Task} \times \mathcal{M}_s^{SequenceFlow}) \mid \exists e'' \in \mathcal{M}_s^{Lane}, e''' \in \mathcal{M}_s^{Task} / \mathcal{M}_s^{\blacktriangleright}(e,e') \wedge \mathcal{M}_s^{\square}(e'',e) \wedge \mathcal{M}_s^{\square}(e'',e''') \wedge \mathcal{M}_s^{\blacktriangleleft}(e''',e')\}$,

– $\mathcal{M}_i^{\blacktriangleleft} := \{(e,e') \in (\mathcal{M}_s^{Task} \times \mathcal{M}_s^{SequenceFlow}) \mid \exists e'' \in \mathcal{M}_s^{Lane}, e''' \in \mathcal{M}_s^{Task} / \mathcal{M}_s^{\blacktriangleleft}(e,e') \wedge \mathcal{M}_s^{\square}(e'',e) \wedge \mathcal{M}_s^{\square}(e'',e''') \wedge \mathcal{M}_s^{\blacktriangleright}(e''',e')\}$,

– $\mathcal{M}_i^{\square} := \{(e,e') \in (\mathcal{M}_s^{Process} \times \mathcal{M}_s^{SequenceFlow}) \mid \exists e'', e''' \in \mathcal{M}_s^{Task} / \mathcal{M}_s^{\square}(e,e') \wedge \mathcal{M}_s^{\square}(e,e')\}$,

R8 : $\mathcal{M}_i^{Collaboration} := \mathcal{M}_s^{Collaboration} \cup \mathcal{M}_s^{LaneSet}$,

– $\mathcal{M}_i^{CallConversation} := \mathcal{M}_s^{CallConversation} \cup \{(e,e') \in (\mathcal{M}_s^{Collaboration} \times \mathcal{M}_s^{LaneSet}) \mid \mathcal{M}_s^{\boxdot}(e,e')\}$,

– $\mathcal{M}_i^{\square} := \{(e,e') \in \mathcal{M}_s^{Collaboration} \times \mathcal{M}_s^{CallConversation} \mid \nexists e'' \in \mathcal{M}_s^{LaneSet} / \mathcal{M}_s^{\boxdot}(e,e'')\} \cup \{(e,e',e'') \in ((\mathcal{M}_s^{Collaboration})^2 \times \mathcal{M}_s^{LaneSet}) \mid e = e' \wedge \mathcal{M}_s^{\boxdot}(e',e'')\}$,

R9 : $\mathcal{M}_i^{Participant} := \mathcal{M}_s^{Participant} \cup \{e \in \mathcal{M}_s^{Lane} \mid \exists e' \in \mathcal{M}_s^{LaneSet} / \mathcal{M}_s^{\square}(e',e)\}$,

– $\mathcal{M}_i^{\square} := \{(e,e') \in (\mathcal{M}_s^{LaneSet} \times \mathcal{M}_s^{Lane}) \mid \mathcal{M}_s^{\square}(e,e')\}$,

– $\mathcal{M}_i^{Process} := \mathcal{M}_i^{Process} \cup \{e \in \mathcal{M}_s^{Lane} \mid \exists e' \in \mathcal{M}_s^{LaneSet} / \mathcal{M}_s^{\square}(e',e)\}$,

– $\mathcal{M}_i^{\square} := \{(e,e') \in (\mathcal{M}_s^{Lane})^2 \mid \exists e'' \in \mathcal{M}_s^{LaneSet} / \mathcal{M}_s^{\square}(e'',e) \wedge \mathcal{M}_s^{\square}(e'',e')\}$,

– $\mathcal{M}_i^{\diamond} := \{(e,e') \in (\mathcal{M}_s^{Lane} \times \mathcal{M}_s^{Interface}) \mid \exists e'' \in \mathcal{M}_s^{LaneSet}, \exists e''', \mathcal{M}_s^{Participant} / \mathcal{M}_s^{\square}(e''',e'') \wedge \mathcal{M}_s^{\square}(e'',e) \wedge \mathcal{M}_s^{\diamond}(e''',e')\}$,

– $\mathcal{M}_i^{\star} := \{(e,e') \in (\mathcal{M}_s^{Lane} \times \mathcal{M}_s^{EndPoint}) \mid \exists e'' \in \mathcal{M}_s^{LaneSet}, \exists e''', \mathcal{M}_s^{Participant} / \mathcal{M}_s^{\square}(e''',e'') \wedge \mathcal{M}_s^{\square}(e'',e) \wedge \mathcal{M}_s^{\star}(e''',e')\}$,

R10 et ***R11*** : $\mathcal{M}_i^{MessageFlow} := \mathcal{M}_s^{MessageFlow} \cup \{e \in \mathcal{M}_s^{SequenceFlow} \mid \exists e', e'' \in \mathcal{M}_s^{Lane}, \exists e''', e'''' \in \mathcal{M}_s^{Task} / \mathcal{M}_s^{\square}(e',e''') \wedge \mathcal{M}_s^{\square}(e'',e'''') \wedge (\mathcal{M}_s^{\blacktriangleleft}(e''',e) \vee \mathcal{M}_s^{\blacktriangleright}(e'''',e)) \wedge (\mathcal{M}_s^{\blacktriangleleft}(e'''',e) \vee \mathcal{M}_s^{\blacktriangleright}(e''',e))\}$, *avec* $(\mathcal{M}_s^{DataAssociation} \subseteq \mathcal{M}_s^{SequenceFlow})$,

– $\mathcal{M}_i^{\triangleright} := \{(e,e') \in (\mathcal{M}_s^{Task} \times \mathcal{M}_s^{SequenceFlow}) \mid \exists e', e'' \in \mathcal{M}_s^{Lane}, \exists e''' \in \mathcal{M}_s^{Task} / \mathcal{M}_s^{\triangleright}(e,e') \wedge$

$\mathcal{M}_s^{\triangleleft}(e''', e') \wedge \mathcal{M}_s^{\square}(e', e) \wedge \mathcal{M}_s^{\square}(e'', e''')\}$,

- $\mathcal{M}_i^{\triangleleft} := \{(e, e') \in (\mathcal{M}_s^{Task} \times \mathcal{M}_s^{SequenceFlow}) \mid \exists e', e'' \in \mathcal{M}_s^{Lane}, \exists e''' \in \mathcal{M}_s^{Task} / \mathcal{M}_s^{\triangleleft}(e, e') \wedge \mathcal{M}_s^{\triangleright}(e''', e') \wedge \mathcal{M}_s^{\square}(e', e) \wedge \mathcal{M}_s^{\square}(e'', e''')\}$,
- $\mathcal{M}_i^{\square} := \{(e, e') \in (\mathcal{M}_s^{Collaboration} \times \mathcal{M}_s^{SequenceFlow}) \mid \exists e'', e''' \in \mathcal{M}_s^{Lane}, \exists e'''', e''''' \in \mathcal{M}_s^{Task} / \mathcal{M}_s^{\square}(e'', e'''') \wedge \mathcal{M}_s^{\square}(e''', e''''') \wedge (\mathcal{M}_s^{\blacktriangleleft}(e'''', e') \vee \mathcal{M}_s^{\blacktriangleright}(e''''', e')) \wedge (\mathcal{M}_s^{\blacktriangleleft}(e''''', e') \vee \mathcal{M}_s^{\blacktriangleright}(e'''', e'))\}$,

R12 : $\mathcal{M}_i^{Interface} := \mathcal{M}_s^{Interface}$,

- $\mathcal{M}_i^{\diamond} := \{(e, e') \in (\mathcal{M}_s^{Participant} \times \mathcal{M}_s^{Interface}) \mid \nexists e'' \in \mathcal{M}_s^{LaneSet} / \mathcal{M}_s^{\boxdot}(e'', e) \wedge \mathcal{M}_s^{\diamond}(e, e')\}$,

R13 : $\mathcal{M}_i^{Operation} := \mathcal{M}_s^{Operation}$,

- $\mathcal{M}_i^{\square} := \{(e, e') \in (\mathcal{M}_s^{Interface} \times \mathcal{M}_s^{Operation}) \mid \mathcal{M}_s^{\square}(e, e')\}$,

R14 : $\mathcal{M}_i^{EndPoint} := \mathcal{M}_s^{EndPoint}$,

- $\mathcal{M}_i^{\star} := \{(e, e') \in (\mathcal{M}_s^{Participant} \times \mathcal{M}_s^{EndPoint}) \mid \nexists e'' \in \mathcal{M}_s^{LaneSet} / \mathcal{M}_s^{\boxdot}(e'', e) \wedge \mathcal{M}_s^{\star}(e, e')\}$,

R15 : $\mathcal{M}_i^{Property} := \{e \in \mathcal{M}_s^{Property} \mid \exists e' \in \mathcal{M}_s^{Process}, \nexists e'' \in \mathcal{M}_s^{LaneSet} / \mathcal{M}_s^{\square}(e', e) \wedge \mathcal{M}_s^{\square}(e', e'')\}$,

- $\mathcal{M}_i^{\square} := \{(e, e') \in (\mathcal{M}_s^{Process} \times \mathcal{M}_s^{Property}) \mid \nexists e'' \in \mathcal{M}_s^{LaneSet} / \mathcal{M}_s^{\square}(e, e') \wedge \mathcal{M}_s^{\square}(e', e'')\}$,
- $\mathcal{M}_i^{\top} := \{(e, e') \in (\mathcal{M}_s^{Task} \times \mathcal{M}_s^{Property}) \mid \exists e'' \in \mathcal{M}_s^{Process}, \nexists e''' \in \mathcal{M}_s^{LaneSet} / \mathcal{M}_s^{\square}(e'', e) \wedge \mathcal{M}_s^{\square}(e'', e') \wedge \mathcal{M}_s^{\square}(e'', e''')\}$

- $\mathcal{M}_i^{FlowElement} := \mathcal{M}_i^{Task} \cup \mathcal{M}_i^{SequenceFlow} \cup \mathcal{M}_i^{DataAssociation}$,
- $\mathcal{M}_i^{Container} := \mathcal{M}_i^{Collaboration} \cup \mathcal{M}_i^{Participant} \cup \mathcal{M}_i^{Process} \cup \mathcal{M}_i^{Interface}$,
- $\mathcal{M}_i^{BaseElement} := \mathcal{M}_i^{Container} \cup \mathcal{M}_i^{Property} \cup \mathcal{M}_i^{FlowElement} \cup \mathcal{M}_i^{MessageFlow} \cup \mathcal{M}_i^{Operation} \cup \mathcal{M}_i^{EndPoint}$,
- $\mathcal{M}_i^{Name} := \mathcal{M}_s^{Name}$, $\mathcal{M}_i^{\dagger} := \mathcal{M}_s^{\dagger}$, $\mathcal{M}_i^{LaneSet} := \emptyset$, $\mathcal{M}_i^{Lane} := \emptyset$.

Pour illustrer cette transformation, le modèle BPMN de la Figure 4.11 représente l'architecture fonctionnelle que nous générons à partir du modèle BPMN source de la Figure 4.10. Les opérations de *R0* à *R7* et de *R12* à *R15* retranscrivent les artéfacts des processus du modèle source dans le modèle intermédiaire à condition qu'ils ne définissent pas un flux fonctionnel croisé (*LaneSet*). Effectivement, les règles de *R8* à *R11* réalisent la séparation des aspects fonctionnels de ce genre de flux. Il s'agit d'une opération ensembliste qui partitionne l'ensemble des tâches d'un processus en plusieurs sous-ensembles, selon leur appartenance à une ligne (*Lane*). Ces sous-ensembles sont alors représentés comme des processus collaborants au sein d'une nouvelle collaboration imbriquée. Par ailleurs, les flux de données et de séquences qui lient des tâches appartenant à des lignes différentes sont transformées en flux de messages. Une fois que nous obtenons ce modèle BPMN intermédiaire, celui-ci fait l'objet d'une seconde transformation « exogène » pour générer un modèle SCA.

Par exemple, en sortie de notre chaîne, nous obtenons le modèle SCA cible de la Figure 4.12 comme la transformation du modèle BPMN intermédiaire de la Figure 4.11. Ce modèle SCA décrit les services applicatifs et leurs assemblages (au sein de services fonctionnels) indépendamment de toute considération technique. Nous utilisons les composites SCA pour décrire ces assemblages. Ils sont formalisés dans la Définition 3.

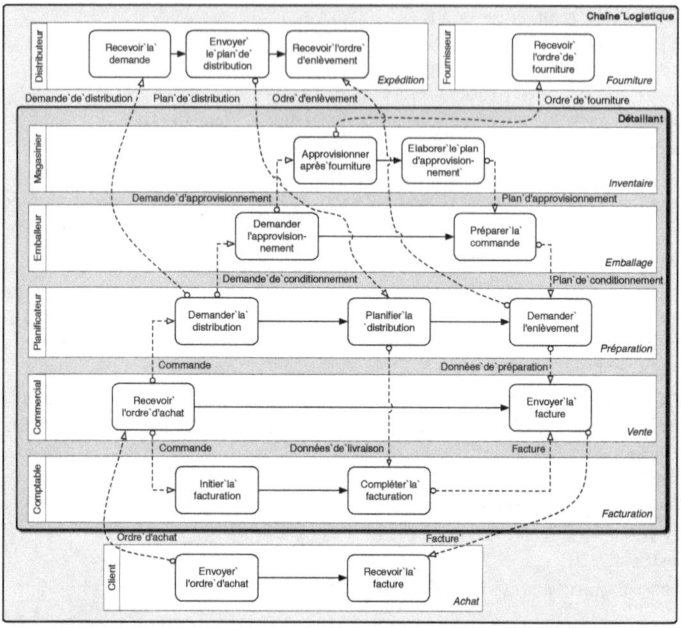

Figure 4.11 – Exemple d'un modèle BPMN intermédiaire.

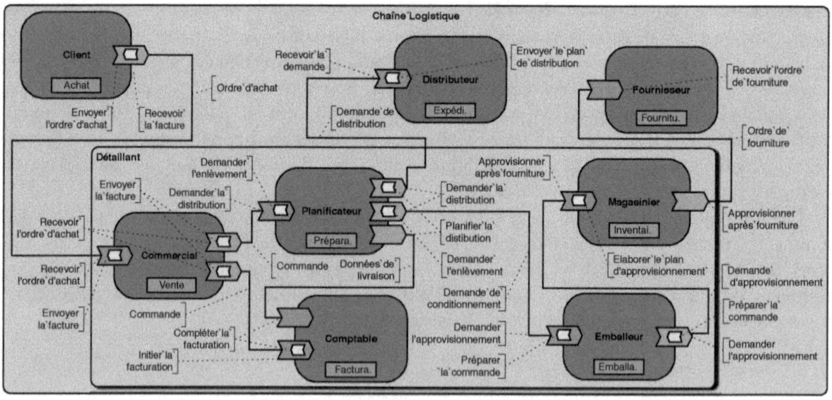

Figure 4.12 – Exemple d'un modèle SCA cible.

Définition 3 (Modèle SCA) *Un modèle SCA (1.1), conforme au méta-modèle SCA canonique (voir Figure 4.4) est un n-uplet $\mathcal{M}$ définit par :*

- $\mathcal{M}^{CommonBase}$ *est un ensemble dénombrable d'artéfacts,*
  - $\mathcal{M}^{Label}$ *est un ensemble fini d'étiquettes,*
  - $\mathcal{M}^{\ddagger} : \mathcal{M}^{CommonBase} \times \mathcal{M}^{Label}$ *associe les artéfacts aux étiquettes,*
- $\mathcal{M}^{Collection} \subseteq \mathcal{M}^{CommonBase}$ *un ensemble fini de conteneurs d'artéfacts,*
  - $\mathcal{M}^{\ominus} : \mathcal{P}(\mathcal{M}^{CommonBase}) \times \mathcal{M}^{Collection}$ *associe l'ensemble des parties de* $\mathcal{M}^{CommonBase}$ *à leur conteneur (où* $\mathcal{M}^{\circledcirc}$ *est sa fermeture transitive et* $\mathcal{M}^{\circledcirc-1}$ *est une fonction),*
- $\mathcal{M}^{EntryElement} = \{e \in \mathcal{M}^{Composite}\}$ *est un singleton représentant l'entrée du modèle,*
- $\mathcal{M}^{Composite} \subseteq \mathcal{M}^{Collection}$ *est un ensemble fini de composites,*
- $\mathcal{M}^{Component} \subseteq \mathcal{M}^{Collection}$ *est un ensemble fini de composants,*
  - $(\mathcal{M}^{Composite} \times \mathcal{M}^{Component}) \subseteq \mathcal{M}^{\ominus}$,
- $\mathcal{M}^{Inclusion} \subseteq \mathcal{M}^{Composite}$ *définit les inclusions entre composites,*
  - $(\mathcal{M}^{Inclusion} \times \mathcal{M}^{Composite}) \subseteq \mathcal{M}^{\ominus}$,
- $\mathcal{M}^{Contract} \subseteq \mathcal{M}^{Collection}$ *est un ensemble fini de contrats,*
  - $(\mathcal{M}^{Component} \times \mathcal{M}^{Contract}) \subseteq \mathcal{M}^{\ominus}$,
- $\mathcal{M}^{Service} \subseteq \mathcal{M}^{Contract}$ *est un ensemble fini de services,*
- $\mathcal{M}^{Reference} \subseteq \mathcal{M}^{Contract}$ *est un ensemble fini de références,*
- $\mathcal{M}^{Wire} \subseteq \mathcal{M}^{CommonBase}$ *est un ensemble fini de connecteurs,*
  - $\mathcal{M}^{\trianglerighteq} : \mathcal{M}^{Contract} \times \mathcal{M}^{Wire}$ *définit la source du connecteur,*
  - $\mathcal{M}^{\trianglelefteq} : \mathcal{M}^{Contract} \times \mathcal{M}^{Wire}$ *en définit la destination du connecteur,*
  - $(\mathcal{M}^{Composite} \times \mathcal{M}^{Contract}) \subseteq \mathcal{M}^{\ominus}$,
- $\mathcal{M}^{Callback} \subseteq \mathcal{M}^{CommonBase}$ *est un ensemble fini de rappels,*
  - $(\mathcal{M}^{Contract} \times \mathcal{M}^{Callback}) \subseteq \mathcal{M}^{\ominus}$,
- $\mathcal{M}^{Implementation} \subseteq \mathcal{M}^{CommonBase}$ *est un ensemble fini d'implémentations,*
  - $(\mathcal{M}^{Component} \times \mathcal{M}^{Implementation}) \subseteq \mathcal{M}^{\ominus}$,
- $\mathcal{M}^{Binding} \subseteq \mathcal{M}^{CommonBase}$ *est un ensemble fini de mécanismes d'appel aux services,*
  - $\mathcal{M}^{\pitchfork} : \mathcal{M}^{Callback} \times \mathcal{M}^{Binding}$ *définit le mécanisme de l'interface de rappel,*
  - $(\mathcal{M}^{Contract} \times \mathcal{M}^{Binding}) \subseteq \mathcal{M}^{\ominus}$,
- $\mathcal{M}^{Interface} \subseteq \mathcal{M}^{CommonBase}$ *est un ensemble fini d'interfaces,*
  - $\mathcal{M}^{\triangleq} : \mathcal{M}^{Callback} \times \mathcal{M}^{Interface}$ *définit l'interface de rappel,*
  - $(\mathcal{M}^{Contract} \times \mathcal{M}^{Interface}) \subseteq \mathcal{M}^{\ominus}$,
- $\mathcal{M}^{Operation} \subseteq \mathcal{M}^{CommonBase}$ *est un ensemble fini d'opérations,*
  - $(\mathcal{M}^{Interface} \times \mathcal{M}^{Operation}) \subseteq \mathcal{M}^{\ominus}$,
- $\mathcal{M}^{Property} \subseteq \mathcal{M}^{CommonBase}$ *est un ensemble fini de propriétés,*
  - $(\mathcal{M}^{Component} \times \mathcal{M}^{Property}) \subseteq \mathcal{M}^{\ominus}$,

Supposons que notre transformation génère un modèle SCA cible, noté $\mathcal{M}_t$, à partir d'un modèle BPMN intermédiaire, noté $\mathcal{M}_i$. Le *mapping* BPMN-SCA peut être formalisé dans la Définition 4.

Définition 4 (Transformation d'un modèle BPMN en SCA) *Selon les règles de correspondance du Tableau 4.4, un modèle SCA cible $\mathcal{M}_t$ est généré à partir d'un modèle BPMN intermédiaire $\mathcal{M}_i$ avec les opérations suivantes :*

R16 : $\mathcal{M}_t^{Composite} := \mathcal{M}_i^{Collaboration}$,
– $\mathcal{M}_t^{EntryElement} = \mathcal{M}_i^{RootElement}$,
R17 : $\mathcal{M}_t^{Component} := \mathcal{M}_i^{Participant}$,
– $\mathcal{M}_t^{\ominus} := \{(e,e') \in (\mathcal{M}_i^{Collaboration} \times \mathcal{M}_i^{Participant}) \mid \mathcal{M}_i^{\square}(e,e')\}$,
R18 : $\mathcal{M}_t^{Implementation} := \mathcal{M}_i^{Process}$,
– $\mathcal{M}_t^{\ominus} := \{(e,e') \in (\mathcal{M}_i^{Participant} \times \mathcal{M}_i^{Process}) \mid \mathcal{M}_i^{\square}(e,e')\}$,
R19 : $\mathcal{M}_t^{Wire} := \{e \in (\mathcal{M}_i^{MessageFlow})_{Initial} \mid \exists e' \in (\mathcal{M}_i^{Task})_{Initial} / \mathcal{M}_i^{\triangleleft}(e',e) \vee \mathcal{M}_i^{\triangleright}(e',e)\}$,
– $\mathcal{M}_t^{\trianglelefteq} := \{(e,e') \in (\mathcal{M}_i^{Task})_{Initial} \times \mathcal{M}_i^{MessageFlow} \mid \mathcal{M}_i^{\triangleright}(e,e')\}$,
– $\mathcal{M}_t^{\trianglerighteq} := \{(e,e') \in (\mathcal{M}_i^{Task})_{Initial} \times \mathcal{M}_i^{MessageFlow} \mid \mathcal{M}_i^{\triangleleft}(e,e')\}$,
– $\mathcal{M}_t^{\ominus} := \{(e,e') \in (\mathcal{M}_i^{Collaboration} \times \mathcal{M}_i^{MessageFlow}) \mid \exists e'' \in (\mathcal{M}_i^{Task})_{Initial} / \mathcal{M}_i^{\triangleleft}(e'',e') \vee \mathcal{M}_i^{\triangleright}(e'',e') \wedge \mathcal{M}_i^{\square}(e,e')\}$,
R20 : $\mathcal{M}_t^{Reference} := \{e \in (\mathcal{M}_i^{Task})_{Initial} \mid \exists e' \in \mathcal{M}_i^{MessageFlow} / \mathcal{M}_i^{\triangleright}(e,e')\}$,
– $\mathcal{M}_t^{\ominus} := \{(e,e') \in (\mathcal{M}_i^{Participant} \times (\mathcal{M}_i^{Task})_{Initial}) \mid \mathcal{M}_i^{\boxdot}(e,e')\}$,
R21 : $\mathcal{M}_t^{Service} := \{e \in (\mathcal{M}_i^{Task})_{Initial} \mid \exists e' \in \mathcal{M}_i^{MessageFlow} / \mathcal{M}_i^{\triangleleft}(e,e')\}$,
– $\mathcal{M}_t^{\ominus} := \{(e,e') \in (\mathcal{M}_i^{Participant} \times (\mathcal{M}_i^{Task})_{Initial}) \mid \mathcal{M}_i^{\boxdot}(e,e')\}$,
• $\mathcal{M}_t^{Contract} := \mathcal{M}_t^{Service} \cup \mathcal{M}_t^{Reference}$,
R22 et ***R23*** : $\mathcal{M}_t^{Callback} := \{e \in (\mathcal{M}_i^{Task})_{Final} \mid \exists e' \in \mathcal{M}_i^{MessageFlow} / \mathcal{M}_i^{\triangleleft}(e,e') \vee \mathcal{M}_i^{\triangleright}(e,e')\}$,
– $\mathcal{M}_t^{\ominus} := \{(e,e') \in (\mathcal{M}_i^{Task})_{Initial} \times (\mathcal{M}_i^{Task})_{Final} \mid \exists e'', e''' \in \mathcal{M}_i^{MessageFlow}, \exists e'''' \in \mathcal{M}_i^{Participant} /$
$(\mathcal{M}_i^{\boxdot}(e'''',e) \wedge \mathcal{M}_i^{\boxdot}(e'''',e')) \wedge (\mathcal{M}_i^{\triangleleft}(e,e'') \wedge \mathcal{M}_i^{\triangleright}(e,e'')) \vee (\mathcal{M}_i^{\triangleleft}(e',e''') \wedge \mathcal{M}_i^{\triangleright}(e,e'''))\}$,
R24 : $\mathcal{M}_t^{Interface} := \mathcal{M}_i^{Interface}$,
– $\mathcal{M}_t^{\triangleq} := \{(e,e') \in ((\mathcal{M}_i^{Task})_{Final} \times \mathcal{M}_i^{Interface}) \mid \exists e'' \in \mathcal{M}_i^{Participant}, e''' \in \mathcal{M}_i^{MessageFlow} / \mathcal{M}_i^{\boxdot}(e'',e) \wedge \mathcal{M}_i^{\diamond}(e'',e') \wedge (\mathcal{M}_i^{\triangleleft}(e,e''') \vee \mathcal{M}_i^{\triangleright}(e,e'''))\}$,
– $\mathcal{M}_t^{\ominus} := \{(e,e') \in ((\mathcal{M}_i^{Task})_{Initial} \times \mathcal{M}_i^{Interface}) \mid \exists e'' \in \mathcal{M}_i^{Participant} / \mathcal{M}_i^{\boxdot}(e'',e) \wedge \mathcal{M}_i^{\diamond}(e'',e')\}$,
R25 : $\mathcal{M}_t^{Operation} := \mathcal{M}_i^{Operation}$,
– $\mathcal{M}_t^{\ominus} := \{(e,e') \in (\mathcal{M}_i^{Interface} \times \mathcal{M}_i^{Operation}) \mid \mathcal{M}_i^{\ominus}(e,e')\}$,
R26 : $\mathcal{M}_t^{Binding} := \mathcal{M}_i^{EndPoint}$,
– $\mathcal{M}_t^{\pitchfork} := \{(e,e') \in ((\mathcal{M}_i^{Task})_{Final} \times \mathcal{M}_i^{EndPoint}) \mid \exists e'' \in \mathcal{M}_i^{MessageFlow}, e''' \in \mathcal{M}_i^{Participant} / \mathcal{M}_i^{\star}(e''',e') \wedge \mathcal{M}_i^{\boxdot}(e''',e) \wedge (\mathcal{M}_i^{\triangleleft}(e,e'') \vee \mathcal{M}_i^{\triangleright}(e,e''))\}$,
– $\mathcal{M}_t^{\ominus} := \{(e,e') \in ((\mathcal{M}_i^{Task})_{Initial} \times \mathcal{M}_i^{EndPoint}) \mid \exists e'' \in \mathcal{M}_i^{Participant} / \mathcal{M}_i^{\boxdot}(e'',e) \wedge \mathcal{M}_i^{\star}(e'',e')\}$,
R27 : $\mathcal{M}_t^{Property} := \mathcal{M}_i^{Property}$,
– $\mathcal{M}_t^{\ominus} := \{(e,e') \in (\mathcal{M}_i^{Participant} \times \mathcal{M}_i^{Property}) \mid \mathcal{M}_i^{\boxdot}(e,e')\}$,
• $\mathcal{M}_t^{CommonBase} \subseteq \mathcal{M}_i^{BaseElement}$, $\mathcal{M}_t^{Label} \subseteq \mathcal{M}_i^{Name}$, $\mathcal{M}_t^{\ddagger} := \mathcal{M}_i^{\dagger}$, $\mathcal{M}_t^{Collection} \subseteq \mathcal{M}_i^{Container}$,
R28 : $\mathcal{M}_t^{Inclusion} := \mathcal{M}_i^{CallConversation}$,
– $\mathcal{M}_t^{\ominus} := \{(e,e') \in (\mathcal{M}_i^{Collaboration} \times \mathcal{M}_i^{CallConversation}) \mid \mathcal{M}_i^{\square}(e,e')\}$.

Le *mapping* BPMN-BPMN de la Définition 4 et BPMN-SCA de la Définition 2 fournissent une définition formelle pour notre chaîne de transformation BPMN-BPMN-SCA. Cela définit les exigences pour la mise en œuvre de ce *mapping* impératif.

4.4.2 Formalisation de la transformation de modèles

Dans cette section, nous présentons les exigences de la mise en œuvre du *mapping* BPMN-BPMN-SCA. Par une description formelle, nous énonçons les propriétés nécessaires pour qu'un outil puisse exécuter une transformation « correcte » [GLO09].

Nous avons considéré qu'un modèle représentait un ensemble fini d'éléments, noté $\mathcal{M}$. De même, nous pouvons considérer qu'un méta-modèle est un ensemble fini de méta-classes, noté $\mathcal{MM}$. Ainsi, la « conformité » entre un modèle et son méta-modèle peut être exprimée par une application[34] ensembliste, notée *typ*. Elle caractérise les contraintes d'association entre chaque élément du modèle et un type du méta-modèle. Celle-ci prend la forme suivante :

$$\text{[Application de conformité]} \qquad typ : \mathcal{M} \rightarrow \mathcal{MM}$$

Sachant que les types appartiennent au méta-modèle BPMN central $\{Task, Participant\} \subseteq \mathcal{MM}$, si on a $\exists e \in M^{Participant}, e' \in (M^{Task})_{Initial} \mid M^{\Box}(e, e')$ où M serait un modèle BPMN de $\mathcal{M}$, alors $typ(e') = Task$ et $typ(e) = Participant$. Une relation de conformité (entre chaque modèle et son méta-modèle) s'établie entre les deux ensembles $\mathcal{M}$ et $\mathcal{MM}$. Par exemple, nous pouvons écrire $\mathcal{CCC}(e', Task)$ et $\mathcal{CCC}(e, Participant)$ pour signifier la conformité des éléments du modèle BPMN au méta-modèle BPMN central. Donc, la relation de conformité est :

$$\text{[Relation de conformité]} \qquad \mathcal{CCC} \subseteq \mathcal{M} \times \mathcal{MM}$$

Cette relation peut être aussi écrite comme : $\mathcal{CCC} = \{(M, MM) \in \mathcal{M} \times \mathcal{MM} \mid typ(M) = MM\}$. Elle est illustré dans la Figure 4.13 par les liens entre les modèles M ou M' et leurs méta-modèle MM et MM'.

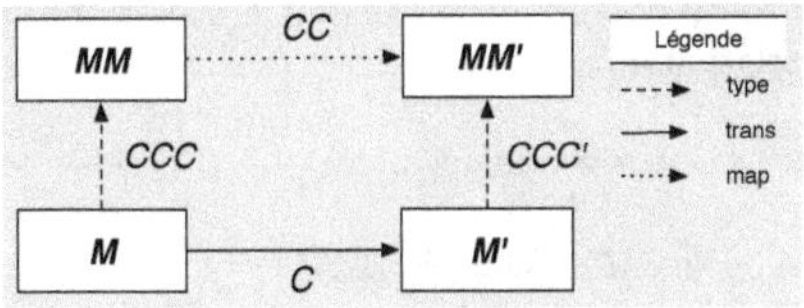

Figure 4.13 – Illustration d'une transformation de modèles.

Dans la Figure 4.13, nous illustrons le *mapping* par une flèche entre les méta-modèles avec :

$$\text{[Relation de correspondance]} \qquad \mathcal{CC} \subseteq \mathcal{MM} \times \mathcal{MM}'$$

Cette relation est définie par une application, de la forme $\mathcal{MM} \rightarrow \mathcal{P}(\mathcal{MM}')$, entre un ensemble de départ $\mathcal{MM}$ et un ensemble des parties de $\mathcal{MM}'$ constituées par les méta-classes de deux méta-modèles. Par ailleurs, notre *mapping* BPMN-BPMN-SCA représente deux relations binaires entre les paires des méta-modèles BPMN-BPMN et SCA-BPMN. Par exemple, lors de la transformation intermédiaire BPMN-BPMN, la règle *R9* du Tableau 4.3 fait correspondre à chaque *Lane* un *Participant* et un *Process* ($\{Lane, Participant, Process\} \in MM$, $\mathcal{CC}(Lane, Participant)$ et $\mathcal{CC}(Lane, Process)$). La partie de cette application multivoque (ou multivaluée[35]) s'avère être un sous-ensemble du produit $\mathcal{MM} \times \mathcal{MM}'$.

34. Une application entre deux ensembles est vue comme un cas particulier d'une relation binaire.
35. Multifonction qui à un élément d'un ensemble associe un, ou plusieurs, éléments d'un second ensemble.

Plus généralement, nous écrivons :

[Application de correspondance] $map : \mathcal{MM} \rightarrow \mathcal{P}(\mathcal{MM}')$ *ou* $\mathcal{MM} \multimap \mathcal{MM}'$

La relation de correspondance devient alors $\mathcal{CC} = \{(MM, MM') \in \mathcal{MM}\times\mathcal{MM}' \mid map(MM) \supseteq MM'\}$. Par ailleurs, la fonction réciproque map^{-1} existe. Par exemple, nous avons $map^{-1}(Process) = Lane$ et $map^{-1}(Participant) = Lane$.

La transformation n'établit pas simplement la correspondance des types des éléments d'un modèle, mais elle leur associe aussi les mêmes étiquettes et leur attribue des associations. Elle implique un état de départ et un état d'arrivée (en plus d'un état intermédiaire). Les transformations peuvent être alors vues comme des applications multivoques entre modèles.

[Application de transformation] $trans : \mathcal{M} \rightarrow \mathcal{P}(\mathcal{M}')$ *ou* $\mathcal{M} \multimap \mathcal{M}'$

Il s'agit d'une application à partir d'un modèle $M \in \mathcal{M}$ dans l'ensemble des parties d'un modèle $M' \in \mathcal{M}'$. Par ailleurs, la fonction réciproque $trans^{-1}$ existe. En effet, toute partie de $\mathcal{M}\times\mathcal{M}'$ est une partie de la multifonction $\mathcal{M} \multimap \mathcal{M}'$. Il y a donc une bijection entre les multifonctions $\mathcal{M} \multimap \mathcal{M}'$ et les parties de $\mathcal{M} \times \mathcal{M}'$. La condition sur l'existence de l'image des multifonctions est vérifiée par les opérations de la Définition 2 et la Définition 4. Par exemple, nous pouvons écrire : $\exists e \in M_s^{Lane}, e' \in M_i^{Participant}, e'' \in M_i^{Process} \mid trans^{-1}(e') = e \wedge trans^{-1}(e'') = e$, avec comme corollaire : $map^{-1} \circ typ(e') = typ(e)$ et $map^{-1} \circ typ(e'') = typ(e)$.

De plus, comme tout sous-ensemble d'un ensemble fini est, aussi, fini. Nous obtenons directement la fermeture pour toute opération qui conduit à construire un sous-ensemble d'un des ensembles d'origine. Une relation de « consistance » s'établit directement entre les modèles.

[Relation de consistance] $\mathcal{C} \subseteq \mathcal{M} \times \mathcal{M}'$

Par conséquent, deux modèles $M \in \mathcal{M}$ et $M' \in \mathcal{M}'$ sont « cohérents » (ou mis en cohérence) vis-à-vis de la relation de consistance $\mathcal{C}$, si et seulement si, $\mathcal{C}(M, M')$ est vérifiée. La relation de consistance s'exprime aussi comme $\mathcal{C} = \{(M, M') \in \mathcal{M} \times \mathcal{M}' \mid map \circ typ(M) \supseteq typ(M')\}$.

4.4.3 Propriétés de la transformation de modèles

À un modèle BPMN source, noté $M \in \mathcal{M}_s$ – conforme au méta-modèle BPMN central, noté $\mathcal{MM}_s$ – nous générons un modèle SCA cible, noté $M'' \in \mathcal{M}_t$ – conforme au méta-modèle SCA canonique, noté $\mathcal{MM}_t$ – en créant un modèle intermédiaire, noté $M' \in \mathcal{M}_i$ – conforme au méta-modèle $\mathcal{MM}_s$. Notre transformation, qui à un modèle BPMN source M génère un modèle BPMN intermédiaire dans M', est une multifonction totale de la forme $trans_i : \mathcal{M}_s \multimap \mathcal{M}_i : M \mapsto M'$. De plus, la multifonction partielle qui transforme un modèle BPMN intermédiaire M' en un modèle SCA cible M'' est de la forme $trans_t : \mathcal{M}_s \multimap \mathcal{M}_t : M' \mapsto M''$. Par associativité, nous pouvons déduire la composée des deux transformations (non-bijectives) comme une multifonction partielle de la forme $trans_s : \mathcal{M}_s \multimap \mathcal{M}_t : M' \mapsto M''$.

Définition 5 (Outil de transformation de modèles) *Un outil de transformation de modèles est un programme qui met en œuvre le mapping des définitions 2 et 4, et réalise la transformation non-bijective* $tans_s = trans_t \circ trans_i$ *à partir d'un modèle BPMN pour générer un modèle SCA.*

Avant que la transformation de modèles ne soit automatisable, et donc, outillable [OGDLE09], il est nécessaire de définir les propriétés qu'elle doit satisfaire. Afin que la transformation ne demande pas d'intervention « manuelle » pour rétablir la « cohérence » des modèles générés, il faut que l'outil de transformation réalise le comportement qui est illustré dans la Figure 4.14.

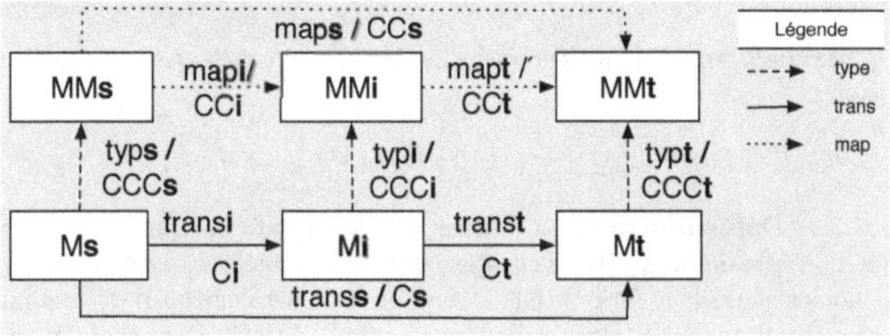

Figure 4.14 – Formalisation de notre chaîne de transformations de modèles.

La multifonction $trans_i$ caractérise une relation surjective (non-bijective) entre le modèle BPMN source et le modèle BPMN intermédiaire. Nous notons cette relation par :

$$\mathcal{C}_i \subseteq \mathcal{M}_s \times \mathcal{M}_i$$

La multifonction $trans_t$ caractérise une relation surjective (non-bijective) entre le modèle BPMN intermédiaire et le modèle SCA cible. Nous notons la relation par :

$$\mathcal{C}_t \subseteq \mathcal{M}_i \times \mathcal{M}_t$$

Les sélections $\{M \in \mathcal{M}_s \mid trans_i(M) \neq \emptyset\} \rightarrow \mathcal{M}_i$ et $\{M' \in \mathcal{M}_i \mid trans_t(M') \neq \emptyset\} \rightarrow \mathcal{M}_t$ permettent de déduire la relation : $\{(M, M'') \in \mathcal{M}_s \times \mathcal{M}_t \mid \exists M' \in \mathcal{M}_i, trans_i(M) = M' \wedge trans_t(M') = M''\}$. Cette relation non-bijective entre le modèle BPMN source et le modèle SCA cible prend la forme générale suivante :

$$\mathcal{C}_s \subseteq \mathcal{M}_s \times \mathcal{M}_t$$

Plusieurs travaux [Ste07, Dis08, XSHT11, HHS02] proposent différentes propriétés qu'une transformation (de modèles) doit posséder, afin que son exécution soit convenable [Küs06]. Nous nous inspirons de ces travaux pour les compléter, et nous les concrétisons à notre cas d'étude. Dans ce qui suit nous énonçons ces propriétés.

Propriété 1 : (Uniformité) La première propriété voudrait que la transformation puisse établir la relation de consistance entre les paires de modèles en garantissant leur cohérence vis-à-vis de la relation de consistance $\mathcal{C}$ avec :

$$\forall M \in \mathcal{M} : \mathcal{C}(M, trans(M))$$

La relation de consistance garantit « l'équivalence des concepts » entre deux modèles avec les seules valeurs des éléments du modèle source. Elle constitue l'alignement entre les vues d'un SI (modélisé ou à modéliser), à savoir que les informations représentées dans un diagramme ne sont pas contradictoires avec ceux d'un autre diagramme. En somme, les modèles sources et cibles contiennent la même information. Cependant, ils utilisent une notation différente (selon différentes vues ou différents niveaux d'abstraction). Il s'agit de la « traçabilité architecturale ». Dans ce cas, nous avons dit que les modèles étaient « cohérents ». De plus, une « uniformité » s'établie entre les modèles BPMN et les modèles SCA. La cohérence est assimilée à une correspondance entre les types des artéfacts BPMN et SCA. Ainsi, nous pouvons déduire la définition suivante :

Définition 6 (Transformation uniforme) *La transformation* $trans_s = trans_t \circ trans_i$ *est dite uniforme si*

$$\forall M \in \mathcal{M}_s : \mathcal{C}_s(M, trans_s(M)) \Leftarrow \mathcal{C}_i(M, trans_i(M)) \wedge \mathcal{C}_t(trans_i(M), trans_s(M))$$

Propriété 2 : (Déterminisme) La deuxième propriété affirme que le comportement de la transformation doit être déterministe. Il est approprié de la modéliser par une fonction mathématique, comme nous venons de le faire avec la Définition 6. Généralement, il est inadmissible qu'un outil de transformation puisse « inventer de l'information »[Ste07]. Par exemple, en opérant des choix pour générer le modèle cible. En effet, les utilisateurs doivent trouver son comportement prévisible selon un *mapping* stable. L'exécution de la transformation de modèles doit se faire selon la relation de correspondance établie par le *mapping* comme suit :

$$\forall M \in \mathcal{M} : \mathcal{CC}(typ(M), typ \circ tans(M))$$

Dans la Figure 4.14, les paires de méta-classes des tableaux 4.3 et 4.4 représentent deux parties qui définissent deux relations $\mathcal{CC}_i \subseteq \mathcal{MM}_s \times \mathcal{MM}_i$ et $\mathcal{CC}_t \subseteq \mathcal{MM}_i \times \mathcal{MM}_t$. Par exemple, pour la règle de correspondance *R10*, nous avons la relation $\mathcal{CC}_i(SequenceFlow, MessageFlow)$, et $\mathcal{CC}_t(MessageFlow, Wire)$ pour *R19*.

Avec la composition des transformations $trans_i$ et $trans_t$ ($trans_s = trans_t \circ trans_i$), nous définissons une relation $\mathcal{CC}_s \subseteq \mathcal{MM}_s \times \mathcal{MM}_t$. Par exemple, nous avons $\mathcal{CC}_s(SequenceFlow, Wire)$ avec les deux règles *R10* et *R19*.

Cette relation existe entre chaque valeur de l'ensemble de départ d'une fonction et un élément de l'ensemble d'arrivée. Par conséquent, nous utilisons une relation de correspondance pour l'union des parties de $\mathcal{CC}_i$ et $\mathcal{CC}_t$. De plus, nous savons que $\mathcal{MM}_i \subseteq \mathcal{MM}_s$, puisqu'il s'agit du même méta-modèle BPMN. Alors, nous émettons la Définition 7 pour notre transformation.

Définition 7 (Transformation déterministe) *La transformation* $trans_s = trans_t \circ trans_i$ *est dite déterministe si*

$$\forall M \in \mathcal{M}_s : \mathcal{CC}_s(typ_s(M), typ_s \circ trans_s(M)) \Leftarrow$$
$$\mathcal{CC}_i(typ_s(M), typ_i \circ trans_i(M)) \wedge \mathcal{CC}_t(typ_i \circ trans_i(M), typ_t \circ trans_t(M))$$

Propriété 3 : (Validité) Cette propriété énonce le fait que la transformation est fortement dépendante des langages utilisés pour les modèles sources et cibles. Elle suggère que tout modèle obtenu par transformation est conforme à son méta-modèle, sachant que le modèle source est aussi conforme à son méta-modèle. Rappelons que pour la relation de conformité $\mathcal{CCC}(M, typ(M))$ et sachant que $\mathcal{CCC}' \subseteq \mathcal{M}' \times \mathcal{MM}'$, nous avons :

$$\forall M \in \mathcal{M} : \mathcal{CCC}'(trans(M), typ \circ trans(M))$$

Avec notre transformation composée, nous avons les relations de conformité suivantes :

- Un modèle BPMN source $M \in \mathcal{M}_s$ est conforme au méta-modèle BPMN central $\mathcal{MM}_s$ avec $\mathcal{CCC}_s \subseteq \mathcal{M}_s \times \mathcal{MM}_s$ et la fonction $typ_s : \mathcal{M}_s \rightarrow \mathcal{MM}_s$.
- Un modèle BPMN intermédiaire M' est conforme à $\mathcal{MM}_s$ avec $\mathcal{CCC}_i \subseteq \mathcal{M}_i \times \mathcal{MM}_s$ et la fonction $typ_i : \mathcal{M}_i \multimap \mathcal{MM}_s$.
- Un modèle SCA cible $M'' \in \mathcal{M}_t$ est conforme au modèle canonique $\mathcal{MM}_t$ avec $\mathcal{CCC}_t \subseteq \mathcal{M}_t \times \mathcal{MM}_t$ et la fonction $typ_t : \mathcal{M}_t \rightarrow \mathcal{MM}_t$.

Ces relations sont illustrées dans la Figure 4.14. Par ailleurs, nous pouvons définir deux multifonctions pour les deux *mapping* sous la forme $map_i : \mathcal{MM}_s \rightarrow \mathcal{MM}_s$ et $map_t : \mathcal{MM}_s \multimap \mathcal{MM}_t$, et par conséquent, la fonction $map_s : \mathcal{MM}_s \multimap \mathcal{MM}_t$ qui à tout type SCA associe un antécédent dans BPMN. La validité de transformation composée est donnée à la Définition 8.

Définition 8 (Transformation valide) *La transformation $trans_s = trans_t \circ trans_i$ est dite valide si*

$$\forall M \in \mathcal{M}_s : \mathcal{CCC}_s(M, typ_s(M)) \Leftarrow \\ \mathcal{CCC}_i(trans_i(M), typ_i \circ trans_i(M)) \wedge \mathcal{CCC}_t(trans_s(M), typ_t \circ trans_s(M))$$

Propriété 4 : (Stabilité) Cette propriété statue sur « l'annulabilité » d'une transformation afin que son comportement puisse être stable. Par exemple, supposons qu'un modèle BPMN soit transformé en modèle SCA. Ensuite, admettons qu'une modification soit réalisée sur le modèle BPMN, et qu'il soit aussi transformé. Ainsi, si la modification dans le modèle BPMN est annulée, alors transformer ce modèle BPMN devrait à nouveau conduire au modèle SCA initial.

$$\forall M, M' \in \mathcal{M} : M = M' \Rightarrow trans(M) = trans(M')$$

À noter que comme la transformation est une multifonction, un même modèle SCA cible peut être cohérent avec plusieurs modèles BPMN sources. D'ailleurs, il est possible qu'un modèle BPMN modifié puisse correspondre au même modèle SCA. Par exemple, il peut s'agir de l'ajout d'un élément BPMN qui n'est pas concerné par le *mapping*. En effet, l'objet de notre étude du chapitre suivant est le cas où le modèle SCA ne serait pas le même. La stabilité de notre transformation composée est donnée dans la Définition 9.

Définition 9 (Transformation stable) *La transformation $(trans_s = trans_t \circ trans_i)$ est dite stable si*

$$\forall M, M' \in \mathcal{M} : M = M' \Rightarrow trans_s(M) = trans_s(M') \wedge trans_i(M) = trans_i(M') \wedge \\ trans_t(trans_i(M)) = trans_t(trans_i(M'))$$

Propriété 5 : (Autonomie) Cette propriété résume l'indépendance d'une transformation vis-à-vis de l'historique des exécutions précédentes. Souvent associée à l'union disjointe des transformations (*Parallel Indepedence* [BEE+10]), elle signifie que les exécutions des transformations sont indépendantes les unes des autres. Elles peuvent être composées séquentiellement ou parallèlement [KKvT10].

$$\forall M, M' \in \mathcal{M}/M \cap M' = \emptyset : trans(M \cup M') = trans(M) \cup trans(M')$$

Cette propriété est retranscrite pour notre transformation composée dans la Définition 10.

Définition 10 (Transformation autonome) *La transformation ($trans_s = trans_t \circ trans_i$) est dite autonome si*

$$\forall M, M' \in \mathcal{M}_s / M \cap M' = \emptyset : trans_s(M \cup M') = trans_t \circ trans_i(M) \cup trans_t \circ trans_i(M')$$

Cette propriété signifie que la composition des modèles sources implique une composition du résultat de la transformation comme une composition des modèles cibles. L'autonomie ne doit pas être confondue avec la composition séquentielle énoncée dans [Ste07] car ni $trans_s(M \cup M') \neq trans_t(M \cup M') \cup trans_i(M \cup M')$, ni $trans_s(M \cup M') \neq trans_i(M) \cup trans_t(M')$.

Propriété 6 : (Idempotence) Cette propriété est une conséquence directe de la stabilité et de l'autonomie. Elle signifie qu'une transformation a le même effet si nous l'appliquons une ou plusieurs fois sur le même modèle source, ou encore qu'en la réappliquant nous ne modifierons pas le résultat. Elle correspond à une idempotence[36] « par construction » [NBF10] de la fonction de transformation. Il s'agit de transformer le modèle source sans aucun risque de duplication de données dans le modèle cible et sans que celui-ci ne soit mis-à-jour si le modèle source n'est pas modifié. Si le modèle source résultant de la modification n'est pas modifié alors le modèle cible ne doit pas être modifié (sans un effet négatif ou destructif).

$$\forall M, M' \in \mathcal{M} / M \cap M' = \emptyset : trans(M \cup M') = trans(M) \Rightarrow trans(M') = trans(M)$$

Définition 11 (Transformation idempotente) *La transformation ($trans_s = trans_t \circ trans_i$) est dite idempotente si*

$$\forall M, M' \in \mathcal{M}_s / M \cap M' = \emptyset : trans_s(M \cup M') = trans_s(M) \Rightarrow trans_s(M') = \emptyset$$
$$\wedge trans_i(M') = \emptyset \wedge trans_t(trans_i(M')) = \emptyset$$

À noter que les propriétés ne sont valides que lorsque l'exécution de la fonction de transformation « possède un comportement convenable ». Pour cela nous émettons la définition suivante :

Définition 12 (Transformation correcte) *La transformation est correcte si elle est uniforme, déterministe, valide, stable, autonome et idempotente.*

Avec ce cadre formel, nous avons défini les exigences que devrait avoir un outil de transformation unidirectionnelle entre les modèles BPMN et SCA. Cet outil met en œuvre la fonction $trans_s = trans_t \circ trans_i$). Dans le Chapitre 6, nous présenterons en détails une réalisation d'un tel outil. Pour cela, retenons que notre chaîne de génération de modèles est formalisée par une composition séquentielle de deux transformations.

4.5 Conclusion

Dans ce chapitre, nous avons présenté notre première contribution qui consiste en un procédé automatisé de tissage pour générer une configuration canonique de composants SCA. Cette contribution a été publiée dans [DCG10]. L'utilisation des modèles SCA décrit l'assemblage des services applicatifs, et consiste en une réponse non intrusive au style SOA pour les SI existants. La granularité des composants SCA correspond au maillage processus métiers d'un modèle BPMN source. Nous obtenons ce résultat par une génération d'un modèle BPMN intermédiaire qui représente l'architecture des services fonctionnels.

36. Il ne s'agit pas exactement de l'idée d'impotence selon laquelle : $\forall M \in \mathcal{M} : trans \circ trans(M) = trans(M)$.

La séparation des préoccupations de composition (processus, services, composants) dans des modèles différents améliore la lisibilité du SI. Notre approche pour lier les différents diagrammes facilite la navigation entre les multiples vues. Il s'agit de mécanismes de traçabilité architecturale rendues possibles grâce à une ingénierie dirigée par les modèles. Les conséquences sont la pérennisation du savoir-faire par la documentation des architectures (entre les analystes-métier, architectes-système, ingénieurs-logiciel) et l'amélioration de la productivité des développeurs par l'automatisation de la production des architectures. L'objectif est l'obtention d'un code d'une solution logicielle. Le passage d'un modèle BPMN au code source est déjà bien implémenté dans les outils de modélisation et de génération de squelette d'application [SKI09]. Il est donc possible de générer un modèle « exécutable » qui correspond à la plateforme choisie[37]. Nous reviendrons sur ce point au Chapitre 6.

Par ailleurs, les approches d'optimisation des processus métiers requièrent une remise en question permanentes de la logique métier existante. Elles s'intéressent à fournir des services évolués en adéquation avec un SI correctement et efficacement maintenue selon une adaptation progressive de la logique applicative. Il est donc nécessaire d'affiner les fonctionnalités déjà réalisées, ou même en cours de réalisation, et ce en opérant les changements des processus directement sur les modèles existants. Ces modèles « en cible » sont ceux que l'on cherche à avoir selon la même méthode de cartographie des processus métiers. Ils s'opposent à l'existant – la situation actuelle – et aux modèles actuels. La méthode pour passer des modèles actuels aux modèles en cible est appelé la feuille de route. Elle regroupe les modèles qui doivent être utiliser à l'avenir.

Avec une ingénierie itérative nous cherchons à corriger progressivement et à améliorer l'efficience du SI sans effectuer la remise en cause complète des réalisations précédentes, ou en cours de construction. Sachant que nous nous plaçons dans le contexte de l'ingénierie dirigée par les modèles, parler d'ingénierie itérative revient, indubitablement, à considérer la synchronisation incrémentale des modèles. En effet, admettons qu'après une première transformation correcte d'un modèle BPMN conduisant à un modèle SCA (une génération « actuelle » de modèles cohérents), un changement se produit dans le modèle BPMN et qu'il remet en cause l'alignement architectural du SI. Rétablir l'alignement reviendrait à assurer la cohérence des modèles par une synchronisation, en direction du modèle SCA. Il s'agit de l'alignement fonctionnel des architectures. Selon le principe d'automatisation que l'on s'est fixé, la synchronisation doit propager les modifications du modèle BPMN au modèle SCA, sans pour autant être une nouvelle transformation de la totalité du modèle BPMN vers un nouveau modèle SCA en cible. Par ailleurs, nous montrons dans le chapitre suivant, que les langages existants de transformation de modèles deviennent un carcan pour une telle synchronisation.

37. Avec les mêmes outils que dans un développement classique [RST$^+$04].

5 Synchronisation incrémentale de modèles pour l'alignement fonctionnel

Ce chapitre présente notre deuxième contribution concernant la propagation du changement entre les architectures d'un SI (système informatique) pour établir leur alignement fonctionnel. Ainsi, lors de l'évolution de la logique métier d'une entreprise, et quand il est nécessaire de procéder à un changement du SI, les analystes peuvent adapter les processus actuels en modifiant les modèles existants. Ensuite, ils peuvent « rejouer » automatiquement le procédé de tissage pour adapter les architectures applicatives. Nous proposons une méthode d'ingénierie « itérative » qui permet une synchronisation entre les architectures des processus métiers et les architectures orientée services. Nous nous inspirons de l'idée générale de l'informatique en modèles intégrés afin d'assurer l'alignement fonctionnel entre la logique métier et la logique applicative. Notre approche accompagne les concepteurs en assistant la propagation du changement entre la modélisation des processus métiers et l'ingénierie des services.

5.1 Introduction

Aujourd'hui, la plupart des plateformes de gestion des processus métiers (*Business Process Management Systems* [ANRR10]) offrent une fonctionnalité de simulation des processus [38]. Cette fonctionnalité est devenue incontournable, même si la spécification BPMN [OMG09] n'utilise pas explicitement le terme « simulation ». Dans cette thèse, il convient de faire le distinguo entre la « simulation des processus » [ANRR10] et la « simulation du changement des processus » [BLKR05], puisqu'il n'ont pas le même objectif. Avec la simulation du changement des processus, nous cherchons à identifier l'impact d'une évolution des processus sur la réingénierie de la logique applicative. À notre connaissance, cette fonctionnalité est moins répandue. Même si elle a été introduite dans certains outils de modélisation [IBM], toutefois, elle reste cantonnée à « l'analyse des dépendances d'une configuration » (*Component Identification Program Slicing* [RB05]).

La notation BPMN se prête particulièrement à l'ingénierie itérative [39]. Il est possible de modéliser les évolutions des processus en raffinant, modifiant, ajoutant ou en supprimant les artéfacts dans les modèles BPMN. Ainsi, simuler l'évolution des processus BPMN revient à visualiser la propagation du changement aux modèles SCA. Par conséquent, nous voulons animer l'évolution des architectures d'un SI en procédant à des adaptations des différents modèles qui les décrivent. Nous faisons passer les modèles d'un SI du statut productif – utilisés pour la production automatisée des architectures – au statut dynamique et nous les rendons « synchronisables » d'une manière assistée. Nous parlons « d'assistance » et non « d'automatisation », car les migrations de l'infrastructure réelle doivent toujours être validées par l'architecte-système.

38. Elle permet d'identifier le temps de déroulement ou d'estimer l'utilisation des ressources.
39. Lorsque le développement du SI est achevé ou quand sa réalisation est bien avancée.

La Figure 5.1 illustre l'idée de « diagrammes synchronisables » de notre approche dirigée par les modèles. La numérotation de la figure permet de suivre le scénario suivant. (*1*) Admettons qu'un modèle BPMN soit créé et qu'il soit raffiné avec une certaine logique métier. Ensuite, considérons qu'une première transformation « correcte » de ce modèle BPMN source (*2*) conduit à un modèle SCA cible, au travers d'un modèle BPMN intermédiaire (*3*). Cette génération « actuelle » de modèles représente les architectures du SI effectivement déployées. (*4*) Considérons qu'un changement se produit dans le modèle BPMN source. (*5* et *7*) Si ce changement remet en cause l'alignement architectural de la génération actuelle, alors nous devons déterminer une génération « en cible » de nouveaux modèles cohérents. (*6* et *8*).

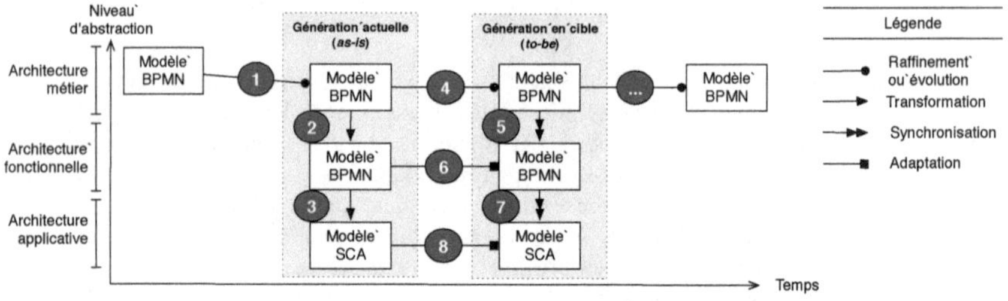

Figure 5.1 – Illustration d'un scénario de l'évolution des modèles.

La feuille de route consiste à rétablir l'alignement des différents modèles en adaptant les modèles actuels vers les modèles en cible. De plus, si nous supposons qu'il est toujours possible de réaliser l'évolution[40], alors la propagation des changements entre les générations correspond à une synchronisation des modèles. Dans le but de maximiser la réutilisation de l'existant, la modification d'un service métier ne doit pas nécessiter la maintenance de toute l'architecture applicative. La synchronisation doit donc propager les modifications d'une manière incrémentale.

À titre d'exemple, reprenons notre cas de motivation qui consiste en une évolution de la chaîne logistique. Il s'agit d'ajouter un service de contrôle qualité après la réception des produits en provenance des fournisseurs et avant de les expédier au client. Cette évolution est illustrée sur les modèles BPMN et SCA de la Figure 5.2. Les artéfacts BPMN grisés montrent les modifications nécessaires. Elles consistent à ajouter un nouveau processus de contrôle et des tâches de validation dans les processus (existants) d'inventaire et d'emballage. La synchronisation du modèle SCA doit produire le changement contenu dans le cadre pointillé. Il existe pour cela deux approches de synchronisation pour obtenir la génération des modèles en cible.

Comme le montre la Figure 5.3, le principe de la « synchronisation différentielle » [HLR06, AP03] nécessite de faire une transformation du nouveau modèle BPMN en direction du modèle SCA (voir les numéros *4* et *5*). Pour déterminer la feuille de route, il est nécessaire de calculer la différence[41] entre les modèles des deux générations [Men02] (*6* et *7*). Il est alors possible de migrer le modèle SCA actuel vers le modèle SCA en cible (*8* et *9*). Nous pouvons remarquer que le changement du modèle BPMN concerne les trois services métiers : « Contrôleur », « Magasinier » et « Emballeur ». Il s'agit d'une modification minime par rapport à la taille du modèle BPMN source. De plus, l'adaptation des services applicatifs cibles est localisée. Elle ne remet pas en cause la totalité de la configuration SCA.

40. Cette hypothèse ne prend pas en compte l'obsolescence et les évolutions radicales.

41. Le « *delta* » représentant le changement [GKE09].

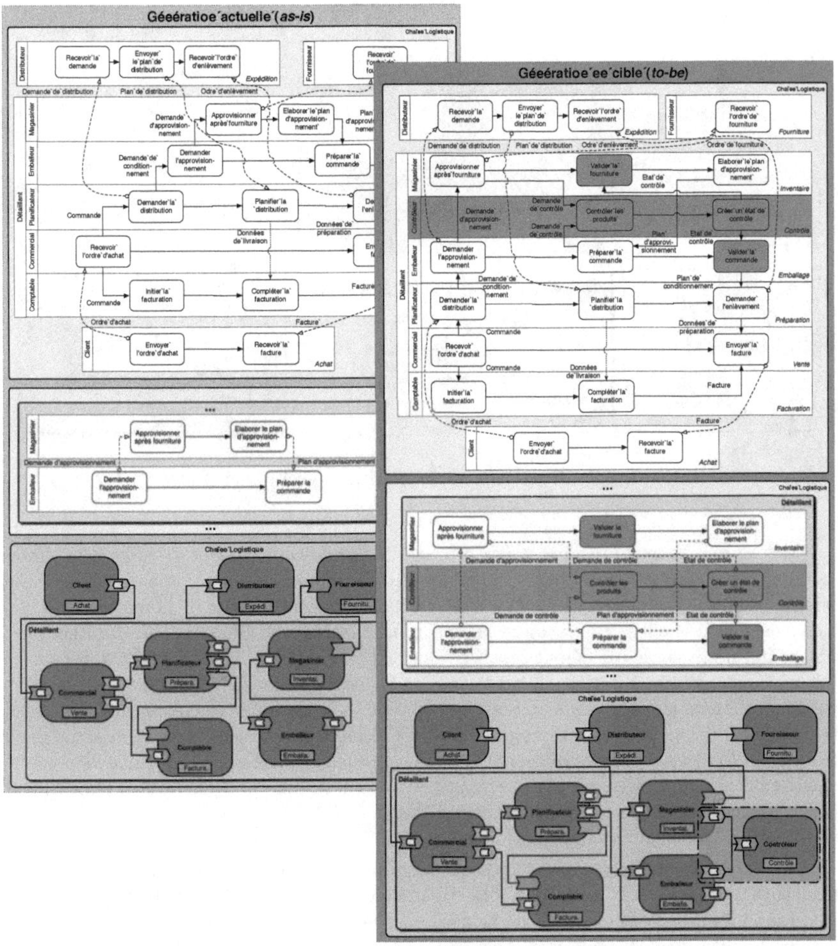

Figure 5.2 – Exemple de l'évolution des architectures d'une chaîne logistique.

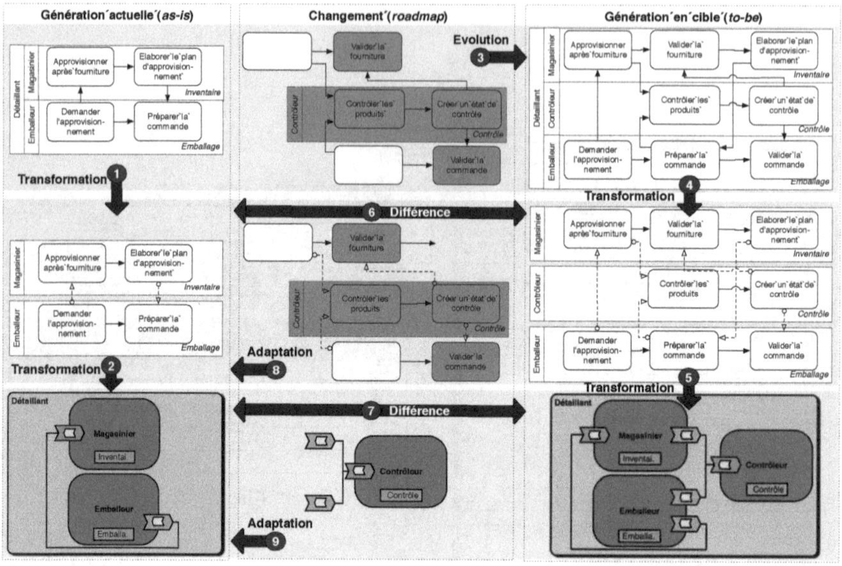

Figure 5.3 – Illustration de la synchronisation différentielle.

Dans ce cas, si nous ne pouvons pas propager les modifications (*6* et *7*), alors nous devons refaire une transformation et calculer les différences. Cela va sans dire que le procédé de réalisation ne peut être efficient, seulement si il est rendu incrémental. L'idée de la « synchronisation incrémentale » [AC08] est de traduire les changements sur les modèles sources directement en des modifications sur les modèles cibles. Ce principe[42] est illustré dans la Figure 5.4. Il est équivalent à une « synchronisation différentielle », mais nécessite un moindre effort pour le calcul des modifications (se reporter à la Section 5.4.1 pour une étude de la complexité). Toutefois, la difficulté principale reste « l'interprétation des changements » entre les modèles endogènes (BPMN-BPMN) et exogènes (BPMN-SCA). Pour cela nous préconisons une démarche automatisée à trois phases (détection de l'impact, analyse de l'impact, propagation du changement) pour la synchronisation incrémentale des modèles BPMN et SCA.

La première phase nous permet d'identifier les incohérences provoquées par les évolutions d'un modèle BPMN en rapport avec un modèle SCA. Nous proposons une méthode de détection des modifications entre les générations de modèles. Celle-ci évite la perte de la traçabilité au cours des synchronisations de modèles. La deuxième phase détermine les modifications qui devront être propagées au modèle SCA afin de rétablir sa cohérence avec le modèle BPMN modifié. Dans la troisième phase, nous adaptons le modèle SCA avec ces modifications. Ces trois phases constituent les fonctionnalités d'un outil de propagation du changement permettant d'effectuer la synchronisation entre les modèles BPMN et SCA.

42. Possibilité de prohiber les modifications ne produisant pas des modèles cohérents.

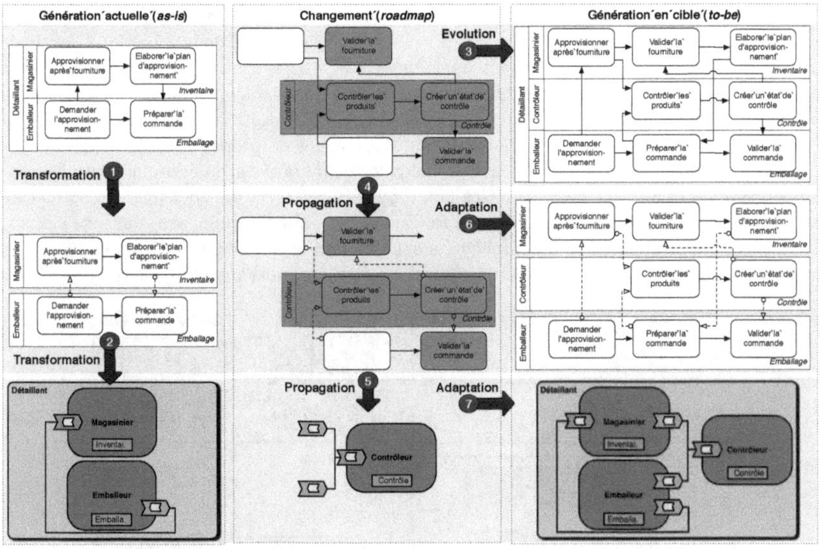

Figure 5.4 – Illustration de la synchronisation incrémentale.

5.2 Détection de l'impact du changement

Comme nous l'avons évoqué au Chapitre 3, il est vrai que les langages standardisés, comme QVT [Ste07] ou ses dérivés tel que ATL [JAB+06], permettent d'automatiser les transformations avec une syntaxe déclarative. Cependant, ils trouvent leurs limites lorsque le *mapping* est complexe du point de vue algorithmique, comme dans notre cas des règles impératives, ou lorsqu'il faut gérer des changements sur plusieurs modèles. D'ailleurs, la spécification QVT [Ste07] préconise que l'implémentation est libre d'utiliser un outil externe pour la synchronisation.

5.2.1 Limites des approches de synchronisation traditionnelles

Plusieurs recherches [VV04, GW06, HLR06, XLH+07, RKBN09, WGP09, GW09, JT10] se sont d'ores et déjà penchées sur les transformations de modèles pour les rendre incrémentales. Ces travaux se rapportent à une taxonomie de modifications élémentaires qui doivent être propagées entre les modèles. Leur utilisation est conditionnée par un *mapping* qui doit être assimilable à une fonction surjective. Il faut notamment que la propagation des modifications entre les modèles soit explicite pour être « automatisable ». Ce sont autant de conditions qui nous rebutent à utiliser ces approches. Dans notre cas d'espèce, où le *mapping* impératif entre BPMN et SCA est une fonction multivaluée[43], la définition des modifications des modèles et la mise en œuvre de la propagation du changement sont très fastidieuses.

43. Par exemple, une tâche BPMN peut être transformée en un service SCA, une référence, un rappel ou ne pas avoir d'artéfacts SCA correspondants. Cela dépend du patron d'échange de message dans lequel elle apparaît.

À titre indicatif, la Figure 5.5 illustre un cas de transformation BPMN-SCA. Dans la génération actuelle, la tâche *H* du participant *E* ne possède aucune correspondance SCA. Ceci signifie que sa suppression n'aura pas d'impact sur le modèle SCA. Par contre, comme cela est illustré dans la génération en cible, si nous lui associons un flux de message, alors nous devons ajouter un rappel pour le composant *E*. Toutefois, l'ajout d'une autre tâche *I* dans le processus *E*, après la *H* aura un impact identique. Ceci démontre que les règles de propagation du changement ne sont pas uniformes. Elles ne dépendent pas uniquement de la nature de la modification (ajout ou suppression). Elles sont aussi corrélées aux types des artéfacts qui sont mis en cause et aux patrons structurels contenus dans les modèles. En effet, c'est le flot de message inverse allant du participant *D* au participant *E* qui implique une interaction bidirectionnelle et qui justifie l'ajout du rappel SCA. Par conséquent, il est nécessaire de réévaluer plusieurs règles de correspondance.

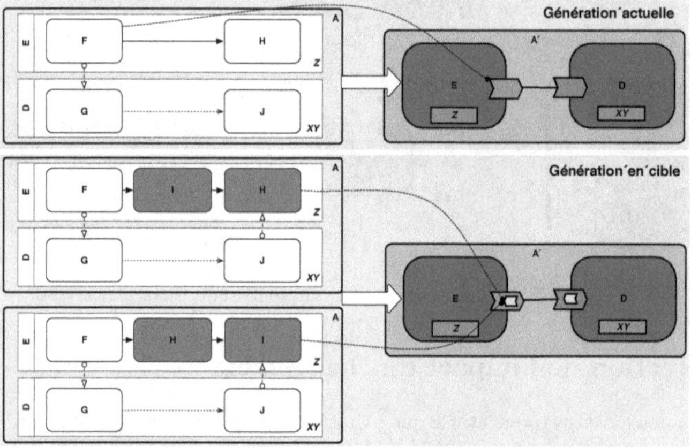

Figure 5.5 – Exemple d'utilisation des langages opérationnels.

L'évaluation nécessite la présence de mécanismes de détection pour l'éventail des modifications qui peuvent se produire dans chacun des niveaux de modèles. Il faut ensuite écrire les algorithmes de propagation des modifications d'un modèle à l'autre pour assurer la synchronisation. Seulement, l'écriture de ces algorithmes devient très complexe en présence d'un nombre important de combinaisons entre les modifications autorisées et la taille des méta-modèles utilisés. En générale, la taille des méta-modèles utilisés implique un grand effort de calcul pour la détection et la propagation du changement sur les modèles, puisque les modifications feront l'objet d'une taxonomie plus complexe. Il est possible de réduire la complexité de l'évaluation des patrons en combinant et en imbriquant des relations élémentaires. Cependant, la sémantique du changement des patrons ne peut être réduite. Par exemple, si quelques artéfacts d'un patron du modèle source sont modifiés, alors tout le *mapping* du patron doit être réévalué. D'ailleurs, la spécification QVT [Ste07] mentionne[44] que cela engendre des comportements incontrôlés lors de la synchronisation.

44. Citons le passage en question : « *during enforcement if a pattern does not match in its entirety, then all the realized variables are freshly created irrespective of whether any of the objects already exist or not. During deletion all the realized variables of a pattern binding are deleted irrespective of whether any of the objects are required in other valid pattern bindings or not* ».

D'autre part, notre transformation BPMN-SCA prend en compte la position des tâches dans les processus. Pour cela, il n'y a pas d'autre alternative que de définir un *mapping* impératif [GLO09] qui nécessitent l'utilisation des fonctions dites « boîtes-noires » [45]. Ces fonctions servent à coder un *mapping* non-trivial (souvent, des algorithmes complexes) qui ne peut être écrit avec des structures déclaratives du langage de transformation, mais qui reste exprimable avec des structures impératives. Par exemple, nous utilisons de telles fonctions pour déterminer si une tâche BPMN « initialise » une interaction de services, ou bien si elle « clotûre » une collaboration de processus. La fonction « boîte-noire » est invoquée lorsqu'une règle de correspondance, à laquelle elle est associée, est exécutée. La fonction invoquée [46] est chargée de faire les changements nécessaires dans le modèle afin de satisfaire la relation de correspondance. Malheureusement, ce mécanisme restreint la transformation dans une seule direction [47]. Il ne permet pas d'évaluer des contraintes avant ou après l'appel des opérations. Quand bien même, il est possible d'utiliser une relation « enveloppe » (*Wrapper* [Ste07]) pour la fonction, celle-ci doit être définie sur des artéfacts élémentaires sans sous-structures imbriquées.

Alternativement, les langages utilisant l'idée de « réécriture de graphes » se basent sur des modèles considérés comme des graphes. La modélisation du *mapping* consiste en une spécification récursive des patrons du méta-modèle source qui doivent être transformés en des patrons du méta-modèle cible. Le plus souvent ils se basent sur une représentation d'un graphe fonctionnel représentant la relation entre les méta-modèles sources et cibles. Ce graphe constitue un triplet de graphes : source, fonctionnel, cible (TGG pour *Triple Graph Grammar* [Sch94]). Ce triplet est considéré comme un seul graphe dirigé et acyclique. Lors de l'exécution de la transformation, il s'agit de rechercher des formes dans le graphe source pour générer des formes correspondantes dans le graphe cible. Ainsi, la détection des changements et leurs propagations sont fondées sur une recherche de nœuds et de liens dans le triplet pour réévaluer le *mapping*. Bien que dans le cas de la synchronisation incrémentale, l'algorithme de recherche peut être amélioré en effectuant des recherches plus ciblées au niveau des nœuds de correspondance et non à la racine du graphe fonctionnel. Malheureusement, l'effort de l'évaluation récursive du *mapping* reste élevé.

En somme, le principal problème qui se pose, c'est le *mapping* multivalué entre BPMN et SCA. Par exemple, comme pour le cas d'une tâche BPMN, il y a plusieurs règles de correspondance ordonnées pour générer différents artéfacts SCA. Cela veut dire que nous pouvons transformer une tâche BPMN « finale » en un rappel SCA à condition qu'une tâche BPMN « initiale » a été transformée au préalable en un service ou une référence – où le rappel doit être incrusté. En raison du principe de construction du triplet [GW06], à chaque exécution d'une règle il y a au moins un nœud de correspondance qui doit être créé. De plus, dans le cas de l'enchainement des règles, il peut y avoir des liens acycliques entre les nœuds qui se créent. En conséquence, lors de la synchronisation incrémentale, une règle ne peut être appliquée que si le nœud de correspondance nécessaire a déjà été créé dans une étape de transformation préalable. Inversement, lorsque la correspondance n'a plus lieu d'être – par exemple, en raison de la suppression d'un élément du graphe source –, il est nécessaire de défaire la règle précédemment appliquée en supprimant le nœud de correspondance en question et aussi tous les nœuds du graphe cible créés par cette règle. Ceci conduit à la suppression successive des nœuds de correspondance liés, et à la destruction des structures dans le graphe cible référencés par ces nœuds.

45. *Black-box Operations* dans QVT [Ste07] ou *Helper Functions* dans ATL [JK05].
46. Dans ATL, la fonctions est appelé *Called Rule* [JK05].
47. La condition pour le cas bidirectionnelle est que la sémantique impérative inverse soit fournie.

À titre d'exemple, considérons la permutation des tâches BPMN de la Figure 5.6. Si l'on réalise une synchronisation incrémentale selon les préceptes de l'approche TGG, alors ce changement invalide les règles *R19* et *R20*. Mais comme *R20* et *R22* sont liés, alors *R22* est invalidée aussi. Ce qui implique la suppression des noeuds de correspondance et des artéfacts SCA associés. Ensuite, il faut créer le service, le rappel, le lien et les incruster au reste du modèle, bien que leurs correspondants BPMN ne soient pas modifiés. En effet, il s'agit d'une simple modification du sens des flux BPMN. Elle implique l'invalidation des règles portant sur des tâches BPMN et non sur les flux. La détection du changement doit donc pouvoir prendre en compte cet impact, ce qui en langage algorithmique n'est pas chose simple. En outre, il est nécessaire de procéder à des suppressions et des créations d'artéfacts SCA alors que leur correspondants BPMN ne sont pas supprimés, mais simplement modifiés. C'est le cas de la règle *R19* dans la Figure 5.6 qui supprime le lien entre la référence et le service, puis le recrée car le flot de message BPMN auquel il correspond change de sens. Il est issu de *I* et non plus de *F*.

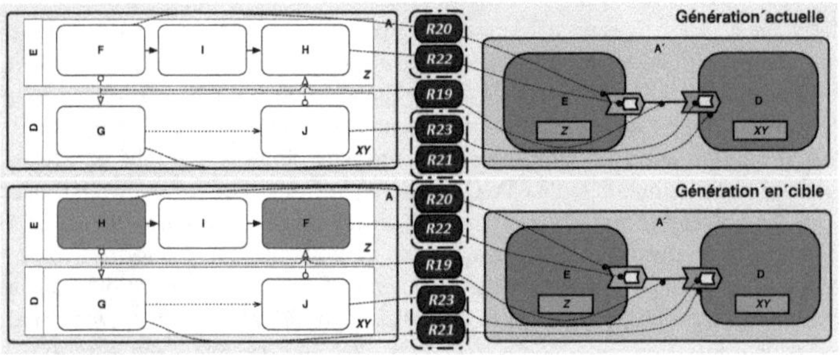

Figure 5.6 – Exemple d'utilisation des langages à base de réécriture de graphe.

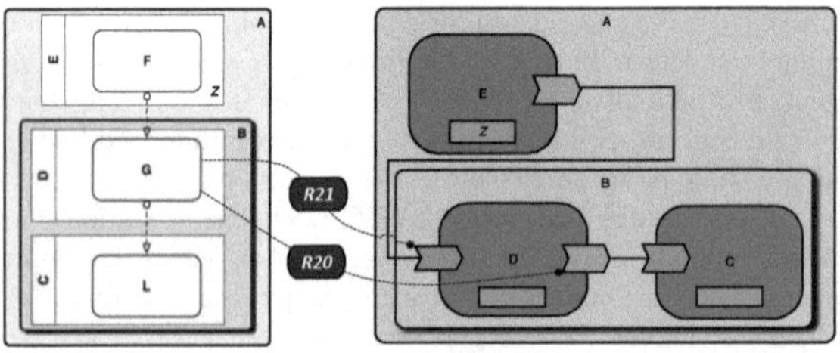

Figure 5.7 – Exemple d'une transformation multivaluée.

Quand bien même cette complexité ne serait pas un frein pour l'utilisation de l'approche TGG, l'exercice de la modélisation du *mapping* n'est pas chose évidente dans notre scénario. En effet, nous opérons une transformation intermédiaire de BPMN en BPMN qui pose un problème pour la maintenance du procédé de tissage. La maintenance serait trop complexe dans le cas où les méta-modèle BPMN ou SCA viendraient à évoluer. Un autre point en défaveur de cette approche est le fait qu'elle impose un *mapping* injectif. Ceci n'est pas le cas de notre transformation. Le problème vient de l'exemple de la Figure 5.7.

Lors de l'évaluation du modèle source, le principe de l'approche TGG est de procéder au marquage des nœuds du graphe qui sont déjà évalués pour éviter que la récursivité des recherches dans le triplet ne dégénère. Par conséquent, si la tâche *G* de la Figure 5.7 est évaluée une première fois pour la règle *R20*, elle ne pourra plus être réévaluer pour la règle *R21*. Par ce constat nous voulons montrer les limites des méthodes généralistes de transformation en présence de notre *mapping* impératif et multivalué. Nous voulons ainsi motiver notre contribution que nous présentons ci-dessous comme une alternative aux approches existantes.

5.2.2 Représentation abstraite des modèles par les graphes

Les outils de modélisation des processus métiers ou les environnements de développement [Fou08b, BDE+04, Ora10] autour de l'architecture SOA (architecture orientée services) proposent des outils intégrés pour la modélisation BPMN et l'assemblage SCA. Cependant, certains outils nécessitent un méta-modèle tiers – comme le cas de [Fou08a] – pour la synchronisation des modèles BPMN et SCA. De surcroît, ils n'offrent pas les transformations incrémentales escomptées. Souvent, pour faciliter le développements des outils eux-mêmes, l'expression des modèles dans ces outils se rapporte à l'expression d'un graphe couvrant une syntaxe abstraite des modèles.

Pour intégrer notre approche dans les outils de modélisation existants, nous avons décidé d'utiliser la même sémantique de graphe pour décrire les modèles BPMN et SCA. Comme, nous le montrerons dans la section suivante, cela réduit la taxonomie des modifications à des manipulations de structures de graphes. Elles sont bien plus simples qu'une énumération des modifications sur chacun des types. Par exemple, les opérations d'ajout de tâche ou de participant peuvent être exprimées comme :

$$ajouter - tache(une - tache) \text{ ou } ajouter - participant(un - participant).$$

Pour simplifier la description des changements dans un modèle, nous voulons écrire[48] plutôt :

$$ajouter(une - tache, type - tache) \text{ ou } ajouter(un - participant, type - participant)$$

L'emploi des graphes pour représenter les artéfacts BPMN [GRMR+08, DK10, DDO08] et SCA [RB05, LZWM05, LLC10, Luq90] n'est pas une innovation. Dans notre contribution, nous utilisons un graphe dit « étiqueté typé imbriqué enraciné orienté » (*Labeled Typed Nested Rooted Directed Graphs* [BET08]) pour représenter aussi bien les éléments d'un modèle BPMN ou SCA. Les nœuds du graphe peuvent représenter tout type d'élément du modèle. Les arcs sont utilisés pour représenter tous types de relations orientés entre les nœuds. L'étiquetage permet d'associer des étiquettes aux nœuds pour représenter les noms des éléments d'un modèle. L'imbrication permet aux nœuds de contenir d'autres œuds [KLT07]. L'enracinement est utilisé pour reproduire les points d'entrée des modèles.

Nos méta-modèles BPMN et SCA – comme définis au chapitre précédent – sont des ensembles finis de méta-classes et d'associations. Ils définissent les contraintes entre les types des éléments qui doivent être conformes aux méta-modèles. Cependant, il est possible de définir un modèle indépendamment de son méta-modèle. Formellement, nous pouvons donner à chaque méta-modèle une définition séparée. Cependant, nous préférons ne donner qu'une seule définition afin qu'un modèle soit toujours accompagné de son méta-modèle. L'application de conformité[49] est alors une fonction du modèle. Pour cela, nous émettons la Définition 13.

48. Il s'agit d'une réification des changements indépendamment du type de l'élément à modifier.

49. Pour rappel, l'application de conformité associe chaque élément d'un modèle à un type de son méta-modèle.

Définition 13 (Modèle assimilable à un graphe) *Un modèle (BPMN ou SCA) est assimilable à un tuple $\mathcal{M}$ décrivant un graphe avec*

- $\mathcal{M}^{\Sigma}$ *est l'ensemble de* ***nœuds*** *représentant les éléments du modèle,*
- $\mathcal{M}^{\Upsilon}$ *est le* ***nœud racine*** *avec $\mathcal{M}^{\Upsilon} \in \mathcal{M}^{\Sigma}$ représentant le conteneur du modèle,*
- $\mathcal{M}^{\Omega}$ *est l'ensemble des* ***arcs*** *orientés représentant les liens,*
- $\mathcal{M}^{\Phi} = \mathcal{M}^{\Sigma} \cup \mathcal{M}^{\Omega}$ *est l'ensemble des éléments du graphe,*
- $\mathcal{M}^{\Lambda}$ *est l'ensemble des* ***étiquettes*** *associées aux nœuds,*
- $\mathcal{M}^{\Theta}$ *est l'ensemble de* ***types*** *des nœuds,*
- $\mathcal{M}^{\Psi}$ *est l'ensemble de* ***types*** *des arcs,*
- $lab : \mathcal{M}^{\Phi} \rightarrow \mathcal{M}^{\Lambda}$ *est une fonction qui assigne les étiquettes aux éléments du graphe,*
- $typ : \mathcal{M}^{\Sigma} \rightarrow \mathcal{M}^{\Theta}, \mathcal{M}^{\Omega} \rightarrow \mathcal{M}^{\Psi}$ *est une fonction assignant les types aux éléments,*
- $sour, tar : \mathcal{M}^{\Omega} \rightarrow \mathcal{M}^{\Sigma}$ *déterminent les nœuds source et destination de chaque arc,*
- $ind : \mathcal{M}^{\Sigma} \rightarrow \mathcal{M}^{\Pi}$ *associe les indices entiers aux nœuds ($\mathcal{M}^{\Pi} \subset \mathbb{N}$),*
- $\mathcal{M}^{\Xi} = \{(\sigma, \omega, \sigma') \in (\mathcal{M}^{\Sigma} \times \mathcal{M}^{\Omega} \times \mathcal{M}^{\Sigma}) \mid typ(\omega) = cons(typ(\sigma), typ(\sigma')) \wedge sour(\omega) = \sigma \wedge tar(\omega) = \sigma'\}$ *est une relation de* ***correction structurelle*** *exprimant la conformité du modèle à son méta-modèle,*
- $cons : (\mathcal{M}^{\Theta})^2 \rightarrow \mathcal{M}^{\Psi}$ *est une fonction qui exprime les contraintes du méta-modèle entre les types des arcs et des nœuds.*

Afin de représenter les modèles BPMN et SCA avec la structure d'un graphe, il suffit de réinterpréter leurs méta-modèles respectifs en graphes. La Définition 14 et la Définition 15 montrent que les modèles BPMN et SCA peuvent être réinterprétées en des graphes.

Définition 14 (Modèle BPMN) *Un modèle $(\mathcal{M}^{BaseElement}, \mathcal{M}^{RootElement}, \mathcal{M}^{\square}, \mathcal{M}^{\intercal}, \mathcal{M}^{\blacktriangleright}, \mathcal{M}^{\blacktriangleleft}, \mathcal{M}^{\triangleright}, \mathcal{M}^{\triangleleft}, \mathcal{M}^{\diamond}, \mathcal{M}^{\star}, \mathcal{M}^{Name}, ..)$ de la Définition 1 conforme au méta-modèle BPMN central est assimilable à un graphe $\mathcal{M}$ avec :*

- $\mathcal{M}^{\Sigma} := \mathcal{M}^{BaseElement}$,
- $\mathcal{M}^{\Upsilon} := \mathcal{M}^{RootElement}$,
- $\mathcal{M}^{\Omega} := \mathcal{M}^{\square} \cup \mathcal{M}^{\intercal} \cup \mathcal{M}^{\blacktriangleright} \cup \mathcal{M}^{\blacktriangleleft} \cup \mathcal{M}^{\triangleright} \cup \mathcal{M}^{\triangleleft} \cup \mathcal{M}^{\diamond} \cup \mathcal{M}^{\star}$,
- $\mathcal{M}^{\Lambda} := \mathcal{M}^{Name}$,
- $\mathcal{M}^{\Theta}$:=*{Collaboration, Participant, Process, LaneSet, Lane, Task, SequenceFlow, MessageFlow, DataAssociation, CallConversation, Interface, Operation, EndPoint, Property}*,
- $\mathcal{M}^{\Psi}$:=*{Source, Target, TaskRef, PropertyRef, EndPointRef, InterfaceRef, Contain}*,
- $\mathcal{M}^{\Xi}$ *est décrite dans le Tableau 5.1 des contraintes du méta-modèle BPMN central.*

La Figure 5.8 illustre un modèle BPMN et le graphe qui lui est associé, ainsi qu'un diagramme d'objets UML montrant l'imbrication des artéfacts.

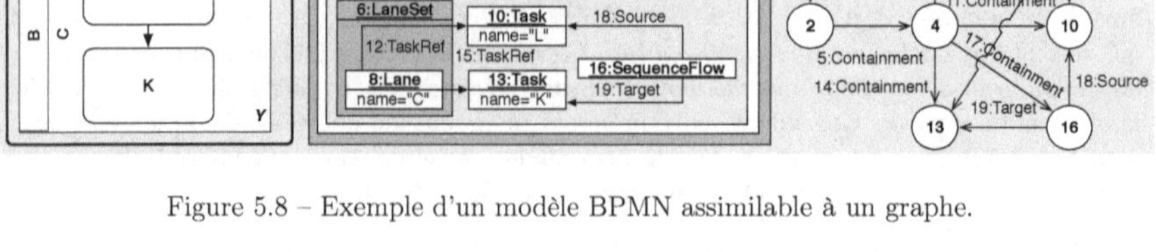

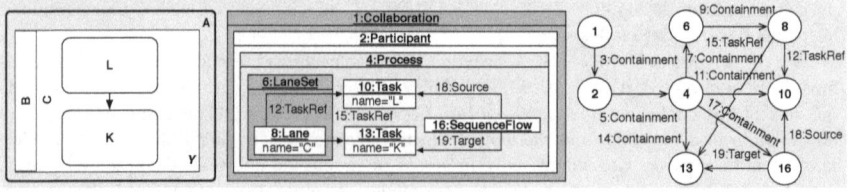

Figure 5.8 – Exemple d'un modèle BPMN assimilable à un graphe.

De même, nous définissons un modèle SCA comme un graphe dans la Définition 15.

$\mathcal{M}^{\Sigma}$	$\mathcal{M}^{\Omega}$	$\mathcal{M}^{\Sigma}$
Collaboration	*Contain*	*Participant*
Collaboration	*Contain*	*MessageFlow*
Collaboration	*Contain*	*CallConversation*
CallConversation	*Contain*	*Collaboration*
Participant	*Contain*	*Process*
Participant	*EndPointRef*	*EndPoint*
Participant	*InterfaceRef*	*Interface*
Process	*Contain*	*Task*
Process	*Contain*	*SequenceFlow*
Process	*Contain*	*DataAssociation*
Process	*Contain*	*Property*
Process	*Contain*	*LaneSet*
LaneSet	*Contain*	*Lane*
Lane	*TaskRef*	*Task*
Task	*PropertyRef*	*Property*
SequenceFlow	*Source*	*Task*
SequenceFlow	*Target*	*Task*
DataAssociation	*Source*	*Task*
DataAssociation	*Target*	*Task*
MessageFlow	*Source*	*Task*
MessageFlow	*Target*	*Task*
Interface	*Contain*	*Operation*

Tableau 5.1 – Description de la relation structurelle du méta-modèle BPMN central

Définition 15 (Modèle SCA) *Un modèle* $(\mathcal{M}^{CommonBase}, \mathcal{M}^{EntryElement}, \mathcal{M}^{\ominus}, \mathcal{M}^{\trianglerighteq}, \mathcal{M}^{\trianglelefteq}, \mathcal{M}^{\pitchfork}, \mathcal{M}^{\triangleq}, \mathcal{M}^{Label}, ..)$ *de la Définition 3 conforme au méta-modèle SCA canonique est assimilable à un graphe* $\mathcal{M}$ *par*

- $\mathcal{M}^{\Sigma} := \mathcal{M}^{CommonBase}$,
- $\mathcal{M}^{\Upsilon} := \mathcal{M}^{EntryElement}$,
- $\mathcal{M}^{\Omega} := \mathcal{M}^{\ominus} \cup \mathcal{M}^{\trianglerighteq} \cup \mathcal{M}^{\trianglelefteq} \cup \mathcal{M}^{\pitchfork} \cup \mathcal{M}^{\triangleq}$,
- $\mathcal{M}^{\Lambda} := \mathcal{M}^{Label}$,
- $\mathcal{M}^{\Theta}$:={*Composite, Component, Implementation, Wire, Callback, Binding, Interface, Property, Service, Reference*},
- $\mathcal{M}^{\Psi}$:={*Source, Target, TaskRef, InterfaceRef, Contain*},
- $\mathcal{M}^{\Xi}$ *est décrite dans le Tableau 5.2 des contraintes du méta-modèle SCA canonique.*

La Figure 5.9 illustre un modèle SCA assimilé à un graphe et son diagramme d'objets UML.

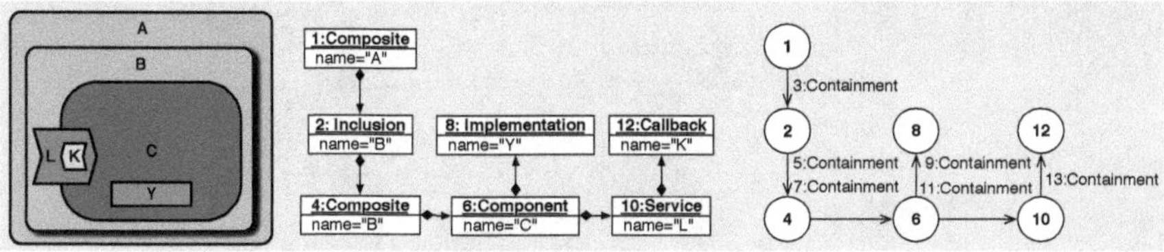

Figure 5.9 – Exemple d'un modèle SCA assimilable à un graphe.

$\mathcal{M}^{\Sigma}$	$\mathcal{M}^{\Omega}$	$\mathcal{M}^{\Sigma}$
Composite	*Contain*	*Component*
Composite	*Contain*	*Wire*
Composite	*Contain*	*Inclusion*
Inclusion	*Contain*	*Composite*
Component	*Contain*	*Implementation*
Component	*Contain*	*Reference*
Component	*Contain*	*Service*
Service	*Contain*	*Interface*
Service	*Contain*	*Callback*
Service	*Contain*	*Binding*
Reference	*Contain*	*Interface*
Reference	*Contain*	*Callback*
Reference	*Contain*	*Binding*
Component	*Contain*	*Property*
Callback	*InterfaceRef*	*Interface*
Interface	*Contain*	*Operation*
Wire	*Source*	*Reference*
Wire	*Target*	*Service*

Tableau 5.2 – Description de la relation structurelle du méta-modèle SCA canonique

En énonçant les définitions précédentes, nous avons montré que les modèles BPMN et SCA sont assimilables à des graphes. Ceci permet de faire abstraction des spécificités de chacune des notations. À noter que les méta-classes abstraites n'apparaissent pas dans les définitions précédentes, car il n'y aura jamais un nœud avec un type abstrait. Nous omettons volontairement les contraintes sur la multiplicité des associations afin de ne pas encombrer la présentation. Cependant, avant d'effectuer la propagation, il faut pouvoir détecter les modifications des modèles. Ceci est l'objet de la section suivante.

5.2.3 Détection des opérations d'évolution des modèles

Comme nous utilisons les graphes pour représenter les modèles, l'expression de leurs évolutions se base sur la « réécriture de graphes ». Par exemple, la Figure 5.10 illustre la réécriture du graphe représentant l'évolution d'un modèle BPMN.

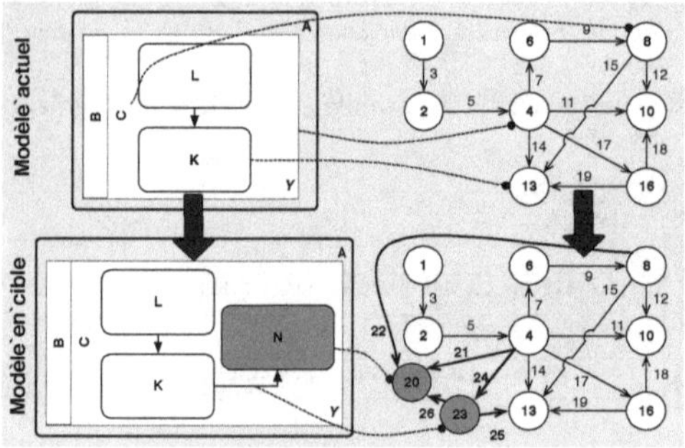

Figure 5.10 – Changement du graphe assimilé à un modèle BPMN.

En général, la réécriture de graphes se rapporte à une méthode catégorique. Cette méthode décrit les règles de réécriture d'un graphe cible à partir d'un graphe source. Il s'agit de remplacer un graphe initial G_0 par une séquence de **productions** $p = p_1 \circ p_2 \circ .. \circ p_n$ pour obtenir un graphe final G_n. Dans le cas d'une simple somme amalgamée, cette séquence représente un ensemble de dérivations directes $G_0 \overset{p_1}{\Longrightarrow} G_1 \overset{p_2}{\Longrightarrow} ... \overset{p_n}{\Longrightarrow} G_n$ qui constitue une grammaire de dérivation[50], notée $G_0 \Longrightarrow^* G_n$) [GdL04]. La grammaire de dérivation est une base solide pour la réécriture de graphes. Elle fait l'objet d'une algèbre pour le cas général des graphes qui est présentée dans [CMR$^+$96, EHK$^+$97, Dis08]. Chaque production s'écrit sous la forme d'une règle de réécriture $p : L \rightarrow R$. Elle définit une relation partielle entre deux structures de sous-graphes L et R. Cette relation détermine la manière dont les nœuds et les arcs doivent être préservés ou supprimés lors de l'application de la production p à un graphe G pour obtenir un graphe H [KMO$^+$05]. Pour appliquer p à G, il est nécessaire de trouver une occurrence du sous-graphe L dans G. Cette occurrence est décrite par un filtrage m. Une production est illustré comme suit :

$$\begin{array}{ccc} & \mathcal{L} \xrightarrow{p} \mathcal{R} & \\ & m \downarrow \quad\quad \downarrow m^* & \\ & \mathcal{G} \xrightarrow{p^*} \mathcal{H} & \\ \textit{Graphe} & \xrightarrow[\textit{Modification}]{\qquad\qquad} & \textit{Graphe Modifié} \end{array}$$

Considérons la Figure 5.11 pour illustrer une dérivation directe de G vers H. Le résultat de l'application de la production p avec le filtrage m est notée $G \overset{p,m}{\Longrightarrow} H$. Le filtrage $m : L \rightarrow G$ pour une production p est un homomorphisme de graphes. Il préserve « injectivement » les nœuds et les arcs de L vers G, de sorte que leurs structures graphiques (l'ordre des successeurs et prédécesseurs) et leurs étiquettes soient préservées [OGDLE09]. Par exemple, le homomorphisme m préserve le nœud *4*. Ainsi, l'application de p peut être vue comme un rattachement du nœud *20* et de l'arc *21* au nœud *4*, en préservant reste du graphe G. Par ailleurs, la co-production $p^* : G \rightarrow H$ met en relation le graphe dérivé et le graphe source en gardant trace des éléments qui sont préservés par la dérivation directe. De même, le co-filtrage $m^* : R \rightarrow H$, qui est aussi un homomorphisme, préserve les structures et les étiquettes de R vers H.

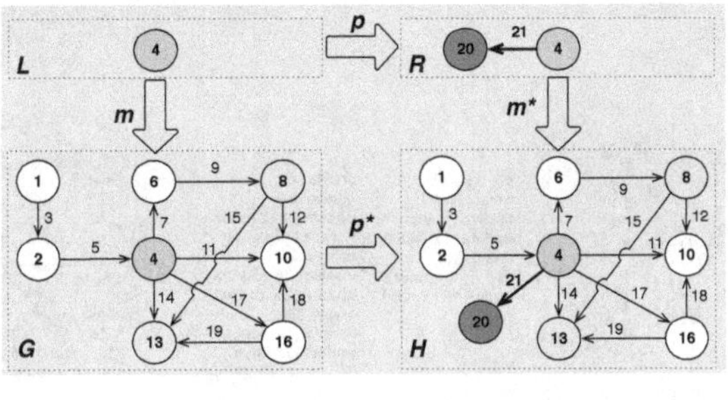

Figure 5.11 – Exemple d'une dérivation directe $G \overset{p,m}{\Longrightarrow} H$.

50. L'équivalence entre les dérivations de la simple somme amalgamée (*Single Pushout*) et la double somme amalgamée (*Double Pushout*) *Double Pushout* est donnée dans [CMR$^+$96, EHK$^+$97].

Les modifications exprimée par cette algèbre doivent, non seulement, préserver les structures entre les graphes, mais aussi, les conditions de correction des modèles qui sont assimilés à des graphes. Dans ce sens, les graphes G et H doivent être liés par un morphisme total qui préserve l'étiquetage, les types et l'enracinement des graphe. Comme c'est le cas de la Figure 5.10, les modifications de graphes sont décrites par des « productions conditionnelles » [NSM00] exprimant les conditions [51] qui permettent de préserver la validité structurelle des deux graphes.

Comme notre intérêt porte sur la détection des changements, il nous est plus intéressant de considérer les travaux présentés dans [GLO09, Men01]. Ces travaux démontrent que les productions conditionnelles peuvent être définies par des opérations élémentaires qui expriment des modifications atomiques sur des graphes. Les conditions d'applications de ces opérations permettent de prévenir les inconsistances structurelles des graphes, et les conflits syntaxiques induits par leur combinaison : c'est l'amalgame des productions. Par exemple, des restrictions sont introduites pour éviter que des structures ballantes [BET08]. Il s'agit des nœuds ou des arcs orphelins résultant de la suppression du nœd auquel ils sont reliés.

Malheureusement, ces opérations ne préservent pas les contraintes entre les types des éléments. Par exemple, elles ne permettent pas d'exprimer le fait que la structure du graphe (associé à un modèle) ne peut changer que si il reste conforme à son méta-modèle. Pour cela, nous utilisons un ensemble d'opérations élémentaires de changement décrit dans le Tableau 5.3 selon le principe des « productions conditionnelles » de [MGVK06]. Une différence [52] fondamentale subsiste cependant. Notre ensemble d'opérations est « complet ». Il permet de réaliser toutes les modifications d'un graphe. Il est aussi « minimal », car il ne peut être réduit d'avantage. Par exemple, la Figure 5.12 montre la séquence de productions pour la dérivation $G_0 \Longrightarrow^* G_n$ avec deux séquences d'opérations décrivant une dérivation directe d.

Description	**Opération (δ)**
Ajouter un élément avec l'identifiant ϕ	$create(\phi)$
Supprimer l'élément avec l'identifiant ϕ	$destroy(\phi)$
Associer la propriété μ de l'élément ϕ avec la valeur ν	$update(\phi, \mu, \nu)$
Dissocier la propriété μ de l'élément ϕ avec la valeur ν	$undo(\phi, \mu, \nu)$

Tableau 5.3 – Liste des opérations élémentaires de changement des modèles.

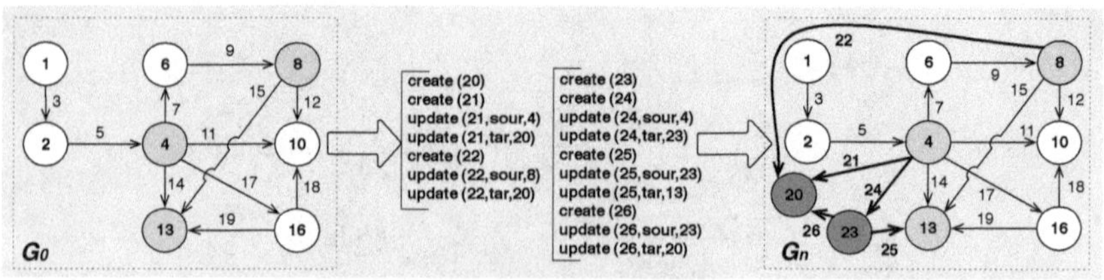

Figure 5.12 – Sémantique opérationnelle pour la dérivation directe $G_0 \Longrightarrow^* G_n$.

51. *Dangling Condition, Gluing Condition, Identification Condition* [BET08].

52. L'approche de [Men01] ne permet pas de défaire un nœud source pour un arc.

La démonstration de la « minimalité » et de la « complétude » de notre ensemble d'opérations est simple. En effet, les opérations permettent de construire tout un modèle et de le défaire. Chaque opération constructive possède une opération destructive : *destroy* est l'inverse de *create*, *undo* est l'inverse de *update*. Ainsi, détecter les modifications sur un modèle actuel, noté M, revient à enregistrer une séquence $U_{\Delta_{\mathcal{M}}}$ d'opérations élémentaires qui produisent un modèle « en cible », noté M', avec :

$$U_{\Delta_{\mathcal{M}}} = \{\delta : \mathcal{M} \to \mathcal{M} \mid \exists M, M' \in \mathcal{M} : \delta(M) = M' \textit{est une production conditionnelle}\}.$$

En supposant qu'une opération est toujours appliquée sur un modèle conforme à son méta-modèle, alors elle doit aussi produire un modèle conforme à son méta-modèle. Par exemple, l'ajout d'un nœud doit éviter une duplication des identifiants, et que chaque arc doit être connecté à un unique nœud source et/ou destination. Pour exprimer les règles d'applications des opérations, nous utilisons les « assertions » [MGVK06]. Leur utilité est reconnue pour la description des propositions mathématiques ou les prédicats logiques. Les assertions expriment la présence ou l'absence de certaines propriétés structurelles qui doivent être satisfaites. Ces propriétés sont décrites par les fonctions que nous avons définies pour les modèles assimilables à des graphes dans la Définition 13, à savoir : *lab*, *typ*, *sour*, *tar*, *ind*. Pour affirmer la présence ou l'absence des propriétés graphiques, nous utilisons les assertions suivante :

- « Assertion positive » : exprime le fait que la proposition qu'elle exprime est vraie. Sa notation est précédée par le signe $+$. Par exemple, l'assertion $+(\omega, sour, \sigma)$ signifie que le nœud σ est la source de l'arc ω ;
- « Assertion négative » indique que l'évaluation d'une proposition est fausse. Sa notation est précédée par le signe $-$. Par exemple $-(\omega, sour, \sigma)$ signifie que le nœud σ n'est la source de l'arc ω. Il est le contraire de $+(\omega, sour, \sigma)$;
- « Assertion substituante » : utilise les quantificateurs de la logique du premier ordre pour exprimer des propositions plus générales ou transitives. Elle peut peut être positive ou négative. Par exemple, $-(\phi, *, *)$ signifie que l'élément ϕ ne possède aucune propriété.

Le Tableau 5.4 contient la liste des assertions que nous utilisons.

Assertion Positive	**Notation**
Un élément ϕ existe	$+\phi$
Un élément ϕ a une propriété μ avec une valeur ν	$+(\phi, \mu, \nu)$
Assertion Négative	**Notation**
Un élément ϕ n'existe pas	$-\phi$
Un élément ϕ n'a pas une propriété μ avec une valeur ν	$-(\phi, \mu, \nu)$
Assertion substituante	**Notation**
L'élément ϕ n'a aucune propriété	$-(\phi, *, *)$

Tableau 5.4 – Liste des assertions utilisées pour les règles d'applications des opérations.

Nous attachons les assertions aux opérations de changements et non aux graphes [53]. Ceci permet de corréler l'effort des évaluations de la correction aux changements, et non pas aux graphes.

53. Cette formalisation de la logique structurelle (d'un graphe) est similaire à la sémantique des faits décrivant les patrons structurels d'un graphe [VB07] ou plusieurs algorithmes de filtrage dans les bases de données déductives.

Le Tableau 5.5 présente les règles d'applications de nos opérations élémentaires.

Opération	Pré-condition	Invariant	Post-condition
$create(\phi)$	$-\phi$	$-(\phi, *, *)$	$+\phi$
$destroy(\phi)$	$+\phi$	$-(\phi, *, *)$	$-\phi$
$update(\phi, \mu, \nu)$	$-(\phi, \mu, \nu)$	$+\phi$	$+(\phi, \mu, \nu)$
$undo(\phi, \mu, \nu)$	$+(\phi, \mu, \nu)$	$+\phi$	$-(\phi, \mu, \nu)$

Tableau 5.5 – Conditions d'applications des opérations élémentaires.

Les règles sont des clauses qui définissent des conditions suivantes :

- Pré-condition : La condition qui doit être vérifiée avant l'application de l'opération. Elle exprime une affirmation précèdent le déroulement de l'opération ;
- Post-condition : La condition qui doit être garantie après le déroulement de l'opération. Elle exprime le résultat de l'application de la règle ;
- Invariant : Il s'agit d'une condition qui est toujours vraie. Elle exprime une affirmation qui est valide avant, pendant, et après l'application de la règle.

Lors d'une modification, la correction syntaxique d'un graphe peut être établie par la cohérence de la séquence d'opérations qui lui est appliquée. Cette cohérence est exprimée par le fait que les assertions des opérations d'une séquence, notée $U_{\Delta_{\mathcal{M}}} = \delta_1 \circ \delta_2 \circ .. \circ \delta_n$, ne se contredisent pas. Par exemple, pour éviter qu'il n'y ait des doublons dans un graphe, la pré-condition (l'assertion $-\phi$) de l'opération d'ajout $create(\phi)$ veut que l'élément ϕ ne soit pas présent dans le graphe et qu'il ne possède aucune propriété (l'assertion $-(\phi, *, *)$). Par conséquent, une même opération $create(\phi)$ ne peut apparaître deux fois dans une séquence de changement. De même, la suppression d'un élément ne peut être valide que si l'élément existe (l'assertion $+\phi$) et qu'il ne possède aucune propriété. Il est alors nécessaire de supprimer toute les propriétés d'un élément avant de supprimer l'élément lui-même. Cela évite les structures ballantes [TR05]. Ensuite, il ne peut y avoir une opération de mise à jour sur un élément que si l'élément en question existe. Cela est exprimé par l'assertion $+\phi$ dans les invariants des opérations *update* et *undo*.

Les ensembles des pré-conditions, invariants et post-conditions d'une opération δ_i sont notés respectivement $\delta_i.pre$, $\delta_i.inv$ et $\delta_i.pos$. Nous émettons une proposition pour qu'une séquence soit bien formée. La « contradiction » entre les assertions est décrite dans le Tableau 5.6.

[Séquence bien formée] $U_{\Delta_{\mathcal{M}}} = \delta_1 \circ \delta_2 \circ .. \circ \delta_n$ est **bien formée** ssi $\forall \alpha_{pi} \in (\delta_k.pre \cup \delta_k.inv)$ avec $2 \leq k \leq n$ et $\forall \alpha_{ip} \in (\delta_l.inv \cup \delta_l.pos)$ avec $l < k$: α_{pi} **ne contredit pas** α_{ip}.

Assertion	Contredit	Description
$+\phi$	$-\phi$	Contradiction pour l'existence de l'élément
$+(\phi, \mu, \nu)$	$-(\phi, \mu, \nu)$	Contradiction pour une propriété de l'élément
$+(\phi, \mu, \nu)$	$-(\phi, *, *)$	Contradiction pour les propriétés de l'élément

Tableau 5.6 – Liste des assertions contradictoires pour les règles d'applications des opérations.

Par exemple, la séquence $create(\phi)\circ$ $create(\phi)$ n'est pas bien formée car $+\phi \in create(\phi).pos$, et $-\phi \in create(\phi).pre$, ce qui est une contradiction. Cependant, $create(\phi)\circ$ $update(\phi,\mu,\nu)$ est bien formée puisque $create(\phi).inv \cup create(\phi).pos = \{-(\phi,*,*),\ +\phi\}$ et $\{-(\phi,\mu,\nu),\ +\phi\} = update(\phi,\mu,\nu).pre \cup update(\phi,\mu,\nu).inv$ ne se contredisent pas. L'algorithme qui vérifie si une séquence d'opérations est bien formée est donné dans le listing suivant :

Algorithme 5.1: Algorithme de verification *verif*.

```
in : U_ΔM = δ1 ∘ δ2 ∘ .. ∘ δn ;          /* Séquence d'opérations élémentaires */
out : BF;                                 /* Résultat de vérification */
BF := vrai ;
while (δk, δl) ∈ U_ΔM × U_ΔM : k ∈ {2..n} & l ∈ {1..k − 1} do
    foreach α_pi ∈ (δk.pre ∪ δk.inv) : pi ∈ {1.. | δk.pre ∪ δk.inv |} do
        foreach α_ip ∈ (δl.inv ∪ δl.pos) : ip ∈ {1.. | δl.inv ∪ δl.pos |} do
            if α_ip contredit α_pi then
                BF := faux ;
```

Dans certains cas, le nombre d'opérations représentant un changement dépasse le nombre des éléments du modèle. Par exemple, l'ajout de deux éléments, puis la suppression de l'un d'entre eux conduit nécessairement à trois opérations. En réalité, le modèle ne contient qu'un seul élément restant [XSHT09]. Ainsi, évaluer les séquences d'opérations peut devenir plus complexe que l'évaluation du modèle. Pour réduire cette complexité, nous pouvons simplifier les séquences avec une « normalisation » des opérations élémentaires comme le montre le Tableau 5.7. Par exemple, l'ajout puis la suppression ($create(\phi)\circ$ $destroy(\phi)$) d'un même élément n'a aucun effet. Il est alors possible de simplifier les deux opérations. La simplification n'est effective que lorsqu'elles modifient les mêmes éléments du graphe et que l'une est l'inverse de l'autre.

$\delta_l \circ \delta_k(\Gamma)$	*create*	*destroy*	*update*	*undo*
create	.	**simplifier**	.	.
destroy	.	.	.	.
update	.	.	.	**simplifier**
undo	.	.	.	.

Tableau 5.7 – Normalisation des opérations dépendantes.

Dans le cas où les opérations sont indépendantes, il est possible d'évaluer les opérations indépendamment de leur ordre d'apparition dans une séquence. La notion d'indépendance (*Sequential-Parallel Independence* [EEPPR04, Küs06, VdL10]) des productions conditionnelles de graphes permet cette extrapolation aux opérations élémentaires. Par exemple, $create(\phi)$ et $create(\phi')$ peuvent être permutées puisque l'effet de leur application est le même que $create(\phi')\circ$ $create(\phi)$. Ceci permet de simplifier la séquence $create(\phi)\circ$ $create(\phi')\circ$ $destroy(\phi)$ en juste $create(\phi')$, puisque *create* et l'inverse de *destroy*. En revanche, les opérations $create(\phi)$ et $update(\omega,\mu,\phi)$ sont dépendantes. Elles ne peuvent pas être simplifiées.

De même, la normalisation des opérations de mises à jour se base sur le fait que *undo* et l'inverse de *update*. Cependant, les opérations $update(\phi,\mu',\nu)$ et $update(\phi,\mu,\nu)$ ne peuvent être simplifiées puisqu'elles portent sur des propriétés différentes [XSHT09]. Il s'agit du rattachement d'un nœud source et d'un nœud destination à l'arc *22* avec les opérations $update(22, sour, 8)$ $\circ$

$update(22, tar, 20)$ de la Figure 5.12. La normalisation est décrite dans l'Algorithme 5.2.

Algorithme 5.2: Algorithme de normalisation *norm*.

```
in : U_ΔM = δ1 ∘ δ2 ∘ .. ∘ δn ;                    /* Séquence bien formée d'opérations */
out : U_ΔM;                        /* Séquence normalisée et bien formée d'opérations */
  while (δl, δk) ∈ U_ΔM × U_ΔM : k ∈ {2..n} & l ∈ {1..k − 1} do
    if δl = create(φ) & δk = destroy(φ) then
      U_ΔM := U_ΔM \ {δl, δk} ;
    if δl = update(φ, μ, ν) & δk = undo(φ, μ, ν) then
      U_ΔM := U_ΔM \ {δl, δk} ;
```

Par cette normalisation des opérations, il nous est possible de ne considérer que des séquences normalisées et bien formées. Par ailleurs, il est intéressant de s'interroger sur l'expressivité de ces opérations élémentaires. A priori, elles permettent de préserver la syntaxe d'un graphe, mais elles ne sont pas, pour autant, appropriées pour la propagation des changements. Par exemple, l'opération de création d'un nœud dans un modèle BPMN n'a pas d'incidence directe sur le modèle SCA qui lui est associé. Cependant, l'ajout d'un nouveau nœud avec un certain type, par exemple, un participant BPMN, est son attachement à un nœud représentant une collaboration impliquent en effet un ajout d'un composant SCA au sein d'un composite. Il est nécessaire de vérifier que ces modifications garantissent la conformité des modèles aux méta-modèles. Ainsi, avant de nous intéresser à la propagation, nous devons définir des opérations avec une sémantique qui permet la préservation de la conformité des modèles envers leurs méta-modèles.

5.2.4 Combinaison des modifications de modèles

Rappelons qu'une séquence d'opérations élémentaires est notée $U_{\Delta_\mathcal{M}} = \{\delta : \mathcal{M} \to \mathcal{M}\} \in \Delta_\mathcal{M}$. Cet ensemble doit garantir la relation de conformité des modèles que nous avons présenté dans la Section 4.4.2 du chapitre précèdent, à savoir la relation $\mathcal{CCC} \subseteq \mathcal{M} \times \mathcal{MM}$. Nous proposons que la fonction qui applique les changements élémentaires à un modèle assimilé à un graphe soit :

$$[\textbf{Application d'adaptation}] \qquad adapt : \mathcal{M} \times \Delta_\mathcal{M} \to \mathcal{M}$$

Ainsi, chaque opération élémentaire doit, non seulement, préserver la syntaxe du modèle, mais aussi préserver la conformité du modèle vis-à-vis de son méta-modèle. Ceci s'écrit par :

$$[\textbf{Séquence valide}] \qquad \forall M \in \mathcal{M}, MM \in \mathcal{MM} : \mathcal{CCC}(M, MM) \Rightarrow \mathcal{CCC}(adapt(M, U_{\Delta_\mathcal{M}}), MM)$$

Notre contribution aux travaux sur les « productions conditionnelles » présentés dans [MGVK06] est cette notion de « conformité »[54].

Par exemple, l'opération de création $create(\phi)$ ne contient pas les données suffisante pour déduire que le type de l'élément créé ϕ doit être associé qu'aux éléments dont les types sont conforme aux contraintes du méta-modèle. Les données sur les types sont exprimées par les opérations : $update(\phi, typ, \nu)$ et $undo(\phi, typ, \nu)$. Si nous nous référons aux productions élémentaires du Tableau 5.3, il est impossible d'exprimer la préservation de conformité dans les règles d'applications de ces opérations. Il s'agit de contraintes[55] entre différents types d'éléments. Pour un modèle dans $\mathcal{M}$, les contraintes de conformité sont exprimées par la relation

54. Pour éviter la vérification, nous pouvons supposé que les outils de modélisation ne permettent pas des modifications invalides ou que les designers n'effectuent que des changements valides.

55. En général, elles sont exprimées dans le langage *Object Constraint Language* [SWB03].

de correction structurelle de la Définition 13 : $\mathcal{M}^{\Xi} = \{(\sigma, \omega, \sigma') \in (\mathcal{M}^{\Sigma} \times \mathcal{M}^{\Omega} \times \mathcal{M}^{\Sigma}) \mid typ(\omega) = cons(typ(\sigma), typ(\sigma')) \wedge sour(\omega) = \sigma \wedge tar(\omega) = \sigma'\}$.

La fonction *cons* : $(\mathcal{M}^{\Theta})^2 \rightarrow \mathcal{M}^{\Psi}$ définit les contraintes entre les types. Pour exprimer le fait que les types des nœuds $\sigma \in \mathcal{M}^{\Sigma}$ et $\theta' \in \mathcal{M}^{\Sigma}$ sont contraints par le type d'un arc $\omega \in \mathcal{M}^{\Omega}$ qui les relie, nous devons vérifier la relation $(\sigma, \omega, \sigma') \in \mathcal{M}^{\Xi}$ avec la contrainte de conformité :

$$\psi = cons(\theta, \theta') : typ(\sigma) = \theta \wedge typ(\sigma') = \theta' \wedge typ(\omega) = \psi \wedge sour(\omega) = \sigma \wedge tar(\omega) = \sigma'.$$

Ceci peut être interprétée par les assertions suivantes :

$$+(\sigma, typ, \theta), +(\sigma', typ, \theta'), +(\omega, typ, \psi), +(\omega, sour, \sigma), +(\omega, tar, \sigma').$$

Ces assertions correspondent aux post-conditions des opérations suivantes :

$$update(\omega, typ, \psi), update(\sigma, typ, \theta), update(\sigma', typ, \theta'), update(\omega, sour, \sigma), update(\omega, tar, \sigma').$$

Effectivement, cette expression ne peut être vérifiée que pour certaines opérations. Par exemple, la modification de l'étiquette d'un élément du modèle n'a aucune incidence sur la conformité. Par contre, une insertion d'un arc entre deux nœuds avec une mise à jour de son type doit préserver la conformité, comme nous le présentons dans l'Algorithme 5.3.

Algorithme 5.3: Algorithme de validation *valid.*

```
in : U_ΔM = δ1 ∘ δ2 ∘ .. ∘ δn ; /* Séquence bien formée et normalisée d'opérations */
out : V;                                                    /* Résultat de validité */
  V := faux;
  while {update(ω, sour, σ), update(ω, tar, σ')} ⊆ U_ΔM do
    if {update(ω, typ, ψ), update(σ, typ, θ), update(σ', typ, θ')} ⊆ U_ΔM then
      if ψ = cons(θ, θ') then
        V := vrai;                                          /* avec (σ, ω, σ') ∈ M^Ξ */
```

À titre d'exemple, dans la Figure 5.13, le cas de l'insertion de l'arc *21* doit garantir que son type (ici, un lien de composition : *Contain*) est conforme au méta-modèle en liant des nœuds avec des types pouvant être associés, comme cela est illustré dans le modèle UML (ici, *Process* et *Task*). Il s'agit de vérifier l'assertion $+((4, 20), cons, 21)$ par l'existence de la séquence : $+(4, typ, Process)$, $+(20, typ, Task)$, $+(21, typ, Contain)$, $+(21, sour, 4)$, $+(21, tar, 20)$. Ceci dit, ces assertions ne sont pas induites par une seule opération, mais par la séquence :

$$update(21, typ, Contain),\ update(4, typ, Process),\ update(20, typ, Task),\ update(21, sour, 4),\ update(21, tar, 20).$$

Bien que la normalisation permet de réduire la taille d'une séquence d'opérations élémentaires, recourir à la combinaison permet une réduction supplémentaire. Par exemple, une séquence d'ajout d'un nœud et de mises à jour de ses propriétés ne peuvent être simplifiées. Cependant, elles peuvent être réduites en une seule opération « combinée » qui ajoute en même temps le nœud avec ses propriétés avec :

$$create(\sigma) \circ update(\sigma, typ, \theta) = addNode(\sigma, \theta)$$

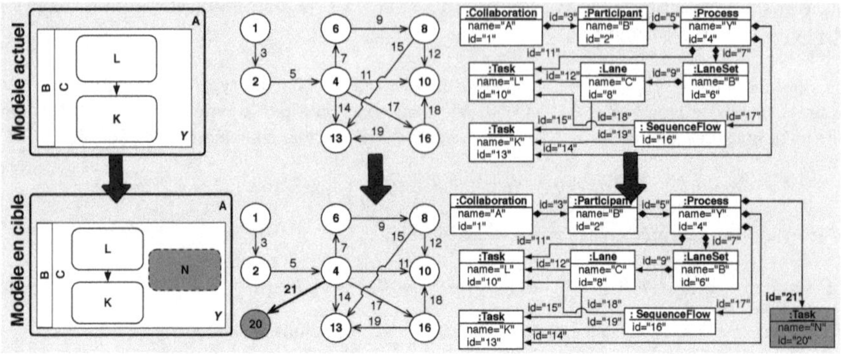

Figure 5.13 – Exemple pour la contrainte de conformité.

Chaque opération combinée doit être une séquence valide et bien formée d'opérations élémentaires. Par exemple, l'opération qui modifie le type du nœud σ de θ en θ' doit défaire la propriété associée au type précèdent avec l'opération élémentaire $undo(\sigma, typ, \theta)$, et mettre à jour le nouveau type avec l'opération non contradictoire $update(\sigma, typ, \theta')$ avec :

$$setNodeType(\sigma, \theta, \theta') = undo(\sigma, typ, \theta) \circ update(\sigma, typ, \theta').$$

La séquence $undo(\sigma, typ, \theta) \circ$ $update(\sigma, typ, \theta')$ est bien formée puisque les assertions

$$undo(\sigma, typ, \theta).inv \cup undo(\sigma, typ, \theta).pos = \{-(\sigma, typ, \theta),\ +\sigma\} \text{ ne se contredisent pas}$$
$$update(\sigma, typ, \theta').pre \cup update(\sigma, typ, \theta').inv = \{\ -(\sigma, typ, \theta'),\ +\sigma\}.$$

Dans cette thèse, nous ne listons pas toutes les combinaisons qui peuvent être déduites à partir des opérations élémentaires. Le lecteur pourra trouver quelques combinaisons dans [DCG11b]. Par exemple, nous avons défini l'opération $addNode(\sigma, \theta, \lambda, n, \sigma')$ qui ajoute un nœud σ au sein d'un nœud existant σ' avec des opérations qui ajoutent σ et créent un arc de contenance entre σ et σ' : $addNode(\sigma, \theta, \lambda, n) \circ insertEdge(\omega, \sigma, \sigma', Contain)$. L'insertion d'un arc entre deux nœuds peut se faire avec $insertEdge(\omega, \sigma, \sigma', \psi) = create(\omega) \circ$ $update(\omega, typ, \psi) \circ$ $update(\omega, tar, \sigma) \circ$ $update(\omega, sour, \sigma')$. La mise à jour du nœud destination d'un arc se fait par $setEdgeTarget(\omega, \sigma, \sigma') = undo(\omega, tar, \sigma) \circ$ $update(\omega, tar, \sigma')$. La déduction des règles d'applications des opérations combinées se base sur l'évaluation de la validité des opérations.

L'évaluation de la validité opère sur les assertions des opérations elles-mêmes, et non sur les structures de graphes. De plus, les traces constituées par les opérations permettent de documenter l'historique des décisions (de conception) fonctionnelles entre deux versions d'un même modèle. Il s'agit du « *delta* » entre la génération de modèles actuels et la génération en cible. De même, si nous considérons qu'un changement sur un modèle vide produit un modèle non vide, alors un modèle devient lui-même une séquence d'opérations non vide. Dans la section suivante, nous verrons comment les modifications sur les structures graphiques sont traduites d'un modèle à un autre. Par exemple, nous montrons que l'ajout d'un participant BPMN dans le modèle source actuel, une foi détecté, peut être propagé au modèle BPMN intermédiaire et au modèle SCA.

5.3 Analyse de l'impact du changement

Grâce à la détection des modifications (constituées par une séquence d'opérations) nous pouvons qualifier les évolutions des modèles BPMN (assimilés à des graphes). Néanmoins, pour arriver à propager les opérations, il est nécessaire d'analyser l'impact des changements du modèle BPMN source sur les modèles BPMN intermédiaires et SCA cibles. Si le changement a un impact sur ces modèles, il faut rétablir leur cohérence vis-à-vis des modèles BPMN cibles. Il s'agit de déterminer la feuille de route pour migrer la génération des modèles actuels vers une génération « en cible ». Nous pourrons ensuite adapter les différents modèles en appliquant cette feuille de route pour synchroniser les modèles.

5.3.1 Principe de l'analyse de l'impact du changement

Notre méthode d'analyse de l'impact du changement est basée sur la traduction directe des opérations de changement d'un modèle à un autre, tout en veillant à la correction de la transformation des modèles. Comme nous l'avons formalisé au chapitre précédent, notre chaîne de transformation est constituée de deux applications entre modèles endogènes (BPMN-BPMN) et modèles exogènes (BPMN-SCA). La première transformation est celle qui d'un modèle BPMN source génère un modèle BPMN intermédiaire. La deuxième transformation transforme le modèle BPMN intermédiaire en un modèle SCA cible.

D'une manière générale, une transformation est une application de la forme $trans : \mathcal{M} \multimap \mathcal{M}'$. Admettons qu'un outil réalise une transformation correcte en produisant des modèles cohérents. En effet, cette cohérence est une relation de consistance entre une paire de modèles $M \in \mathcal{M}$ et $M' \in \mathcal{M}'$ que nous avons exprimé par $\mathcal{C}(M, M')$. Si nous considérons qu'un changement valide, noté $U_{\Delta_{\mathcal{M}}}$, modifie le modèle source M en un modèle $M'' \in \mathcal{M}$, et remet en cause la cohérence des modèles tel que $(M'', M') \notin \mathcal{C}$, alors synchroniser les modèles revient à rétablir leur cohérence. Il s'agit alors d'adapter le modèle M' en un modèle $M''' \in \mathcal{M}'$ de sorte que la relation $\mathcal{C}(M'', M''')$ soit vérifiée à nouveau. Ceci est équivalent à dire que M''' est la transformation de M''.

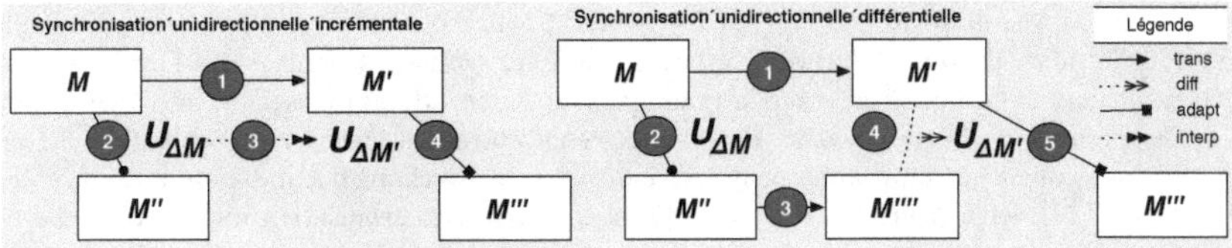

Figure 5.14 – Schématisation des étapes de synchronisation des modèles.

Comme le montre la Figure 5.14, le nouveau modèle M''' est alors obtenu par adaptation du modèle destination M'. Ceci nous ramène à calculer un changement $U_{\Delta_{\mathcal{M}'}}$ qui modifie M' en M'''. Cependant, pour que la « synchronisation » soit incrémentale, il faut que $U_{\Delta_{\mathcal{M}'}}$ soit directement obtenu à partir de $U_{\Delta_{\mathcal{M}}}$. Cette approche est différente de la synchronisation « différentielle », où il faut procéder à une nouvelle transformation pour obtenir un modèle $trans(M'') = M''''$. Puis, calculer la différence entre M'''' et M' pour retrouver le changement avec $diff(M', M'''') = U_{\Delta_{\mathcal{M}'}}$. Outre la complexité de la traduction des changements entre les modèles qui peuvent être endogènes ou exogènes, s'ajoute la difficulté de générer des changements consistants. Quand les modèles sont initialement cohérents avec $\mathcal{C}(M, M')$, et que pour un changement $U_{\Delta_{\mathcal{M}}}$ modifie M en M'' avec $adapt(M, U_{\Delta_{\mathcal{M}}}) = M''$, alors le changement de $U_{\Delta_{\mathcal{M}'}}$ obtenu par traduction de $U_{\Delta_{\mathcal{M}}}$ doit vérifier la relation de consistance $\mathcal{C}(M'', M''')$. Cette relation peut être écrite [56] aussi $\mathcal{C}(adapt(M, U_{\Delta_{\mathcal{M}}}), adapt(M', U_{\Delta_{\mathcal{M}'}}))$ Ceci nous amène à définir la notion de changements synchronisés sur la base des modèles cohérents.

Définition 16 (Changements synchronisés) *Deux changements* $U_{\Delta_{\mathcal{M}}} \in \Delta_{\mathcal{M}}$ *et* $U_{\Delta_{\mathcal{M}'}} \in \Delta_{\mathcal{M}'}$ *modifiant respectivement deux modèles cohérents* $M \in \mathcal{M}$ *et* $M' \in \mathcal{M}'$ *tel que* $(M, M') \in \mathcal{C}$ *sont synchronisés ssi ils produisent des modèles cohèrents :* $\mathcal{C}(adapt(M, U_{\Delta_{\mathcal{M}}}), adapt(M', U_{\Delta_{\mathcal{M}'}}))$.

Selon le principe des modèles cohérents, nous pouvons prohiber les modifications des modèles sources si ils ne donnent pas lieu à des modèles cibles cohérents. Par exemple, pour éviter la régression de la qualité des modèles antérieurs, nous pouvons décider que certains éléments du modèle cible ne doivent pas être modifiés. Ainsi, nous pouvons autoriser des changements sur les modèles sources sans forcément synchroniser les modèles cibles. Cependant, dans nos travaux actuels nous excluons cette dernière hypothèse.

5.3.2 Propagation des opérations de changement

La propagation incrémentale des opérations nous amène à définir une fonction (partielle) qui interprète les changement sur les modèles $\mathcal{M}$ en dès changements sur les modèles $\mathcal{M}'$ pour satisfaire la relation de consistance $\mathcal{C} \subseteq \mathcal{M} \times \mathcal{M}'$. Notre idée est que lors d'un changement dans le modèle source, il faut aussi effectuer des modifications dans le modèle cible afin de rétablir leur cohérence. Pour interpréter les modifications, nous voulons évaluer les séquences valides, plutôt que les structures de graphes. En utilisant les abréviations $\Delta_{\mathcal{M}}$ et $\Delta_{\mathcal{M}'}$ pour représenter les types de changements pouvant respectivement se produire sur les modèles, la fonction d'interprétation des changements possède alors la forme suivante :

$$\textbf{[Application d'interprétation]} \qquad interp : \Delta_{\mathcal{M}} \rightarrow \mathcal{P}(\Delta_{\mathcal{M}'})$$

La fonction *interp* prend en paramètre une séquence normalisée d'opérations de changements valides $U_{\Delta_{\mathcal{M}}}$ sur un modèle M et produit une séquence normalisée de changements valides $U_{\Delta_{\mathcal{M}'}}$ sur un modèle M', de sorte que $U_{\Delta_{\mathcal{M}}}$ et $U_{\Delta_{\mathcal{M}'}}$ soient synchronisés. Pour montrer le bien fondé de ces définitions, il nous faut revenir à la réécriture de graphes. Comme nous l'avons évoqué précédemment, l'approche basée sur la grammaire du triplet de graphes TGG est intéressante pour les preuves de la propagation des changements entre des structures graphiques. En effet, un changement sur un graphe peut être interprété en un changement sur un autre graphe. Dans [HEO+11], les auteurs formalisent le problème de la synchronisation unidirectionnelle en construisant un opérateur mathématique à l'aide de la grammaire du triplet de graphes (source, fonctionnel, cible), et en démontrent les propriétés de déterminisme, de correction et d'unicité du résultat. Cependant, à la Section 5.2.1 nous avons expliqué l'inadéquation de cette approche pour le cas de notre *mapping* BPMN-BPMN-SCA multivalué.

Nous préférons utiliser l'approche des productions conditionnelles selon laquelle les modifications sur les graphes sont définies par des opérations élémentaires. Selon la relation de correspondance des types des éléments, opérer une propagation d'un changement d'un modèle source vers un modèle cible revient à interpréter une production sur un graphe source en une production sur le graphe cible. Puisque l'application d'une opération résulte en un état du graphe source qui est exprimé par des assertions, alors interpréter cet état en un état du graphe cible revient à faire correspondre des assertions. Par ailleurs, chaque opération élémentaire a un effet élémentaire (une assertion exprimée par sa post-condition) qui est différent de celui de toutes les autres

56. Rappelons que *adapt* : $\mathcal{M} \times \Delta_{\mathcal{M}} \rightarrow \mathcal{M}, \mathcal{M}' \times \Delta_{\mathcal{M}'} \rightarrow \mathcal{M}'$.

opérations. En résumé, l'interprétation du changement revient à propager les opérations élémentaires, ce qui est équivalent à l'interprétation des assertions, car une règle de correspondance peut être construite à partir des assertions qui définissent les opérations.

Rappelons que l'application de correspondance – comme nous l'avons définie au chapitre précédent – est une fonction entre les méta-modèles source et cible. Elle est de la forme *map* : $\mathcal{MM} \multimap \mathcal{MM}'$. Nous avons établi notre *mapping*, d'une manière impérative, comme une relation binaire entre les ensembles des types d'une paire de méta-modèles. Il s'agit de la relation de correspondance $\mathcal{CC} \subseteq \mathcal{MM} \times \mathcal{MM}'$ de la Figure 5.15. Comme nous l'avons énoncé à la Définition 13, le graphe d'un modèle $\mathcal{M}$ contient en soit le méta-modèle $\mathcal{MM}$, puisque $\mathcal{M}^\Theta$ représente l'ensemble des **types** des nœuds, $\mathcal{M}^\Psi$ est l'ensemble de **types** des arcs, *cons* : $(\mathcal{M}^\Theta)^2 \rightarrow \mathcal{M}^\Psi$ exprime les contraintes entre ces types et $\mathcal{M}^\Xi$ est la correction structurelle[57].

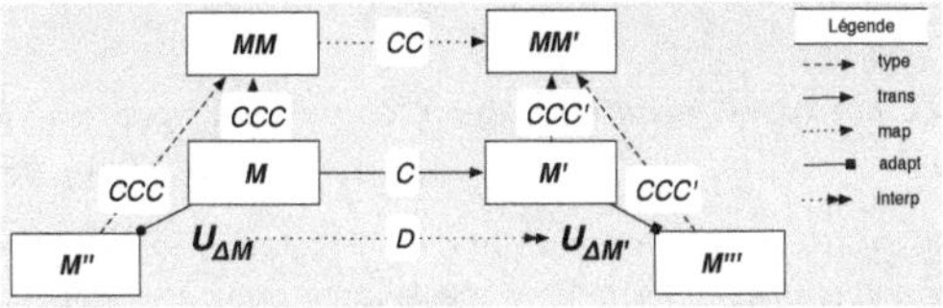

Figure 5.15 – Schématisation des relations entre les modèles et les méta-modèles.

Nous pouvons réécrire la relation de correspondance comme : $\mathcal{CC} \subseteq (\mathcal{M}^\Theta \times \mathcal{M}'^\Theta) \cup (\mathcal{M}^\Psi \times \mathcal{M}'^\Psi)$. Celle-ci décrit le *mapping* par des relations entre les opérations qui mettent à jour les types. Dans la Figure 5.16, les règles de correspondance *R16* et *R17* décrivent la manière selon laquelle un composant contenu dans un composite SCA ($cons(Collaboration, Participant) = Contain$) correspond à un participant contenu dans une collaboration BPMN ($cons(Composite, Component) = Contain$). Nous pouvons les réécrire comme :

$$(Collaboration, Composite), (Participant, Component), (Contain, Contain) \in \mathcal{CC}.$$

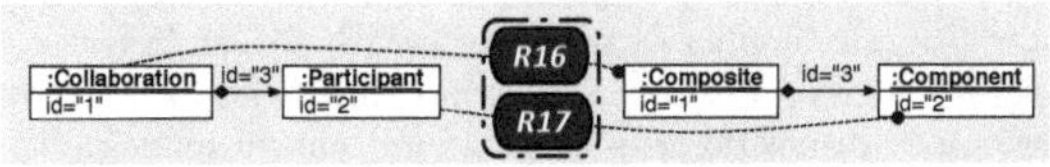

Figure 5.16 – Schématisation de quelques règles de correspondance simples.

Le *mapping* de chacun des types s'écrit alors comme :

$$\begin{aligned} map(Collaboration) &= Composite \\ map(Participant) &= Component \\ map(Contain) &= Contain. \end{aligned}$$

Ainsi, chaque triplet composé de deux nœuds (σ et σ') dont les types sont *Collaboration* et *Participant* et un arc (ω) dont le type est *Contain* reliant les deux nœuds – qui appartiennent à la relation de correction structurelle du modèle $\mathcal{M}$ ($(\sigma, \omega, \sigma') \in \mathcal{M}^\Xi$) – être transformé en un

57. $\mathcal{M}^\Xi = \{(\sigma, \omega, \sigma') \in (\mathcal{M}^\Sigma \times \mathcal{M}^\Omega \times \mathcal{M}^\Sigma) \mid typ(\omega) = cons(typ(\sigma), typ(\sigma')) \wedge sour(\omega) = \sigma \wedge tar(\omega) = \sigma'\}$, la fonction assignant les types aux éléments est $typ : \mathcal{M}^\Sigma \rightarrow \mathcal{M}^\Theta, \mathcal{M}^\Omega \rightarrow \mathcal{M}^\Psi$.

triplet qui préserve la correction structurelle du graphe $\mathcal{M}'$. Par conséquent, il doit exister un triplet $(\sigma'', \omega', \sigma''') \in \mathcal{M}'^{\Xi}$ comme une transformation du triplet $(\sigma, \omega, \sigma')$. Le type du nœud σ'' est $Composite$, celui de σ''' est $Component$ et le type de l'arc ω' est $Contain$. Une relation $\mathcal{M}^{\Xi} \times \mathcal{M}'^{\Xi}$ s'établit alors entre la paire de modèles. Cette relation de consistance entre les triplets tels que $trans(\sigma) = \sigma''$, $trans(\sigma) = \sigma''$ et $trans(\omega) = \omega''$, signifie aussi que $(\sigma, \sigma''), (\sigma', \sigma'''), (\omega, \omega') \in \mathcal{C}$. Ainsi, nous pouvons interpréter les opérations sur un triplet $(\sigma, \omega, \sigma')$ dans le modèle source en des opérations sur un triplet $(\sigma'', \omega', \sigma''')$ dans le modèle cible.

Par exemple, la séquence suivante :

$$update(\sigma, typ, Collaboration), update(\sigma', typ, Participant), update(\omega, typ, Contain), \\ update(\omega, sour, \sigma), update(\omega, tar, \sigma'),$$

est interprétée en :

$$update(\sigma'', typ, Composite), update(\sigma''', typ, Component), update(\omega', typ, Contain), \\ update(\omega', sour, \sigma''), update(\omega', tar, \sigma''').$$

En faisant la distinction entre une opération sur le modèle source et une opération sur le modèle cible, nous pouvons utiliser les mêmes identifiants pour les éléments des graphes source et cible. Les opérations sur un triplet $(\sigma, \omega, \sigma')$ dans le graphe source sont alors distinctes des opérations sur un triplet $(\sigma, \omega, \sigma')$ dans le graphe cible. Ce qui reviendrait à interpréter les types des éléments en des types correspondants. Par exemple, $update(\sigma, typ, Collaboration)$ est interprétée en $update(\sigma, typ, Composite)$.

5.3.3 Algorithme d'interprétation des opérations de changement

A priori, l'interprétation est simple pour les règles qui transforment un type source en un ou plusieurs autres types cibles. Toutefois, cela est bien plus complexe pour les cas de correspondance avec des patrons. Rappelons que notre *mapping* comporte des indications sur les particularités des patrons structurels entre les types des éléments. Par exemple, nous ne transformons que les flux de messages initiateurs entre deux participants BPMN en des liens entre deux composants SCA. En particulier, ce sont les flux de séquence entre les tâches BPMN placées sur des lignes différentes qui sont transformés en flux de messages BPMN. Ainsi, la transformation des structures entre les modèles source et cible ne se base pas simplement sur la correspondance entre les types, mais aussi sur la disposition des éléments au sein du modèle. Par conséquent, nous détectons les opérations de mise à jour des propriétés des éléments. Les propriétés sont données par les fonctions ($sour$, tar et ind) qui sont définies pour les arcs ou les nœuds. Donc, pour détecter un patron structurel, nous cherchons une séquence d'opérations ($update$).

À titre d'exemple, la règle *R20* de la Figure 5.17, qui à chaque tâche BPMN initiatrice – source d'un flux de message – fait correspondre une référence SCA, nous devons vérifier l'existence des opérations $update(\sigma, type, Task)$, $update(\sigma, ind, Initial)$ et $update(\omega, sour, \sigma)$. Il s'agit de la mise à jour de l'indice d'un nœud dont le type est une tâche BPMN. Par ailleurs, la règle *R10* de la Figure 5.17, qui à chaque flux de séquence BPMN (*SequenceFlow*) – entre deux lignes – fait correspondre un flot de message, est exprimée par une séquence sur le modèle source :

$$update(\sigma, typ, SequenceFlow), update(\sigma', typ, Task), update(\omega, typ, Source), \\ update(\omega, sour, \sigma'), update(\omega, tar, \sigma), update(\omega', typ, Target), update(\sigma'', typ, Task), \\ update(\omega', sour, \sigma), update(\omega', tar, \sigma'')$$

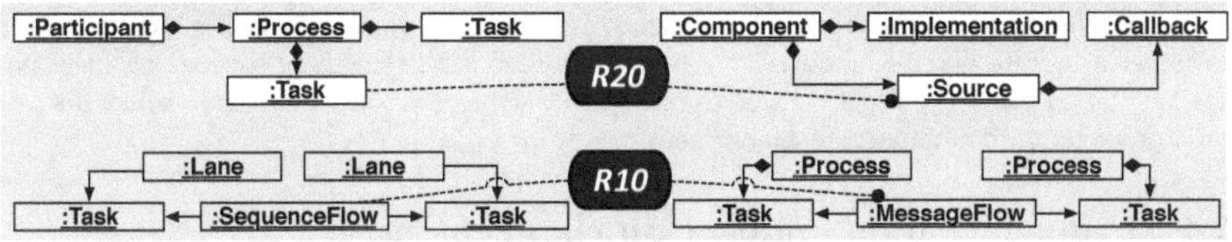

Figure 5.17 – Schématisation de quelques règles de correspondance complexes.

doit être transformée en une séquence sur le modèle cible :

$$update(\sigma, typ, MessageFlow), update(\sigma', typ, Task), update(\omega, typ, Source),$$
$$update(\omega, sour, \sigma'), update(\omega, tar, \sigma), update(\omega', typ, Target), update(\sigma'', typ, Task),$$
$$update(\omega', sour, \sigma), update(\omega', tar, \sigma'').$$

Les opérations de suppression (*destroy*) et de dissociation de propriétés (*undo*) peuvent être interprétées en tant que tel. La validité de la séquence sur le modèle source imposera nécessairement la validité de la séquence sur le modèle cible. En effet, l'interprétation fait correspondre des séquences entre les graphes sources et cibles qui sont des combinaisons d'opérations élémentaires selon le même principe énoncé dans la Section 5.2.4. Comme nous l'avons montré dans [DCG11b], il s'agit d'interpréter des opérations de changement combinées. Ceci nous ramène à l'application d'interprétation $interp : \Delta_{\mathcal{M}} \rightarrow \Delta_{\mathcal{M}'}$ qui établit une relation de synchronisation entre deux séquences d'opérations synchronisées dans $\Delta_{\mathcal{M}}$ et $\Delta_{\mathcal{M}'}$. Nous la notons $\mathcal{D}$.

[Relation de synchronisation] $\qquad \mathcal{D} : \Delta_{\mathcal{M}} \times \mathcal{P}(\Delta_{\mathcal{M}'})$

Cette relation entre les ensembles des opérations de changement représente la trace de la transformation. Il s'agit d'instances du *mapping* entre méta-modèles qui sont contenues dans la relation de correspondance $\mathcal{CC}$. Ainsi, le *mapping* du chapitre précèdent peut être réécrit par des correspondances entre séquences d'opérations élémentaires.

L'application d'interprétation est donnée dans l'Algorithme 5.4. Précisons que tous les changements sur le modèle source ne donneront pas lieu à des changements synchronisés dans le modèle cible. Par exemple, effectuer une mise à jour d'une propriété d'un éléments du modèle source, qui ne fait pas l'objet d'une règle de correspondance, n'a effectivement aucun effet sur le modèle cible. Ce sont des changements qui n'impliquent pas une synchronisation. Toutefois, si le type d'un élément est modifié et que celui-ci est impliqué dans une règle de correspondance, alors les modifications nécessitent une synchronisation.

Algorithme 5.4: Algorithme simplifié d'interprétation *interp*.

in : $U_{\Delta_{\mathcal{M}}} = \delta_1 \circ \delta_2 \circ .. \circ \delta_n$; `/* Séquence bien formée, normalisée et valide */`
out : $U_{\Delta_{\mathcal{M}'}}$; `/* Séquence synchronisée avec` $U_{\Delta_{\mathcal{M}}}$ `*/`
$U_{\Delta_{\mathcal{M}'}} := \{\}$; `/*` $\mathcal{P}(U_{\Delta_{\mathcal{M}}}) = \{U_\delta \mid U_\delta \subseteq U_{\Delta_{\mathcal{M}}}\}$ `ensemble des parties de` $U_{\Delta_{\mathcal{M}}}$ `*/`
for $U_\delta \in \mathcal{P}(U_{\Delta_{\mathcal{M}}})$ **do**
  if $(U_\delta, U_{\delta'}) \in \mathcal{D}$ **then**
    $U_{\Delta_{\mathcal{M}'}} := U_{\Delta_{\mathcal{M}'}} \cup U_{\delta'}$;

Enfin, cette interprétation fait correspondre les changements entre les modèles. Ceci constitue l'estimation de l'impact que peut avoir une évolution des modèles sources. Il reste encore à adapter le modèle cible en question avec ces changements. L'adaptation des modèles cibles peut être faite au fur et à mesure que les modifications sont appliquées sur les modèles sources, ou bien, par lots lorsque les incréments sont considérés comme une séquence d'opérations indivisible. Il s'agit de la propagation de l'impact du changement.

5.4 Propagation de l'impact du changement

Comme pour la transformation, la synchronisation doit aussi établir la relation de consistance $\mathcal{C} \subseteq \mathcal{M} \times \mathcal{M}'$ entre toute paire de modèles source $\mathcal{M}$ et cible $\mathcal{M}'$. Nous considérons qu'un outil de transformation réalise une transformation correcte en effectuant la mise en cohérence de deux modèles. Nous pouvons donner la forme générale suivante pour une application de synchronisation :

[**Application de synchronisation**] $\quad sync : \mathcal{M} \times \mathcal{M}' \times \Delta_{\mathcal{M}} \rightarrow \mathcal{M}'$ ou $\mathcal{C} \times \Delta_{\mathcal{M}} \rightarrow \mathcal{M}'$

La Figure 5.18 montre deux modèles $M \in \mathcal{M}$ et $M' \in \mathcal{M}'$ qui sont **cohérents** vis-à-vis de la relation de consistance avec $\mathcal{C}(M, M')$ tel que $tans(M) = M'$. Elle schématise aussi qu'une adaptation modifie le modèle M en un modèle $M'' \in \mathcal{M}$ avec un changement $adapt(M, U_{\Delta_{\mathcal{M}}}) = M''$ tel que $adapt(M, U_{\Delta_{\mathcal{M}}}) = M''$. De plus, elle montre que la synchronisation produit un modèle $M''' \in \mathcal{M}'$ par une adaptation de M' avec un changement $U_{\Delta_{\mathcal{M}'}}$ tel que $adapt(M', U_{\Delta_{\mathcal{M}'}}) = M'''$.

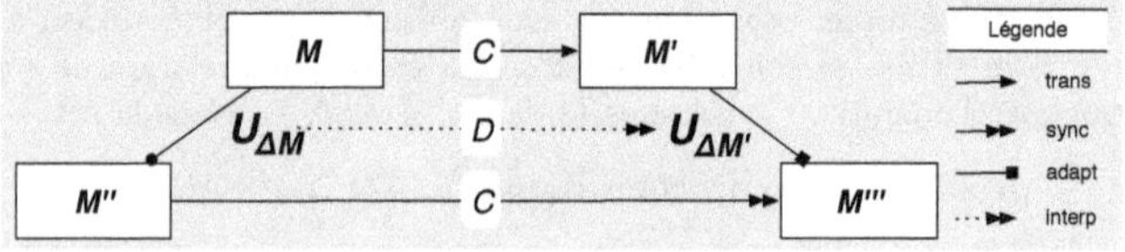

Figure 5.18 – Schématisation de l'application de synchronisation.

La synchronisation s'écrit aussi comme $sync(M, M', U_{\Delta_{\mathcal{M}}}) = adapt(M', U_{\Delta_{\mathcal{M}'}})$ avec une interprétation des changements avec $inter(U_{\Delta_{\mathcal{M}}}) = U_{\Delta_{\mathcal{M}'}}$, tel que $U_{\Delta_{\mathcal{M}}}$ et $U_{\Delta_{\mathcal{M}'}}$ sont deux changements synchronisés $\mathcal{C}(adapt(M, U_{\Delta_{\mathcal{M}}}), adapt(M', U_{\Delta_{\mathcal{M}'}}))$. Ces changements produisent des modèles cohérents tel que $\mathcal{C}(M', M''')$. Nous pouvons écrire la synchronisation comme suit :

$$\forall M \in \mathcal{M}, U_{\Delta_{\mathcal{M}}} \in \Delta_{\mathcal{M}} : sync(M, trans(M), U_{\Delta_{\mathcal{M}}}) = adapt(trans(M), interp(U_{\Delta_{\mathcal{M}}}))$$

Cette synchronisation se fait selon l'algorithme suivant :

Algorithme 5.5: Algorithme simplifié d'interprétation *sync*.

in : $M, M', U_{\Delta_{\mathcal{M}}}$;
out : M''' ;
$U_{\Delta_{\mathcal{M}'}} := interp(U_{\Delta_{\mathcal{M}}})$; /* *Séquence synchronisée avec* $U_{\Delta_{\mathcal{M}}}$ */
for $(\delta_k, \delta_l) \in U_{\Delta_{\mathcal{M}}} \times U_{\Delta_{\mathcal{M}'}} : k \in \{1..n\}$ & $l \in \{1..n'\}$ **do**
  if $\delta_k = create(\phi)$ & $\delta_l = create(\phi)$ **then**
    $\mathcal{C} := \mathcal{C} \cup \{(\phi, \phi)\}$;
  if $\delta_k = destroy(\phi)$ & $\delta_l = destroy(\phi)$ **then**
    $\mathcal{C} := \mathcal{C} \setminus \{(\phi, \phi)\}$;
$M''' := adapt(M', U_{\Delta_{\mathcal{M}'}})$; /* *Sachant que* $M'' := adapt(M, U_{\Delta_{\mathcal{M}}})$ */

L'idée de l'algorithme est de dissocier l'effort de la synchronisation incrémentale de la taille du modèle source, d'où un gain potentiel par rapport à la synchronisation différentielle. Dans la section suivante nous présentons une étude de complexité de notre approche.

5.4.1 Étude de complexité

Le but de cette étude est de démontrer que la complexité d'une synchronisation incrémentale est proportionnelle à la taille des changements du modèle cible et non à sa taille [GW09]. Comme le montre la Figure 5.19, nous considérons qu'un changement noté $U_{\Delta_\mathcal{M}}$ modifie le modèle source M en un modèle $adapt(M, U_{\Delta_\mathcal{M}})$. Dans les deux cas de synchronisation, il s'agit d'adapter le modèle source avec $adapt(trans(M), U_{\Delta_{\mathcal{M}'}})$ en calculant un changement $U_{\Delta_{\mathcal{M}'}}$.

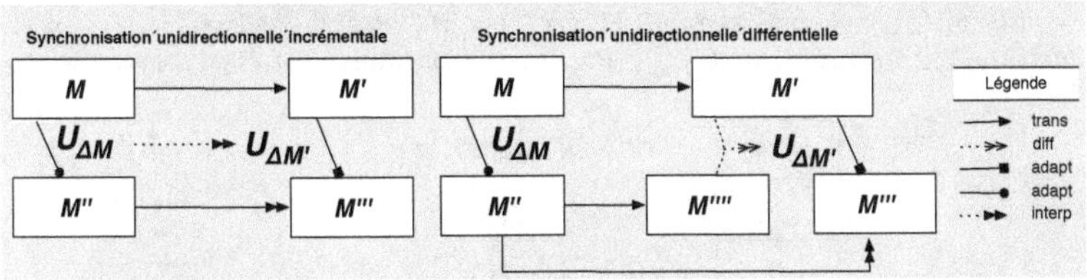

Figure 5.19 – Schématisation des synchronisations : incrémentale et différentielle.

Dans le cas de la synchronisation différentielle, il faut procéder à une transformation pour obtenir un modèle avec $trans(adapt(M, U_{\Delta_\mathcal{M}}))$ et calculer la différence entre $trans(adapt(M, U_{\Delta_\mathcal{M}}))$ et $trans(M)$ pour retrouver le changement $U_{\Delta_{\mathcal{M}'}}$. L'effort est proportionnel à $card(M)$.

Pour le cas incrémental, le changement $U_{\Delta_{\mathcal{M}'}}$ est directement obtenu à partir de $U_{\Delta_\mathcal{M}}$ par l'interprétation $interp(U_{\Delta_\mathcal{M}}) = U_{\Delta_{\mathcal{M}'}}$. Il s'agit d'une complexité de l'ordre du cardinal[58] de l'ensemble des parties de $U_{\Delta_\mathcal{M}}$:

$$card(\mathcal{P}(U_{\Delta_\mathcal{M}})) = 2^{card(U_{\Delta_\mathcal{M}})}.$$

La complexité est donc proportionnelle à $card(U_{\Delta_\mathcal{M}})$ et non $card(M)$. Si nous supposons que le nombre d'éléments du modèle est n, alors la complexité est de l'ordre de $O(log(n))$ et non de $O(n)$ comme pour le cas de la synchronisation différentielle. Cependant, la synchronisation incrémentale est efficace quand :

$$card(U_{\Delta_\mathcal{M}}) \leq card(M).$$

En effet, l'approche incrémentale est efficace lorsque l'effort d'interprétation des changements de $interp(U_{\Delta_\mathcal{M}})$ est inférieur à celui de la transformation des modèles de $trans(adapt(M, U_{\Delta_\mathcal{M}}))$. C'est bien le cas lorsque le changement du modèle source est localisé, et qu'il le modifie en partie. En réalité, si le modèle est radicalement modifié, alors il est bien plus intéressent d'effectuer une nouvelle transformation que de recourir à la synchronisation incrémentale. Ceci est la justification même de l'utilité de l'approche incrémentale par rapport à l'approche différentielle. Une validation pratique de ce postulat théorique est présentée au Chapitre 6.

58. Il s'agit de la cardinalité finie d'un ensemble E à n éléments. L'ensemble $\mathcal{P}(E)$ est fini, et a 2^n éléments.

5.5 Formalisation des propriétés de la synchronisation de modèles

Dans ce qui suit, nous formalisons les propriétés d'un outil de synchronisation unidirectionnelle entre BPMN en SCA afin qu'il puisse avoir un comportement correct. Le lecteur pourra remarquer l'utilité des différents symboles dans la simplification de la présentation.

Propriété 1 : (Uniformité) La première propriété voudrait que la synchronisation puisse établir la relation de consistance entre les paires de modèles cohérents.

$$\forall M \in \mathcal{M}, U_{\Delta_{\mathcal{M}}} \in \Delta_{\mathcal{M}} : \mathcal{C}(adapt(M, U_{\Delta_{\mathcal{M}}}), sync(M, trans(M), U_{\Delta_{\mathcal{M}}}))$$

Preuve de l'uniformité : Considérons la Figure 5.20. Sachant que si $trans(M) = M'$ on a $\mathcal{C}(M, M')$ [59] et que $sync$ produit $\mathcal{C}(M'', adapt(M', U_{\Delta_{\mathcal{M}'}}))$ puisque $M'' = adapt(M, U_{\Delta_{\mathcal{M}}})$ et $U_{\Delta_{\mathcal{M}'}} = interp(U_{\Delta_{\mathcal{M}}})$. Comme $sync(M, M', U_{\Delta_{\mathcal{M}}}) = M'''$ et $M''' = adapt(M', U_{\Delta_{\mathcal{M}'}})$, alors on a $\mathcal{C}(adapt(M, U_{\Delta_{\mathcal{M}}}), sync(M, M', U_{\Delta_{\mathcal{M}}}))$. Par conséquent $\mathcal{C}(adapt(M, U_{\Delta_{\mathcal{M}}}), adapt(M', U_{\Delta_{\mathcal{M}'}}))$.

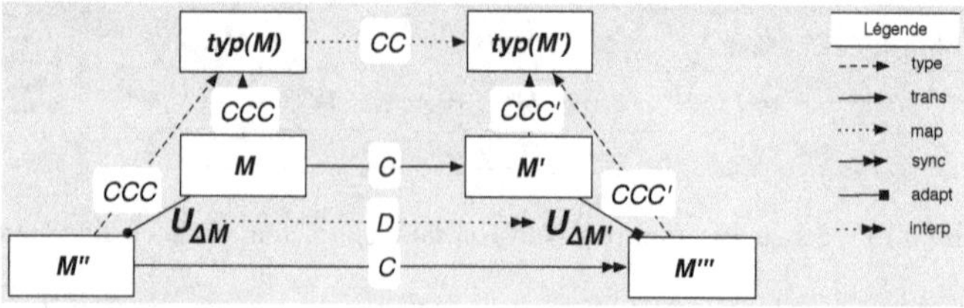

Figure 5.20 – Formalisation de la synchronisation.

Conséquence de l'uniformité : Une conséquence de la propriété d'uniformité pour $sync(M, trans(M), U_{\Delta_{\mathcal{M}}}) = adapt(trans(M), interp(U_{\Delta_{\mathcal{M}}}))$ est que :

$$\forall M \in \mathcal{M}, U_{\Delta_{\mathcal{M}}} \in \Delta_{\mathcal{M}} : \mathcal{C}(adapt(M, U_{\Delta_{\mathcal{M}}}), sync(M, trans(M), U_{\Delta_{\mathcal{M}}})) \Rightarrow \mathcal{C}(adapt(M, U_{\Delta_{\mathcal{M}}}), adapt(trans(M), interp(U_{\Delta_{\mathcal{M}}}))$$

Ceci est bien l'objectif de notre application de synchronisation. Il signifie que la synchronisation produit deux modèles cohérents a partir d'une paire de modèle cohérents. Comme nous l'avons formalisé au chapitre précédent, notre chaîne de transformation est constituée de deux applications entre modèles endogènes (BPMN-BPMN) et modèles exogènes (BPMN-SCA). Nous lui avons donné la forme :

$$trans_s : \mathcal{M}_s \multimap \mathcal{M}_t.$$

Il s'agit d'une application composée $trans_s = trans_t \circ trans_i$. La fonction $trans_i$ transforme un modèle BPMN source de $\mathcal{M}_s$ en un modèle BPMN intermédiaire dans $\mathcal{M}_i$. La fonction $trans_t$ transforme le modèle BPMN intermédiaire en un modèle SCA cible dans $\mathcal{M}_t$. Ces fonctions sont :

$$trans_i : \mathcal{M}_s \multimap \mathcal{M}_i \text{ et } trans_t : \mathcal{M}_i \multimap \mathcal{M}_t.$$

Ensuite, nous avons défini les propriétés d'une « transformation correcte » par le fait qu'elle doit être déterministe, valide, stable, autonome et idempotente.

59. Rappelons que la relation de consistance est : $\mathcal{C} \subseteq \mathcal{M} \times \mathcal{M}'$.

D'une manière similaire, nous pouvons écrire la synchronisation BPMN-BPMN-SCA comme :

$$sync_s : \mathcal{M}_s \times \mathcal{M}_t \times \Delta_{\mathcal{M}_s} \rightarrow \mathcal{M}_t.$$

La synchronisation BPMN-BPMN peut être écrite comme :

$$sync_i : \mathcal{M}_s \times \mathcal{M}_i \times \Delta_{\mathcal{M}_s} \rightarrow \mathcal{M}_i.$$

La synchronisation BPMN-SCA peut être écrite comme :

$$sync_t : \mathcal{M}_i \times \mathcal{M}_t \times \Delta_{\mathcal{M}_i} \rightarrow \mathcal{M}_t.$$

De même, nous pouvons composer les applications d'interprétation entre les changements BPMN-BPMN et BPMN-SCA comme :

$$interp_s : \Delta_{\mathcal{M}_s} \rightarrow \Delta_{\mathcal{M}_t} \text{ tel que } interp_s = interp_t \circ interp_i,$$
$$interp_i : \Delta_{\mathcal{M}_s} \rightarrow \Delta_{\mathcal{M}_i} \text{ et } interp_t : \Delta_{\mathcal{M}_i} \rightarrow \Delta_{\mathcal{M}_t}.$$

Ces fonctions sont schématisées dans la Figure 5.21. Pour distinguer les différentes adaptations des modèles, nous utilisons les fonctions :

$$adapt_s : \mathcal{M}_s \times \Delta_{\mathcal{M}_s} \rightarrow \mathcal{M}_s,\ adapt_i : \mathcal{M}_i \times \Delta_{\mathcal{M}_i} \rightarrow \mathcal{M}_i \text{ et } adapt_t : \mathcal{M}_t \times \Delta_{\mathcal{M}_t} \rightarrow \mathcal{M}_t$$

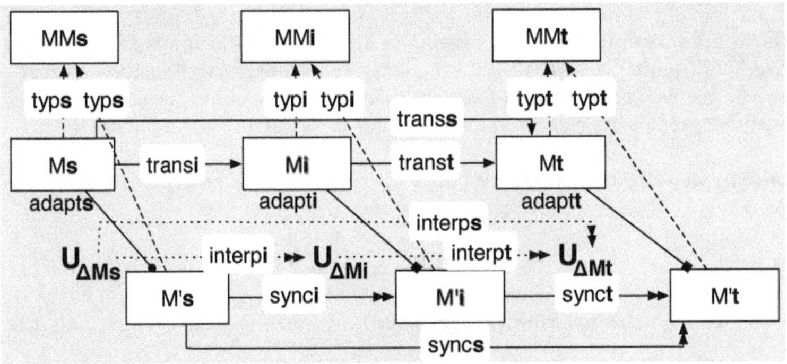

Figure 5.21 – Schématisation des fonctions de notre chaîne de synchronisation.

La propriété d'uniformité pour la synchronisation $sync_s$ est définie comme suit :

Définition 17 (Synchronisation uniforme) *La synchronisation $sync_s$ est dite uniforme si*

$$\forall M \in \mathcal{M}_s, U_{\Delta_\mathcal{M}} \in \Delta_{\mathcal{M}_s} : \mathcal{C}_s(adapt_s(M, U_{\Delta_\mathcal{M}}), sync_s(M, trans_s(M), U_{\Delta_\mathcal{M}})) \Leftarrow$$
$$\mathcal{C}_i(adapt_s(M, U_{\Delta_\mathcal{M}}), sync_i(M, trans_i(M), U_{\Delta_\mathcal{M}})) \wedge$$
$$\mathcal{C}_t(sync_i(M, trans_i(M), U_{\Delta_\mathcal{M}}), sync_t(trans_i(M), trans_s(M), interp_i(U_{\Delta_\mathcal{M}})))$$

La Figure 5.22 schématise les relations de consistance $\mathcal{C}_s = \{(M, M'') \in \mathcal{M}_s \times \mathcal{M}_t \mid \exists M' \in \mathcal{M}_i / \mathcal{C}_i(M, M') \wedge \mathcal{C}_t(M', M'')\}$, $\mathcal{C}_t \subseteq \mathcal{M}_i \times \mathcal{M}_t$ et $\mathcal{C}_i \subseteq \mathcal{M}_s \times \mathcal{M}_i$.

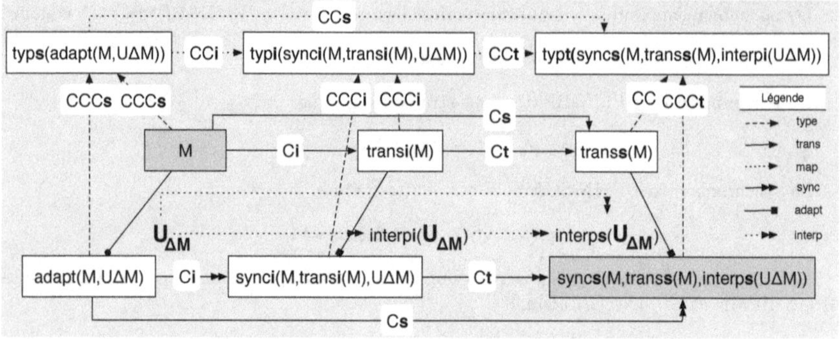

Figure 5.22 – Formalisation de la chaîne de synchronisation.

Propriété 2 : (Déterminisme) La deuxième propriété préconise un comportement déterministe pour une synchronisation, qui doit établir la relation de correspondance.

$$\forall M \in \mathcal{M}, U_{\Delta_\mathcal{M}} \in \Delta_\mathcal{M} : \mathcal{CC}(typ \circ adapt(M, U_{\Delta_\mathcal{M}}), typ \circ sync(M, trans(M), U_{\Delta_\mathcal{M}})))$$

Preuve du déterminisme : Considérons la Figure 5.20. Sachant que $M' = trans(M)$ on a la relation[60] $\mathcal{CC}(typ(M), typ(M'))$. Si la synchronisation est exécutée telle que $sync(M, M', U_{\Delta_\mathcal{M}}) = M'''$, on sait que par construction la fonction *interp* établit la relation de correspondance $\mathcal{CC}$ et que l'adaption produit des modèles conformes, alors on a bien $\mathcal{CC}(typ(M''), typ(M'''))$.

Conséquence du déterminisme : Une conséquence de la propriété du déterminisme de $sync(M, trans(M), U_{\Delta_\mathcal{M}}) = adapt(trans(M), interp(U_{\Delta_\mathcal{M}}))$ est que :

$$\forall M \in \mathcal{M}, U_{\Delta_\mathcal{M}} \in \Delta_\mathcal{M} : \mathcal{CC}(typ \circ adapt(M, U_{\Delta_\mathcal{M}}), typ \circ adapt(trans(M), interp(U_{\Delta_\mathcal{M}})))$$

Définition 18 (Synchronisation déterministe) *La synchronisation*[61] $sync_s$ *est dite déterministe si*

$$\begin{aligned} &\forall M \in \mathcal{M}_s, U_{\Delta_\mathcal{M}} \in \Delta_{\mathcal{M}_s} : \\ &\mathcal{CC}_s(typ_s \circ adapt_s(M, U_{\Delta_\mathcal{M}}), typ_t \circ sync_s(M, trans_s(M), U_{\Delta_\mathcal{M}})) \Leftarrow \\ &\mathcal{CC}_i(typ_s \circ adapt_s(M, U_{\Delta_\mathcal{M}}), typ_i \circ sync_i(M, trans_i(M), U_{\Delta_\mathcal{M}}))\wedge \\ &\mathcal{CC}_t(typ_i \circ sync_i(M, trans_i(M), U_{\Delta_\mathcal{M}}), typ_t \circ sync_t(trans_i(M), trans_s(M), interp_i(U_{\Delta_\mathcal{M}}))) \end{aligned}$$

Propriété 3 : (Validité) Cette propriété énonce le fait que la synchronisation est dépendante des langages utilisés. Elle suggère que tout modèle obtenu par synchronisation est conforme à son méta-modèle avec la relation de conformité $\mathcal{CCC}' \subseteq \mathcal{M}' \times \mathcal{MM}'$.

$$\forall M \in \mathcal{M}, U_{\Delta_\mathcal{M}} \in \Delta_\mathcal{M} : \mathcal{CCC}'(sync(M, trans(M), U_{\Delta_\mathcal{M}}), typ \circ sync(M, trans(M), U_{\Delta_\mathcal{M}}))$$

60. La relation de correspondance est : $\mathcal{CC} \subseteq \mathcal{MM} \times \mathcal{MM}'$ et l'application de conformité est $typ : \mathcal{M} \rightarrow \mathcal{MM}$.
61. Rappelons que $\mathcal{CCC}_s \subseteq \mathcal{M}_s \times \mathcal{MM}_s$, $\mathcal{CCC}_i \subseteq \mathcal{M}_i \times \mathcal{MM}_s$ et $\mathcal{CCC}_t \subseteq \mathcal{M}_t \times \mathcal{MM}_t$.

Preuve de la validité : Reprenons la Figure 5.20. Sachant que si le modèle source est conforme à son méta-modèle $\mathcal{CCC}(M, typ(M))$ et que $trans(M) = M'$, alors on a bien $\mathcal{CCC}'(M', typ(M'))$. De plus, *sync* produit un changement $U_{\Delta_{\mathcal{M}'}}$ valide tel que $\mathcal{CCC}'(M''', typ(M'''))$ si $U_{\Delta_{\mathcal{M}}}$ est un changement valide tel que $\mathcal{CCC}(M'', typ(M''))$. Puisque $\mathcal{CCC}(adapt(M, U_{\Delta_{\mathcal{M}}}), typ \circ adapt(M, U_{\Delta_{\mathcal{M}}}))$ et $sync(M, M', U_{\Delta_{\mathcal{M}}}) = M'''$ où $M''' = adapt(M', U_{\Delta_{\mathcal{M}'}})$, nous avons bien la relation $\mathcal{CCC}'(sync(M, M', U_{\Delta_{\mathcal{M}}}), typ \circ sync(M, M', U_{\Delta_{\mathcal{M}}}))$.

Conséquence de la validité : Une conséquence de la propriété de la validité de l'égalité $sync(M, trans(M), U_{\Delta_{\mathcal{M}}}) = adapt(trans(M), interp(U_{\Delta_{\mathcal{M}}}))$ est que :

$$\forall M \in \mathcal{M}, U_{\Delta_{\mathcal{M}}} \in \Delta_{\mathcal{M}} : \mathcal{CCC}(adapt(M, U_{\Delta_{\mathcal{M}}}), typ \circ adapt(M, U_{\Delta_{\mathcal{M}}})) \Rightarrow$$
$$\mathcal{CCC}'(adapt(trans(M), interp(U_{\Delta_{\mathcal{M}}})), typ \circ adapt(trans(M), interp(U_{\Delta_{\mathcal{M}}})))$$

Définition 19 (Synchronisation valide) *La synchronisation $sync_s$ est dite valide si*

$$\forall M \in \mathcal{M}_s, U_{\Delta_{\mathcal{M}}} \in \Delta_{\mathcal{M}_s} :$$
$$\mathcal{CCC}_s(sync_s(M, trans_s(M), U_{\Delta_{\mathcal{M}}}), typ_s \circ sync_s(M, trans_s(M), U_{\Delta_{\mathcal{M}}})) \Leftarrow$$
$$\mathcal{CCC}_i(sync_i(M, trans_i(M), U_{\Delta_{\mathcal{M}}}), typ_i \circ sync_i(M, trans_i(M), U_{\Delta_{\mathcal{M}}})) \wedge$$
$$\mathcal{CCC}_t(sync_t(trans_i(M), trans_s(M), interp_i(U_{\Delta_{\mathcal{M}}})), typ_t \circ$$
$$sync_t(trans_i(M), trans_s(M), interp_i(U_{\Delta_{\mathcal{M}}})))$$

Propriété 4 : (Stabilité) Cette propriété statue sur l'innocuité de la synchronisation. Elle signifie que si le modèle source n'est pas modifié, alors la synchronisation ne doit pas modifier le modèle cible. L'intérêt est d'éviter que l'outil de synchronisation ne modifie les modèles à l'insu des designers.

$$\forall M, M' \in \mathcal{M}, U_{\Delta_{\mathcal{M}}} \in \Delta_{\mathcal{M}} : M = M' \Rightarrow$$
$$sync(M, trans(M), U_{\Delta_{\mathcal{M}}}) = sync(M', trans(M'), U_{\Delta_{\mathcal{M}}})$$

Preuve de la stabilité : L'égalité $M = M'$ peut être réécrite en $adapt(M, U_{\Delta_{\mathcal{M}}}) = M'$ tel que $U_{\Delta_{\mathcal{M}}} = \emptyset$. On a $interp(U_{\Delta_{\mathcal{M}}}) = U_{\Delta_{\mathcal{M}}}$ si $interp(\emptyset) = \emptyset$, alors la synchronisation $sync(M, trans(M), U_{\Delta_{\mathcal{M}}}) = sync(adapt(M, U_{\Delta_{\mathcal{M}}}), trans(adapt(M, U_{\Delta_{\mathcal{M}}})), U_{\Delta_{\mathcal{M}}})$. On a bien $sync(M, trans(M), U_{\Delta_{\mathcal{M}}}) = sync(M', trans(M'), U_{\Delta_{\mathcal{M}}})$.

Conséquence de la stabilité : La conséquence de cette propriété est que comme nous avons $interp(U_{\Delta_{\mathcal{M}}}) = U_{\Delta_{\mathcal{M}}}$ et que la synchronisation est équivalente à une adaptation avec l'égalité $sync(M, trans(M), U_{\Delta_{\mathcal{M}}}) = adapt(trans(M), interp(U_{\Delta_{\mathcal{M}}}))$, on a :

$$\forall M, M' \in \mathcal{M}, U_{\Delta_{\mathcal{M}}} \in \Delta_{\mathcal{M}} : M = M' \Rightarrow$$
$$adapt(trans(M), interp(U_{\Delta_{\mathcal{M}}})) = adapt(trans(M'), interp(U_{\Delta_{\mathcal{M}}}))$$
$$\text{et comme } U_{\Delta_{\mathcal{M}}} = \emptyset \Rightarrow trans(M) = trans(M')$$

Définition 20 (Synchronisation stable) *La synchronisation $sync_s$ est dite stable si*

$$\forall M, M' \in \mathcal{M}_s, U_{\Delta_{\mathcal{M}}} \in \Delta_{\mathcal{M}_s} : M = M' \Rightarrow$$
$$sync_s(M, trans_s(M), U_{\Delta_{\mathcal{M}}}) = sync_s(M', trans_s(M'), U_{\Delta_{\mathcal{M}}}) \wedge$$
$$sync_i(M, trans_i(M), U_{\Delta_{\mathcal{M}}}) = sync_i(M', trans_i(M'), U_{\Delta_{\mathcal{M}}}) \wedge$$
$$sync_t(trans_i(M), trans_s(M), U_{\Delta_{\mathcal{M}}}) = sync_t(trans_i(M'), trans_s(M'), U_{\Delta_{\mathcal{M}}})$$

Propriété 5 : (Autonomie) Cette propriété résume l'indépendance des synchronisations vis-à-vis de l'historique des exécutions précédentes.

$$\begin{aligned} \forall M, M' \in \mathcal{M} \mid M \cap M' = \emptyset, U_{\Delta_\mathcal{M}} \in \Delta_\mathcal{M} : \\ sync(M \cup M', trans(M \cup M'), U_{\Delta_\mathcal{M}}) = \\ sync(M, tans(M), U_{\Delta_\mathcal{M}}) \cup sync(M', trans(M'), U_{\Delta_\mathcal{M}}) \end{aligned}$$

Preuve de l'autonomie : Notre synchronisation se base sur une interprétation des opérations élémentaires valides et non des modèles. Cela veut dire que si les modèles sont disjoints, alors elle produira des changements sur des modèles disjoints. Nous savons que l'adaptation préserve la conformité :

$trans(M \cup M') = trans(M) \cup trans(M')$ et que $adapt(trans(M \cup M'), interp(U_{\Delta_\mathcal{M}})) = adapt(trans(M), interp(U_{\Delta_\mathcal{M}})) \cup adapt(trans(M'), interp(U_{\Delta_\mathcal{M}}))$.

Nous avons donc la propriété précédente, sachant que

$$sync(M, trans(M), U_{\Delta_\mathcal{M}}) = adapt(trans(M), interp(U_{\Delta_\mathcal{M}})).$$

Conséquence de l'autonomie : Une conséquence de la propriété d'autonomie de l'égalité $sync(M, trans(M), U_{\Delta_\mathcal{M}}) = adapt(trans(M), interp(U_{\Delta_\mathcal{M}}))$ est que :

$$\begin{aligned} \forall M, M' \in \mathcal{M} \mid M \cap M' = \emptyset, U_{\Delta_\mathcal{M}} \in \Delta_\mathcal{M} : \\ adapt(trans(M \cup M'), interp(U_{\Delta_\mathcal{M}})) = \\ adapt(trans(M), interp(U_{\Delta_\mathcal{M}})) \cup adapt(trans(M), interp(U_{\Delta_\mathcal{M}})) \end{aligned}$$

Définition 21 (Synchronisation autonome) *La synchronisation $sync_s$ est autonome si*

$$\begin{aligned} \forall M, M' \in \mathcal{M}_s \mid M \cap M' = \emptyset, U_{\Delta_\mathcal{M}} \in \Delta_{\mathcal{M}_s} : \\ sync_s(M \cup M', trans_s(M \cup M'), U_{\Delta_\mathcal{M}}) = \\ sync_s(M, tans_s(M), U_{\Delta_\mathcal{M}}) \cup sync_s(M', trans_s(M'), U_{\Delta_\mathcal{M}}) \end{aligned}$$

Propriété 6 : (Idempotence) Cette propriété signifie qu'une transformation a le même effet qu'on l'applique une ou plusieurs fois sur le même modèle source. Si le modèle n'est pas modifié ou que la modification n'implique pas de changements synchronisés alors le modèle cible ne doit pas être modifié. Il s'agit d'une conséquence directe des propriétés de stabilité et d'autonomie.

$$\begin{aligned} \forall M \in \mathcal{M}, U_{\Delta_\mathcal{M}}, U'_{\Delta_\mathcal{M}} \in \Delta_\mathcal{M} \mid U_{\Delta_\mathcal{M}} \neq U'_{\Delta_\mathcal{M}} \ \textbf{(indépendents)} : \\ sync(M, trans(M), U_{\Delta_\mathcal{M}} \cup U'_{\Delta_\mathcal{M}}) = sync(M, trans(M), U_{\Delta_\mathcal{M}}) \Rightarrow \\ sync(M, trans(M), U'_{\Delta_\mathcal{M}}) = trans(M) \end{aligned}$$

Preuve de l'idempotence : La synchronisation est une interprétation des séquences bien formées d'opérations élémentaires. En effet, les conditions d'application que nous avons ne permettent pas que la même opération puisse être répliquée deux fois. Cela peut être démontré par le fait que $adapt(adapt(M, U_{\Delta_\mathcal{M}}), U_{\Delta_\mathcal{M}}) = adapt(M, U_{\Delta_\mathcal{M}})$. Le principe d'idempotence de l'application d'adaptation *adapt* provient du fait que nos opérations élémentaires de changement sont idempotentes par construction. Leurs pré-conditions évitent la duplication de leur application au même modèle.

Conséquence de l'idempotence : L'idempotence implique deux conséquences très intéressantes que l'on pourrait résumer en une propriété de « préservation ». Admettons qu'un modèle source soit modifié et qu'il soit synchronisé avec son modèle cible. Ensuite, si le même modèle est modifié à nouveau et est synchronisé une seconde fois, alors le résultat de la synchronisation devrait être le même, comme si les deux modifications auraient étés appliquées en une seule fois.

$$\begin{aligned}\forall M, M' \in \mathcal{M}, U_{\Delta_\mathcal{M}} \in \Delta_\mathcal{M}, U_{\Delta_{\mathcal{M}'}} \in \Delta_{\mathcal{M}'} \mid M \cap M' = \emptyset :\\ sync(M \cup M', trans(M \cup M'), U_{\Delta_\mathcal{M}} \cup U_{\Delta_{\mathcal{M}'}}) =\\ sync(M, tans(M), U_{\Delta_\mathcal{M}}) \cup sync(M', trans(M'), U_{\Delta_{\mathcal{M}'}})\end{aligned}$$

Ceci est due au fait que les changements sont indépendants[62], et nous pouvons écrire[63] :

$$\begin{aligned}\forall M \in \mathcal{M}, U_{\Delta_\mathcal{M}}, U'_{\Delta_\mathcal{M}} \in \Delta_\mathcal{M} \mid U_{\Delta_\mathcal{M}} \neq U'_{\Delta_\mathcal{M}} \textbf{ (indépendents)} :\\ sync(M, trans(M), U_{\Delta_\mathcal{M}} \cup U'_{\Delta_\mathcal{M}}) =\\ adapt(trans(M), interp(U_{\Delta_\mathcal{M}} \cup U'_{\Delta_\mathcal{M}})) =\\ adapt(trans(M), interp(U_{\Delta_\mathcal{M}})) \cup adapt(trans(M), interp(U'_{\Delta_\mathcal{M}}))\end{aligned}$$

Par conséquent, si $interp(U_{\Delta_\mathcal{M}})$ est déjà appliqué à $trans(M)$, alors refaire à nouveau $adapt(tans(M), interp(U_{\Delta_\mathcal{M}}))$ n'aura aucun effet. Les mêmes opérations de changements ne peuvent être appliquées deux fois. Ainsi, la préservation signifie qu'une synchronisation conservera toujours l'effet d'une synchronisation précédente. Cependant, une synchronisation peut défaire le changement antérieur, à condition qu'elle ne propage que des opérations inverses. Ceci, ne contredit pas le principe de conservation puisqu'il s'agit d'un comportement escompté de la synchronisation. Il s'agit de défaire et d'annuler l'effet d'une synchronisation précédente.

Définition 22 (Synchronisation idempotente) *La synchronisation $sync_s$ est idempotente si*

$$\begin{aligned}\forall M \in \mathcal{M}_s, U_{\Delta_{\mathcal{M}_s}}, U'_{\Delta_{\mathcal{M}_s}} \in \Delta_{\mathcal{M}_s} \mid U_{\Delta_{\mathcal{M}_s}} \neq U'_{\Delta_{\mathcal{M}_s}} \textit{ (indépendents)} :\\ sync_s(M, trans_s(M), U_{\Delta_{\mathcal{M}_s}} \cup U'_{\Delta_{\mathcal{M}_s}}) = sync_s(M, trans_s(M), U_{\Delta_{\mathcal{M}_s}}) \Rightarrow\\ sync_s(M, trans_s(M), U'_{\Delta_{\mathcal{M}_s}}) = \emptyset\\ \wedge sync_i(M, trans_i(M), U'_{\Delta_{\mathcal{M}_s}}) = \emptyset\\ \wedge sync_t(trans_i(M), trans_s(M), interp_i(U'_{\Delta_{\mathcal{M}_s}})) = \emptyset\end{aligned}$$

L'idempotence ne doit pas être confondue avec une « composition verticale » des synchronisations qui est schématisée dans la Figure 5.23. En effet, cette composition verticale est différente de notre fonction $sync_s$.

Notre application composée $sync_s$ est plutôt une « composition horizontale » des synchronisations $sync_i$ et $sync_t$. La « composition verticale » prend cependant la forme suivante :

$$\begin{aligned}\forall M \in \mathcal{M}, U_{\Delta_\mathcal{M}}, U'_{\Delta_\mathcal{M}} \in \Delta_\mathcal{M} : sync(adapt(M, U_{\Delta_\mathcal{M}}), sync(M, trans(M), U_{\Delta_\mathcal{M}}), U'_{\Delta_\mathcal{M}}) =\\ sync(adapt(M, U_{\Delta_\mathcal{M}}), adapt(trans(M), interp(U_{\Delta_\mathcal{M}})), U'_{\Delta_\mathcal{M}}) =\\ adapt(trans(adapt(M, U_{\Delta_\mathcal{M}})), interp(U'_{\Delta_\mathcal{M}}))\end{aligned}$$

62. Avec l'hypothèse : $trans(M \cup M') = trans(M) \cup trans(M')$.
63. Nous savons que par construction : $interp(U_{\Delta_\mathcal{M}} \cup U'_{\Delta_\mathcal{M}}) = interp(U_{\Delta_\mathcal{M}}) \cup interp(U'_{\Delta_\mathcal{M}})$.

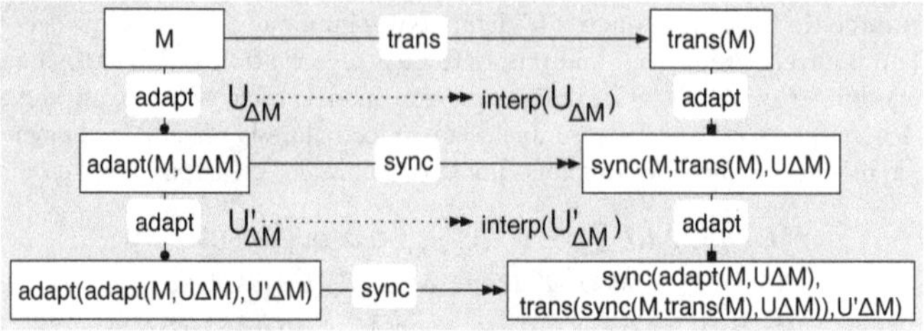

Figure 5.23 – Schématisation de la composition de la synchronisation.

Par ailleurs, si nous remplaçons $sync(M, trans(M), U_{\Delta_\mathcal{M}})$ dans toutes les définitions précédentes par $adapt(trans(M), interp(U_{\Delta_\mathcal{M}}))$, alors cela nous ramènerait exactement aux définitions d'une « transformation correcte » (du chapitre précèdent). Enfin, nous définissons une « synchronisation incrémentale correcte » dans la Définition 23.

Définition 23 (Synchronisation incrémentale correcte) *La synchronisation est correcte si elle est uniforme, déterministe, valide, stable, autonome et idempotente.*

L'énoncé de cette définition tient dans l'évidence suivante :

$$\forall M \in \mathcal{M}, U_{\Delta_\mathcal{M}} \in \Delta_\mathcal{M} : adapt(trans(M), interp(U_{\Delta_\mathcal{M}})) = trans \circ adapt(M, U_{\Delta_\mathcal{M}})$$

Ceci est un résultat très intéressant. Il confirme que « notre synchronisation est équivalente à une transformation ». Pour cela, nous énonçons le Théorème 1. La Figure 5.24 illustre le Théorème 1 qui exprime cette affirmation.

Théorème 1 (Équivalence entre synchronisation et transformation)

$$\forall M \in \mathcal{M}_s, U_{\Delta_\mathcal{M}} \in \Delta_{\mathcal{M}_s} : sync(M, trans(M), U_{\Delta_\mathcal{M}}) = trans \circ adapt(M, U_{\Delta_\mathcal{M}})$$
$$\textbf{avec } U_{\Delta_\mathcal{M}} = \emptyset \Rightarrow sync(M, trans(M), U_{\Delta_\mathcal{M}}) = trans(M)$$

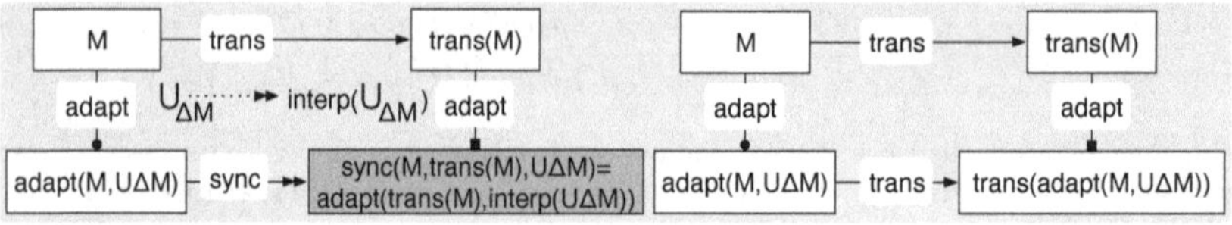

Figure 5.24 – Formalisation de l'équivalence entre synchronisation et transformation.

Preuve du Théorème 1 : Comme cela est illustré dans la Figure 5.25, supposons qu'une composition verticale existe et $\forall M \in \mathcal{M}, M' \in \mathcal{M}', U_{\Delta_\mathcal{M}}, U'_{\Delta_\mathcal{M}} \in \Delta_\mathcal{M}$:

$$\text{si } U_{\Delta_\mathcal{M}} \neq U'_{\Delta_\mathcal{M}} \text{ et puisque } sync(adapt(M, U_{\Delta_\mathcal{M}}), sync(M, trans(M), U_{\Delta_\mathcal{M}}), U'_{\Delta_\mathcal{M}}) = M'$$
$$\text{alors } adapt(trans(adapt(M, U_{\Delta_\mathcal{M}})), interp(U'_{\Delta_\mathcal{M}})) = M'$$
$$\text{comme } sync(M, trans(M), U_{\Delta_\mathcal{M}}) = trans \circ adapt(M, U_{\Delta_\mathcal{M}})$$
$$\text{alors } trans \circ adapt(adapt(M, U_{\Delta_\mathcal{M}}), U'_{\Delta_\mathcal{M}}) = M' \text{ et } trans \circ adapt(M, U_{\Delta_\mathcal{M}} \cup U'_{\Delta_\mathcal{M}}) = M'$$
$$\text{finalement } sync(M, trans(M), U_{\Delta_\mathcal{M}} \cup U'_{\Delta_\mathcal{M}}) = M'$$

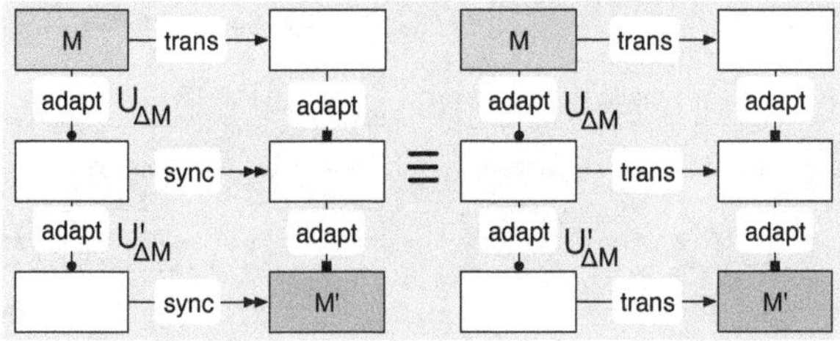

Figure 5.25 – Équivalence synchronisation / transformation pour la composition verticale.

Autrement dit, synchroniser le même modèle en deux fois avec deux changements successifs équivaut à le synchroniser avec la réunion des deux changements.

$$\forall M \in \mathcal{M}, M' \in \mathcal{M}', U_{\Delta_\mathcal{M}}, U'_{\Delta_\mathcal{M}} \in \Delta_\mathcal{M} \mid U_{\Delta_\mathcal{M}} \neq U'_{\Delta_\mathcal{M}} :$$
$$sync(adapt(M, U_{\Delta_\mathcal{M}}), sync(M, trans(M), U_{\Delta_\mathcal{M}}), U'_{\Delta_\mathcal{M}}) = sync(M, trans(M), U_{\Delta_\mathcal{M}} \cup U'_{\Delta_\mathcal{M}})$$

De cette équivalence entre la synchronisation et la transformation, nous pouvons aussi déduire la forme de notre synchronisation $sync_s$. Nous émettons pour cela le Théorème 2.

Théorème 2 (Synchronisation composée)

$$\forall M \in \mathcal{M}, U_{\Delta_\mathcal{M}} \in \Delta_\mathcal{M} : sync_s(M, trans_s(M), U_{\Delta_\mathcal{M}})) = sync_t(trans_i(M), trans_s(M), interp_i(U_{\Delta_\mathcal{M}}))$$

Preuve du Théorème 2 : Il s'agit de prouver la composition horizontale de la Figure 5.26 que $M' = trans_s \circ adapt_s(M, U_{\Delta_\mathcal{M}}) = sync_s(M, trans_s(M), U_{\Delta_\mathcal{M}})$ et que $M' = trans_t \circ adapt_i(trans_i(M), interp_i(U_{\Delta_\mathcal{M}})) = sync_t(trans_i(M), trans_s(M), interp_i(U_{\Delta_\mathcal{M}}))$.

$$\forall M \in \mathcal{M}_s, U_{\Delta_\mathcal{M}} \in \Delta_{\mathcal{M}_s} : sync_i(M, trans_i(M), U_{\Delta_\mathcal{M}}) = adapt_i(trans_i(M), interp_i(U_{\Delta_\mathcal{M}}))$$

en conséquence, on a $trans_i \circ adapt_s(M, U_{\Delta_\mathcal{M}})) = adapt_i(trans_i(M), interp_i(U_{\Delta_\mathcal{M}}))$

si l'on compose avec $trans_t$ (par la gauche), on aura :

$$trans_t \circ trans_i \circ adapt_s(M, U_{\Delta_\mathcal{M}}) = trans_t \circ adapt_i(trans_i(M), interp_i(U_{\Delta_\mathcal{M}}))$$

comme $trans_s = trans_t \circ trans_i$, on aura :

$$trans_s \circ adapt_s(M, U_{\Delta_\mathcal{M}}) = trans_t \circ adapt_i(trans_i(M), interp_i(U_{\Delta_\mathcal{M}}))$$

au final, on a $sync_s(M, trans_s(M), U_{\Delta_\mathcal{M}}) = sync_t(trans_i(M), trans_s(M), interp_i(U_{\Delta_\mathcal{M}}))$.

Grâce au Théorème 2, nous avons un corollaire très important qui dit que :

$$sync_s \neq sync_t \circ sync_i, \text{ mais plutôt, } sync_s = sync_t$$

L'importance du corollaire tient dans le fait que même si « une synchronisation est équivalente à une transformation », « notre synchronisation n'est pas pour autant exactement égale à une composition de synchronisation ». En effet, les deux synchronisations $sync_i$ et $sync_t$ sont indépendantes. La synchronisation $sync_t$ n'utilise pas le résultat de la synchronisation $sync_i$. Ainsi, elles peuvent être effectuées en parallèle. Ceci n'est pas le cas de la transformation composée, puisque pour obtenir $trans_s$, il faut effectuer dans l'ordre $trans_i$ et puis $trans_t$ avec :

$$trans_s = trans_t \circ trans_i$$

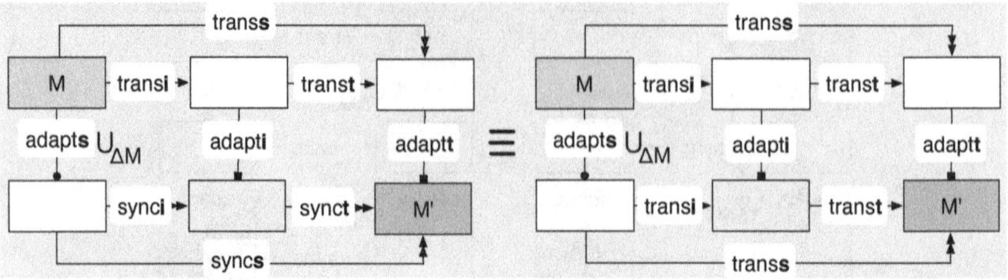

Figure 5.26 – Équivalence synchronisation / transformation pour la composition horizontale.

De ce fait la synchronisation BPMN-BPMN-SCA nous ramène à une synchronisation BPMN-SCA, à condition, toutefois, de pouvoir interpréter les opérations [DCG11b]. Nous avons montré dans les sections précédentes cette interprétation des opérations sur un modèle BPMN en des opérations sur un modèle SCA.

Par ailleurs, si nous considérons que deux modèles vides (assimilés à deux graphes vides) sont cohérents, alors construire un modèle source revient à changer un modèle source vide en un modèle conforme à son méta-modèle. Ainsi, toute transformation de ce modèle en un modèle cible est, en effet, une synchronisation de deux modèles vides par interprétation des modifications du modèle source en des modifications sur le modèle cible. Nous pouvons alors nous contenter d'un « outil de synchronisation » sans avoir recours à un « outil de transformation », puisque toutes les propriétés d'une transformation correcte sont préservées par une synchronisation correcte. Nous énonçons alors la définition suivante :

Définition 24 (Outil de synchronisation incrémentale de modèles) *Un outil de synchronisation incrémentale de modèles est un programme qui réalise la fonction de synchronisation correcte* $sync_s$ *pour générer un modèle cible.*

Par conséquent, notre outils de synchronisation est indépendant de tout outil de transformation. Néanmoins, il n'est pas indépendant de la syntaxe des langages à synchroniser (ou leur méta-modèle). Indubitablement, ceci est le cas de toute approche d'ingénierie dirigée par les modèles puisqu'il est toujours nécessaire de faire correspondre ou générer des modèles.

Grace à ce postulat, un modèle peut être vu comme un ensemble de changements non vide assimilés à une séquence bien formée et valide d'opérations élémentaires. Ainsi, la synchronisation des modèles devient une propagation de changements. L'alignement fonctionnel entre les architectures évolutives d'un SI devient alors une synchronisation des évolutions des modèles représentant ces architectures. Nous pouvons aussi animer l'évolution des architectures d'un SI en procédant à des simulations d'adaptations des différents diagrammes qui les représentent. Au final, l'alignement fonctionnel se traduit par la gouvernance des changements des architectures.

5.6 Conclusion

La démarche BPM permet de re-configurer un SI sans trop de bouleversements les processus afin de les adapter à la nouvelle donne. Dans ce chapitre, nous avons présenté un canevas pour la modélisation incrémentale des architectures d'un SI au sein d'une ingénierie dirigée par les modèles. Nous proposons une technique qui permet de documenter les choix de conception par une historisation des traces de modifications entre les générations de modèles. Celle-ci évite la perte de la traçabilité des changements au cours des synchronisation de modèles.

Notre canevas permet l'évolution des processus et la simulation de l'impact des changements fonctionnels sur les modèles de composants. Une évolution du modèle source peut être exprimée, généralement, par différents changements. Elle peut être obtenu par la simulation des modifications opérées sur les modèles qui représentent les différentes architectures. Il s'agit d'estimer l'impact des changements de la logique d'affaire sur la logique applicative en opérant une simulation lors de la modélisation. C'est une notion essentielle qui doit trouver sa place notamment dans le calcul de l'effort nécessaire pour l'adaptation de l'architecture SOA. En effet, l'évaluation de cet impact sur une architecture SOA ne nécessite pas le codage d'un prototype ou du SI cible.

Le choix effectif de l'évolution entre les différents changements du modèle cible peut être guidé par la taille des modifications. Ce qui est bien plus simple avec notre approche, puisqu'elle dépend de la taille des changements et non de la complexité des modèles. Un avantage considérable de notre synchronisation incrémentale, est qu'elle propose une solution plus directe pour trouver les changements nécessaires sur les modèles en sortie vis-à-vis des changements dans les modèles en entrée, par opposition au fait de calculer directement les modèles en sortie. Ceci est évidement une distinction importante pour un outil de modélisation. De plus, la taille du changement est sans doutes un indicateur de performance qui peut être utilisé dans la supervision des activités de l'entreprise. Notre approche se base sur trois phases (détection de l'impact, analyse de l'impact, propagation du changement) pour la conduite du changement en utilisant les langages BPMN et SCA. Ces trois phases représentent en effet les fonctionnalités d'un outil que nous présentons dans le chapitre suivant.

Enfin, il existe des inconvénients à notre approche. Premièrement, comme toute approche incrémentale, elle nécessite de maintenir un « contexte d'exécution » de la transformation. Deuxièmement, à ce stade de nos travaux, il est nécessaire d'énoncer le *mapping* comme des règles d'interprétation entre des opérations au lieu de le faire avec des règles de correspondance entre les méta-modèles. Dans certains cas, ceci peut demander un effort considérable. Toutefois, nous sommes convaincus qu'à l'aide d'un langage graphique adéquat – avec une sémantique événementielle qui reste à définir – notre approche sera bien plus flexible que les techniques issues de QVT. En effet, ces dernières n'offrent qu'une sémantique statique. S'agissant d'exprimer des règles de correspondance entre des états de modèles, elles occultent toute la sémantique exprimant la construction de ces états. Avec notre approche, il est possible de définir un *mapping* selon la manière dont le modèle source est construit en faisant appel à l'ordre d'apparition des opérations dans une séquence de changement.

6 Outillage pour l'alignement architectural et fonctionnel

Ce chapitre décrit la mise en œuvre de notre outil pour la propagation du changement entre les architectures d'un SI (système informatique). Cet outil est intégré à un environnement de modélisation BPMN. Il permet de faire évoluer des modèles de processus métiers et de propager les changements à des modèles SCA. Les modèles SCA que nous utilisons peuvent servir de base pour la mise en œuvre d'un SI selon le style d'architecture SOA (architecture orientée services). Cet outillage permet de justifier le bien fondé et la faisabilité des actions évolutives ou correctives de l'architecture des processus métiers en simulant l'impact qu'elles engendrent sur l'architecture fonctionnelle et applicative.

6.1 Introduction

Dans les chapitres précédents, nous avons présenté notre approche d'ingénierie logicielle itérative qui se base sur la synchronisation incrémentale. La synchronisation incrémentale propage les changement BPMN en des changements sur les modèles SCA. Néanmoins, pour déterminer les modifications les plus appropriées à apporter aux modèles, il est nécessaire de procéder à des simulations de la propagation du changement et d'évaluer l'impact des différentes modifications entre les générations de modèles (« prévus » et « en cible »). Par exemple, comme cela est illustré dans la Figure 6.1, il existe trois alternatives de modélisation (artéfacts BPNM grisés) pour réaliser l'évolution de la procédure de commercialisation au détail : ajouter le processus de contrôle qualité des produits après leur fourniture (*génération A*), après la préparation de la commande (*génération B*), ou les deux situations (*génération C*). Les alternatives provoquent des impacts différents sur l'architecture applicative (zones délimitées par les traits interrompus).

Dans la *génération en cible A*, nous introduisons une interaction entre les processus de « contrôle » et d'« inventaire » en ajoutant une tâche de validation. Ceci se traduit par l'ajout des contrats de service et d'un connecteur entre les composants « contrôleur » et « magasinier ». Dans l'alternative de la *génération en cible B*, la validation est faite pendant l'« emballage », ce qui nécessite le rajout de la dépendance entre les service applicatif du « contrôleur » et de l'« emballeur ». Enfin, dans la *génération en cible C*, la combinaison des deux situations a un impact qui associe les trois composants de la configuration. Selon notre *mapping* [DCG11a], ces trois choix de conception BPMN ont trois impact différents sur la configuration SCA.

Notre troisième contribution consiste à proposer les moyens pour simuler et évaluer la propagation des changements. Notre objectif n'est pas de trouver la meilleure alternative pour faire évoluer les modèles, mais de pouvoir visualiser la propagation du changement entre les diagrammes. Assurément, la décision sur le choix effectif à prendre entre deux versions de modèles revient aux designers. En général, elle est influencée par les exigences de la logique métier, mais aussi par l'effort nécessaire pour maintenir la solution déployée. Cet effort dépend de la complexité et de la taille des changements. Il est donc nécessaire de disposer de « mesures » pour évaluer l'impact du changement des processus métiers sur les architectures SOA.

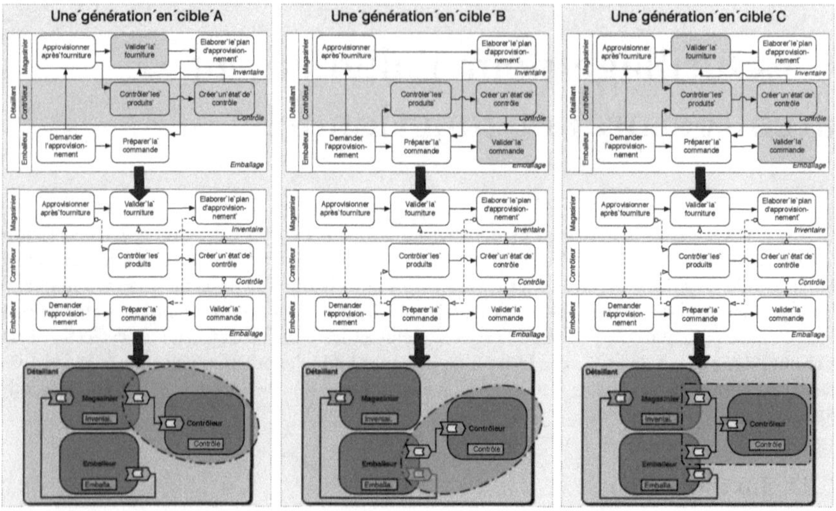

Figure 6.1 – Illustration de différentes évolutions d'un procédure de commercialisation.

Ce chapitre est organisé de la manière suivante. Dans un premiers temps, nous exposons les détails de notre environnement de modélisation BPMN et SCA qui nous a permis de valider notre première contribution concernant la chaîne de transformations de modèles. Celui-ci permet l'ingénierie automatisé d'une configuration SCA à partir de spécifications des processus métiers BPMN. Ensuite, nous décrivons l'implémentation technique de notre seconde contribution au sein d'un outil de synchronisation incrémentale des modèles BPMN et SCA. En effet, notre synchroniseur permet l'évaluation de l'impact du changement des modèles BPMN sur les modèles SCA en simulant la propagation de l'évolution des processus métiers. Grâce à la traçabilité architecturale et l'alignement fonctionnel entre les modèles, le choix de l'évolution du SI n'est pas forcément tributaire du codage d'un prototype du système cible. Elle se base sur l'évaluation du changement. Finalement, nous proposons des métriques pour l'évaluation de l'impact. Combinées à des métriques relatives à l'effort, elles constituent un cadre de gouvernance du changement.

6.2 Mise en œuvre de la transformation de modèles

Afin de démontrer la faisabilité de notre *mapping* entre BPMN et SCA que nous avons présenté au Chapitre 4, nous utilisons la plateforme *ATL Integrated Development Environment* [JAB+06] qui est intégrée à l'environnement *Eclipse Modeling Framework* (EMF [Foul2a]). ATL offre un bon moyen pour la réalisation de transformations correctes. Cette plateforme offre plusieurs outils pour la réalisation des transformations de modèles en permettant l'intégration d'éditeurs. Pour éditer les modèles BPMN 2.0 et SCA 1.0, nous avons choisi les *plugiciels* disponibles pour EMF, à savoir, *BPMN 2.0 Visual Editor for Eclipse*[64] [Ver11] et *Eclipse SCA Tools*[65] [Fou12b]. La Figure 6.2 donne un aperçu de l'édition de modèles BPMN et SCA.

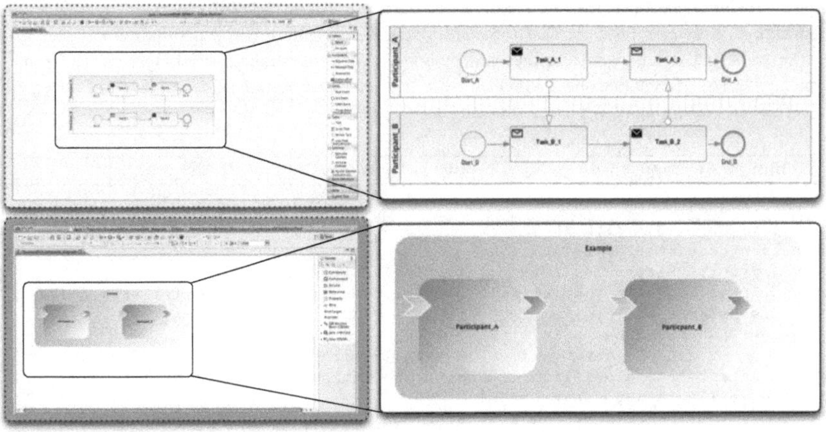

Figure 6.2 – Illustration de deux modèles BPMN et SCA au sein des éditeurs [Ver11] et [Fou12b].

L'architecture technique de notre chaîne de transformation que nous avons intégrée à l'environnement EMF est décrite dans la Figure 6.3. En effet, EMF propose un canevas pour la manipulation de modèles au format *XML Metadata Interchange* [OMG07]. Le langage de transformation ATL utilise des méta-modèles décrits[66] en *EMF Core* (Ecore [Bud04]).

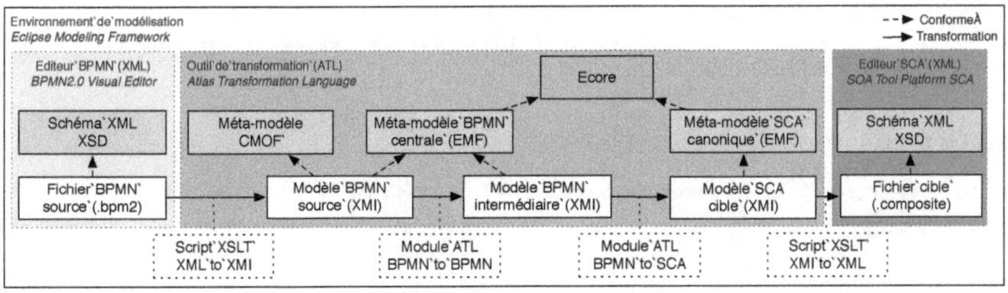

Figure 6.3 – Architecture technique de notre outil de transformation.

64. Éditeur construit sur le canevas *Graphiti Modeling Framework* et utilise *BPMN 2 EMF Metamodel*.
65. Sous projet de *SOA Tools Platform Project* offrant un éditeur graphique SCA.
66. Modèle définissant les concepts de EMF.

Par exemple, le Fichier 6.1 décrit un fragment simplifié de notre module ATL qui transforme un modèle BPMN en SCA. Le fichier décrit quatre règles élémentaires de correspondance : « Collaboration en Composite » (*CollaborationToComposite*), « Participant en Composant » (*ParticipantToComponent*), « Tâche-d'envoi en Référence » (*SendTaskToReference*) et « Tâche-de-réception en Service » (*ReceiveTaskToService*). Les règles sont écrites d'une manière déclarative, et leur ordre est défini par les appels imbriqués des règles secondaires (étiquetées avec la mention *Lazy Rule*). Les fonctions étiquetées avec la mention *Helper* (*collaborationHasParticipants* et *getColllaboration*) sont des constructions impératives.

Fichier 6.1: Fragment du code ATL pour la transformation de BPMN vers SCA.

```
module BPMNtoSCA;
create OUT : SCA from IN : BPMN;
helper context BPMN!Definitions
    def : collaborationHasParticipants() : Boolean =
    if (self.getCollaboration().participants.oclIsUndefined()) then false
    else true endif;
helper context BPMN!Definitions
    def : getCollaboration() :  BPMN!Collaboration = (self.rootElements ->
    select (e | e.oclIstypOf(BPMN!Collaboration))).asSequence().first();
rule CollaborationToComposite {
from    d: BPMN!Definitions, s: BPMN!Collaboration
to  t: SCA!Composite(name <- s.name,
    component <- BPMN!Participant.allInstancesFrom(’IN’) ->
        collect(e | if not e.processRef.oclIsUndefined()
        thisModule.ParticipantToComponent(e,d,e.processRef))}
lazy rule ParticipantToComponent {
    from    d: BPMN!Definitions, p: BPMN!Participant,
        l: BPMN!Process
    to  c: SCA!Component(name <-
        if d.collaborationHasParticipants()=true then p.name
        else d.getCollaboration().name endif,
            reference <- BPMN!SendTask.allInstancesFrom(’IN’)->
                select(e | l.flowElements.includes(e)) ->
                        collect(e | thisModule.SendTaskToReference(e)),
            service <- BPMN!ReceiveTask.allInstancesFrom(’IN’) ->
                select(e | l.flowElements.includes(e)) ->
                        collect(e | thisModule.ReceiveTaskToService(e)))}
lazy rule SendTaskToReference {
    from    sen: BPMN!SendTask
    to  ref: SCA!ComponentReference(name <- sen.name)}
lazy rule ReceiveTaskToService {
    from    rec: BPMN!ReceiveTask
    to  ser: SCA!ComponentService (name <- rec.name)}
```

L'éditeur BPMN utilise un modèle Ecore qui décrit le méta-modèle de la spécification BPMN 2.0 dont un fragment simplifié est présenté dans le Fichier A.1 en Annexe A. Le méta-modèle BPMN est défini par les concepts Ecore tels que « *EClass* », « *EReference* » et « *EAttribute* » en lieu et place des méta-classes, des associations et des attributs que nous avons déjà décrit en UML. Ainsi, tout modèle BPMN utilisé dans l'éditeur est une instance de ce modèle EMF (qui est conforme au méta-modèle Ecore). De même, l'éditeur SCA propose un modèle Ecore de la spécification SCA 1.0, dont un fragment est décrit dans le Fichier A.3 en Annexe A.

Ecore est un modèle EMF définissant les concepts manipulables dans les outils entourant EMF. Ceci facilite énormément le développement de plugiciels pour l'environnement intégré Eclipse. Nos méta-modèles (BPMN central et SCA canonique) que nous avons présentés au Chapitre 4 sont inclus dans ces méta-modèles. Comme les deux éditeurs SCA et BPMN manipulent des fichiers XML qui sont conformes à des schémas XSD, nous devons procéder à une transformation des modèles du format XML en XMI. Ensuite, pour pouvoir réaliser les transformations en ATL et les visualiser, nous devons faire l'opération inverse. La spécification BPMN 2.0 [OMG09] définit deux formats d'échange de modèles BPMN : un format XML conforme à un schéma XSD, et un autre qui est conforme au méta-modèle CMOF [OMG09] – qui définit implicitement un format XMI –. La spécification contient les scripts XSLT qui permettent la transformation entre les deux formats. Physiquement, le modèle BPMN source est contenu dans un fichier « .bpmn2 ». Nous donnons un exemple dans le Fichier A.2 de l'Annexe A. Pour la transcription des modèles SCA du format XMI en XML, nous utilisons les règles définies dans le standard XMI lui-même. Ceci est réalisé par un script XSL. Le modèle SCA cible est contenu dans un fichier « .composite » dont le format est défini en *Service Component Definition Language* (SCDL [Ope09a]). Nous donnons un exemple le Fichier A.4 de l'Annexe A. Le Fichier A.4 – représentant un modèle SCA – est le résultat de l'exécution de la transformation du Fichier A.2 – représentant un modèle BPMN – avec le module ATL du Fichier 6.1. Les règles appliquées sont illustrées dans la Figure 6.4. Il s'agit des deux modèles simplifiés de la Figure 6.2.

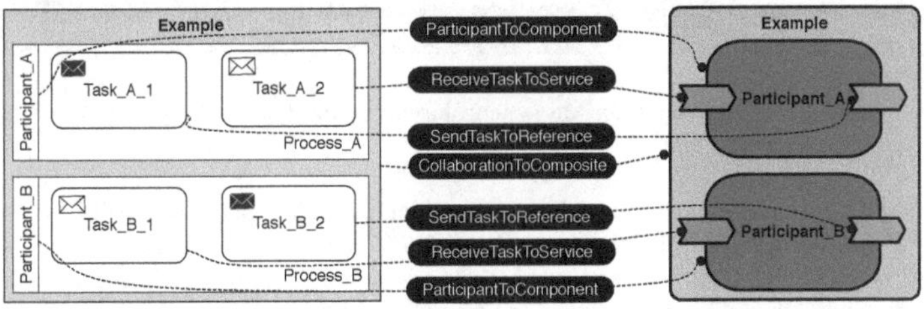

Figure 6.4 – Illustration de la transformation de modèles BPMN et SCA.

L'implémentation de notre chaîne de transformation nous a permis de valider nos règles de transformation. Elle nous a permis aussi de nous confronter à la problématique de la synchronisation incrémentale avec ATL. Par ailleurs, qu'il s'agisse de QVT (dont ATL est un dérivé) ou de VIATRA (basé sur l'approche TGG), la mise en œuvre de la chaîne de transformation ressemblera plus ou moins à l'écriture de règles de correspondance selon ce principe. Comme nous l'avons précédemment évoqué, ces langages ne permettent pas la description des changements entre les modèles et la manière dont ils doivent être synchronisés. Cette fonctionnalité est plutôt confiée à un outil de synchronisation indépendant qui réalise une transformation différentielle pour déduire les adaptions nécessaires. Par exemple, supposons que nous modifions les types de deux tâches BPMN de la Figure 6.4. Ceci correspond à modifier les types des éléments SCA. Pour effectuer cette évaluation, un synchroniseur n'ayant pas accès à l'information sur la nature du changement qui s'est produit, doit réévaluer la totalité des correspondances pour déduire les règles qui doivent être mises à jour. Ceci nécessite la destruction des éléments SCA et leur reconstruction avec les nouveaux types, alors que ces changements ne semblent pas compromettre la conformité des modèles à leur méta-modèles. La réalisation de notre synchroniseur incrémental est présenté dans la section suivante. Il s'agit d'une alternative aux outils existants.

6.3 Mise en œuvre de la synchronisation des modèles

Dans cette section, nous allons décrire notre outil de synchronisation incrémentale de modèles que nous avons développé pour la validation des concepts énoncés au Chapitre 5. En effet, nous avons montré que notre synchroniseur est indépendant de tout outil de transformation tiers, puisque la synchronisation telle que nous l'avons énoncée est assimilable à une transformation [67]. Ce synchroniseur est générique et peut être intégré à tout atelier de génie logiciel proposant des fonctionnalités pour l'ingénierie dirigée par les modèles. Cependant, le *mapping* entre les opérations de changements que nous avons développé est spécifique aux syntaxes BPMN et SCA. L'architecture technique de notre outil est illustré dans la Figure 6.5. Elle est composée de modules correspondant à nos trois phases de propagation du changement entre les modèles, à savoir : détection, analyse, propagation.

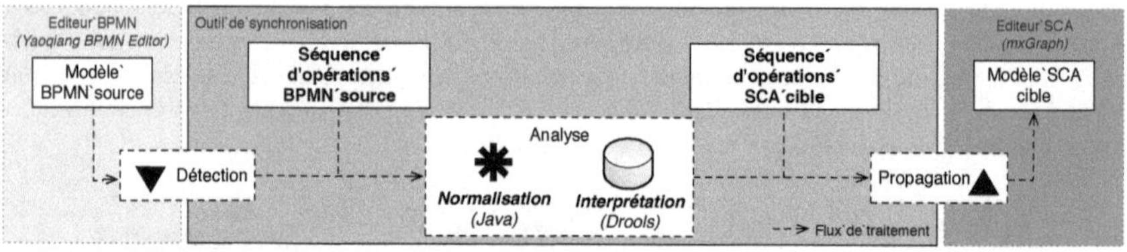

Figure 6.5 – Illustration du synchroniseur de modèles BPMN et SCA.

Pour développer notre outil de synchronisation incrémentale, nous avons utilisé l'éditeur *Yaoqiang BPMN 2.0 Editor* [Inc12b], au lieu de *BPMN2.0 Visual Editor for Eclipse* – présenté dans la section précédente [68] –. Cette décision est motivée par la simplicité de l'architecture technique de l'éditeur et par le fait qu'il incorpore un outil tiers de visualisation de graphes *mxGraph* [Ltd12]. Cet outil offre la librairie *JGraphX Java Swing Library* permettant de manipuler les modèles édités comme des graphes. Evidemment, ceci rejoint l'abstraction que nous avons adopté pour nos modèles BPMN et SCA, et facilite la visualisation des modèles sous forme de graphes.

La Figure 6.6 donne un aperçu de l'outil. Supposons que dans un scénario de modélisation, nous souhaitons construire les modèles BPMN et SCA initiaux. Nous commençons par modéliser le modèle BPMN *n°1*. Premièrement, l'algorithme de détection qui est intégré à l'éditeur BPMN, détecte les opérations combinées que nous avons présenté dans le chapitre précédent, et dont le détail a été publié dans [DCG11b]. À titre d'exemple, la séquence d'opérations de la Liste 6.2 est celle qui correspond à la construction du modèle BPMN *n°1* de la Figure 6.6. L'opération *addNode* ajoute un nœud avec l'identifiant *id* au sein du nœud *pid* avec le type *typ*, l'étiquette *lab* et l'index *ind*. L'opération *insertEdge* insère l'arc *id* entre les nœuds *sid* (source) et *tid* (cible) avec le type *typ* et l'étiquette *lab*. Ensuite, nous faisons une synchronisation des modèles vides avec un changement sur le modèle BPMN. Par adaptation du modèle SCA vide nous obtenons le modèle SCA *n°2* de la Figure 6.6. Ainsi, les modèles *n°1* et *n°2* sont synchronisés.

67. Toutes les propriétés d'une transformation correcte sont préservés par une synchronisation correcte.
68. L'intégration de notre outil dans EMF est reportée à des développements futures.

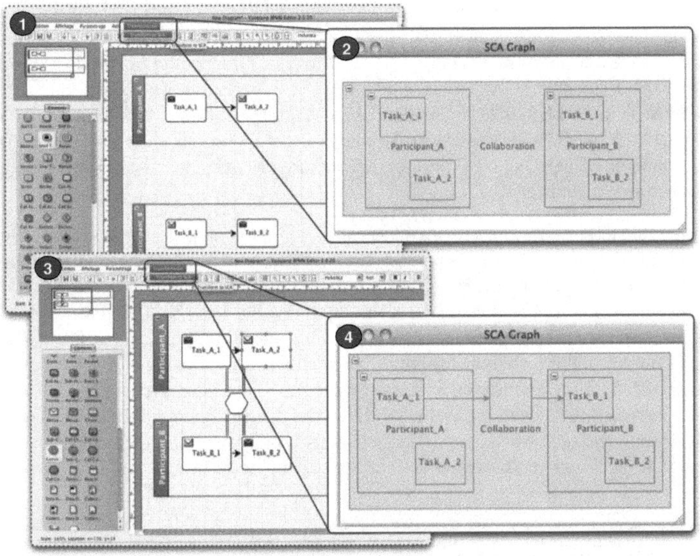

Figure 6.6 – Illustration des modèles BPMN et SCA au sein du synchroniseur.

Liste 6.2: Liste des opérations de changement BPMN.

```
addNode [id=1, lab="Collaboration", typ=collaboration, ind=0, pid=0]
addNode [id=2, lab="Participant_A", typ=participant, ind=2, pid=1]
addNode [id=3, lab="Participant_B", typ=participant, ind=2, pid=1]
addNode [id=4, lab="Task_A_1", typ=sendTask, ind=init, pid=2]
addNode [id=5, lab="Task_A_2", typ=receiveTask, ind=fin, pid=2]
insertEdge [id=6, lab="", typ=sequenceFlow, sid=4, tid=5]
addNode [id=7, lab="Task_B_1", typ=receiveTask, ind=init, pid=3]
addNode [id=8, lab="Task_B_2", typ=sendTask, ind=fin, pid=3]
insertEdge [id=9, lab="", typ=sequenceFlow, sid=7, tid=8]
```

Liste 6.3: Liste des opérations de changement SCA.

```
addNode [id=1, lab="Collaboration", typ=composite, ind=0, pid=0]
addNode [id=2, lab="Participant_A", typ=component, ind=2, pid=1]
addNode [id=3, lab="Participant_B", typ=component, ind=2, pid=1]
addNode [id=4, lab="Task_A_1", typ=reference, ind=init, pid=2]
addNode [id=5, lab="Task_A_2", typ=referenceCallback, ind=fin, pid=2]
addNode [id=7, lab="Task_B_1", typ=service, ind=init, pid=3]
addNode [id=8, lab="Task_B_2", typ=serviceCallback, ind=fin, pid=3]
```

Pendant la phase d'analyse (voir Figure 6.5), la normalisation produit une séquence d'opérations bien formée. La validité vient du fait que l'éditeur ne permet de construire que des modèles qui sont conformes au méta-modèle BPMN 2.0. Ensuite, l'interprétation produit une séquence d'opérations sur le modèle SCA. Par exemple, la Liste 6.3 contient les opérations SCA qui sont générées à partir de la Liste 6.2. Notre algorithme d'interprétation utilise le moteur d'inférence *Drools* [Com12]. À partir de prédicats sur l'apparition des opérations dans la séquence de changement sur le modèle BPMN, cet outil permet de conduire des raisonnements logiques pour déduire les opérations sur le modèle SCA.

Le Fichier 6.4 montre quelques règles d'interprétation d'opérations avec la syntaxe *Drools Rule Language* (DRL [Com12]). Ces règles permettent de dériver des conclusions à partir d'une base de faits et d'une base de connaissances. Ici, nous représentons les contraintes entre les types comme des connaissances, notés *Consistency.* Il s'agit du *mapping* BPMN-SCA que nous avons déjà présenté au Chapitre 4. Les dépendances entre les éléments des graphes (notés *Dependency*) et les opérations sont considérées comme des faits. Par exemple, la relation de correspondance entre un participant BPMN et un composant SCA s'écrit comme : *Consistency(participant, collaboration, component, composite).* Celle d'une tâche BPMN initial d'envoi et une référence SCA est exprimée par *Consistency(sendTask, participant, init, reference, component).* La correspondance entre une tâche finale de réception et un rappel est exprimée par *Consistency(sendTask, participant, fin, referenceCallback, reference).*

Fichier 6.4: Règles de correspondance DRL pour les opérations d'ajout et de suppression.

```
rule "addNodetoaddNode" when
  $op:addNode($id:id, $lab:lab, $btyp:typ, $pid:pid,
    $ind:ind, $bptyp:parenttyp)
  and Consistency(btyp==$btyp, bptyp==$bptyp,
    $styp:styp, $sptyp:sptyp,ind==$ind || ind==null)
  and Dependency(bid==$pid, $spid:sid)
then insert(new Dependency($id,$id)); retract ($op);
  record(new addNode($id,$lab,$styp,$spid,$ind,$sptyp)); end
rule "insertEdgetoinsertEdge" when
  $op:insertEdge($id:id, $lab:lab, $typ:typ, $sid:sid, $tid:tid,
    $sind:sind, $styp:styp, $tind:tind, $ttyp:ttyp)
  and Consistency(btyp==$typ, bptyp==$styp, $styp:styp, $sstyp:sptyp,
    ind==$sind || ind==null)
  and Consistency(btyp==$typ, bptyp==$ttyp, styp ==$styp,$sttyp:sptyp,
    ind==$tind || ind==null)
  and Dependency(bid==$sid, sid==$sid)
  and Dependency(bid==$tid, sid==$tid)
then insert(new Dependency($id,$id)); retract ($op);
  record(new insertEdge($id, $lab, $styp, $sid, $sind, $sstyp,
    $tid, $tind, $sttyp)); end
rule "dropNodetodropNode" when
  $op:dropNode($id:id)
  and $dep:Dependency(bid==$id, $sid:sid)
then retract($dep); retract($op); record(new dropNode($sid)); end
rule "deleteEdgetodeleteEdge" when
  $op:deleteEdge($id:id, $sid:sid,$tid:tid)
  and $dep:Dependency(bid==$id, $sid:sid)
  and Dependency(bid==$sid, $ssid:sid)
  and Dependency(bid==$tid, $stid:sid)
then retract($dep); retract($op); record(new deleteEdge($sid,$ssid,$stid));
end
```

À noter que l'interprétation n'est pas toujours uniforme comme c'est le cas du Fichier 6.4. L'opération *dropNode*[69] n'est interprétée sur le modèle SCA que si le nœud BPMN – qui est effectivement supprimé – possède déjà un nœud SCA correspondent (obtenu par une transformation antérieure). Autrement dit, la propagation de cette opération ne produit pas toujours la même sémantique de changement sur le modèle SCA. Le complément des règles dans le Ficher 6.5 montre que l'opération de modification du nœud source (pour un arc) peut être interprétée différemment[70]. Cela dépend du fait que l'arc possède un élément correspondant, qu'une nouvelle règle soit validée et qu'il n'existe pas de règle de correspondance pour le nouveau nœud source.

Fichier 6.5: Règles de correspondance DRL pour les opérations *setEdgeSource*.

```
1  rule "setEdgeSourcetosetEdgeSource" when
2    $op:setEdgeSource($id:id, $lab:lab, $typ:typ, $pid:pid, $nid:nid,
3      $ntyp:ntyp, $nind:nind)
4    and Dependency(bid==$id, $sid:sid!="")
5    and Dependency(bid==$nid, $snid:sid!="")
6    and Dependency(bid==$pid, $spid:sid!="")
7    and Consistency(btyp==$typ, bptyp==$ntyp, $styp:styp, $sntyp:sptyp,
8      ind==$nind || ind==null)
9  then retract ($op);
10   record(new setEdgeSource($sid,$lab,$spid,$styp,$snid,$sntyp,$nind)); end
11 rule "setEdgeSourcetoinsertEdge" when
12   $op:setEdgeSource($id:id, $lab:lab, $typ:typ, $nid:nid, $ntyp:ntyp,
13   $nind:nind, $pid:pid, $tid:tid, $ttyp:ttyp, $tind:tind)
14   and  $dep:Dependency(bid==$id, sid=="")
15   and  Dependency(bid==$nid, $snid:sid)
16   and  Dependency(bid==$tid, $stid:sid)
17   and  Dependency(bid==$pid, $spid:sid)
18   and Consistency(btyp==$typ, bptyp==$ntyp, $styp:styp, $sntyp:sptyp,
19   ind==$nind || ind==null)
20 then retract($dep);  retract ($op);  insert(new Dependency($id,$id));
21   record(new insertEdge($id, $lab, $styp, $snid, $nind, $sntyp,
22     $stid, $tind, $sttyp)); end
23 rule "setEdgeSourcetodeleteEdge" when
24   $op:setEdgeSource($id:id, $typ:typ, $nid:nid, $ntyp:ntyp, $nind:nind,
25     $pid:pid, $tid:tid, $ttyp:ttyp, $tind:tind)
26   and  $dep:Dependency(bid==$id, $sid:sid!="")
27   and Dependency(bid==$tid, $stid:sid) and Dependency(bid==$pid, $spid:sid)
28   and not (Consistency(btyp==$typ, bptyp==$ntyp, $styp:styp, $sntyp:sptyp,
29     ind==$nind || ind==null))
30 then retract($op); retract($dep); record(new deleteEdge($sid,$spid,$stid));
31 end
```

Nous pouvons distinguer trois cas de figure. Premièrement, lorsque la validité du modèle cible n'est pas remise en cause, l'opération *setEdgeSource* sur le modèle BPMN est interprétée en une opération *setEdgeSource* avec les types SCA correspondants avec la règle de la ligne *1*. Deuxièmement, si l'arc ne fait pas l'objet d'une correspondance et que le changement de son nœud source devrait activer une règle de correspondance, alors un arc correspondant est inséré dans le modèle SCA avec la règle de la ligne *11*. Enfin la règle de la ligne *23* examine si l'opération invalide la règle précédente et l'interprète en une suppression de l'arc cible.

69. Les opérations *dropNode* et *deleteEdge* supprime respectivement un nœud ou un arc.

70. L'opération *setEdgeSource* change le nœud source *pid* en un autre nœud *nid* (dont le type est *ntyp* et l'indice est *nind*) de l'arc *id*, dont le type est *typ* et l'étiquette est *lab*.

Maintenant, supposons que nous voulons faire évoluer le modèle BPMN par la modification directe du modèle *n°1* de la Figure 6.6. Nous ajoutons le nœud de conversation entre tâches BPMN, comme cela est illustré dans le modèle *n°3*. Ces opérations sont données dans la Liste 6.7. Le *mapping* est exprimé par les faits suivant :

$$Consistency(conversation, collaboration, wire, composite)$$
$$Consistency(conversationLink, sendTask, init, wireLink, reference)$$
$$Consistency(conversationLink, receiveTask, init, wireLink, service)$$
$$Consistency(conversationLink, conversation, wireLink, wire)$$

Liste 6.6: Liste des opérations d'évolution du modèle SCA.

```
addNode [id=10, lab="", typ=wire, ind=2, pid=1]
insertEdge [id=11, lab="", typ=wireLink, sid=4, tid=10]
insertEdge [id=12, lab="", typ=wireLink, sid=10, tid=7]
```

Liste 6.7: Liste des opérations d'évolution du modèle BPMN.

```
addNode [id=10, lab="", typ=conversation, ind=2, pid=1]
insertEdge [id=11, lab="", typ=conversationLink, sid=4, tid=10]
insertEdge [id=12, lab="", typ=conversationLink, sid=10, tid=7]
insertEdge [id=13, lab="", typ=conversationLink, sid=8, tid=10]
insertEdge [id=14, lab="", typ=conversationLink, sid=10, tid=5]
```

Ces règles de correspondance font qu'un nœud BPMN de type *conversation*, contenue dans une *collaboration* (voir Chapitre 4), génère un nœud qui représente un connecteur SCA (*wire*) au sein d'un nœud de type *composite*. De plus, les arcs *conversationLink*, qui le relient à des tâches, doivent correspondre à des arcs *wireLink*, qui sont reliés aux nœud SCA. L'interprétation de la Liste 6.7 produit les opérations de la Liste 6.6 par le biais des règles *addNodetoaddNode* et *insertEdgetoinsertEdge* du Fichier 6.4. Une fois appliquées sur le modèle SCA *n°2* de la Figure 6.6, ces opérations produisent le modèle *n°4* de la même figure. Ce modèle est alors synchronisé avec le modèle *n°3*. Finalement, cette animation de la propagation du changement entre les modèles et leur traçabilité permettent de conduire les choix sur l'évolution d'un SI. Elle se base sur la simulation de l'impact du changement. Dans la section suivante nous proposons des métriques pour l'évaluation des changements.

6.3.1 Evaluation de l'impact du changement

Notre approche de synchronisation incrémentale conduit à l'animation des modèles, puisqu'il est possible de simuler la propagation de leur modifications. Associée à une méthode d'évaluation de l'impact du changement, celle-ci devrait constituer une approche d'estimation[71] de la propagation du changement entre les architectures d'un SI. Comme nous l'avons souligné dans le chapitre précèdent, la complexité d'une synchronisation incrémentale entre un modèle source et un modèle cible est inférieure à une nouvelle transformation différentielle du modèle source modifié en direction du modèle cible.

71. À noter que l'estimation de l'effort du développement relative à l'approche et la durée de l'ingénierie [Bos11] est hors de propos de notre thèse.

L'avantage[72] d'une telle méthode se caractérise par « l'efficacité » d'une synchronisation incrémentale vis-à-vis d'une synchronisation différentielle. Cette efficacité est due au fait « que la complexité du cas incrémental est proportionnelle à la taille des modifications sur le modèle source, et non à la taille du modèle source lui-même » [HLR06, VMP04]. Dans la Section 6.4, nous présentons une expérimentation qui confirme ce postulat d'une manière pratique.

Tout d'abord, intéressons-nous aux métriques qui permettent d'évaluer les changements propagés par une synchronisation. A priori, le cadre général de la qualité des artéfacts logiciels énoncé par BOEHM peut être utilisé pour évaluer une synchronisation, à savoir la « modifiabilité », la « réutilisabilité », la « modularité » [Küs06]. Néanmoins, notre intérêt porte davantage sur l'évaluation des modèles issus de la synchronisation, plutôt que sur la qualité du programme qui les génère [CCGL08, RL11]. Toutefois, les métriques liées à l'évaluation de la performance de notre synchroniseur peuvent être facilement déduites des travaux sur les mesures de la transformation ATL [VABKP11]. Par exemple, il est possible d'évaluer la couverture des méta-modèles, la taille moyenne des patrons et du nombre de règles de correspondances induites par notre *mapping*.

6.3.2 Métrologie

Dans le but d'évaluer l'impact du changement, et plus précisément, sa propagation entre les modèles, nous voulons quantifier sa complexité, sa taille et son expressivité. Ces métriques ont une influence directe sur le coût de la synchronisation des modèles et l'effort nécessaire pour adapter les architectures réelles. Nous suivons l'approche dite *But-Question-Métriques* (*Goal Question Metrics* [Inc12c]) qui suggère de déduire les métriques à partir de questions sur les mesures qu'il est nécessaire d'effectuer pour atteindre un but escompté. Les grandeurs qui nous semblent les plus pertinentes à mesurer sont : le modèle source, le modèle cible, l'évolution du modèle source et son impact (ou le changement) sur le modèle cible. Les questions auxquelles nous voulons répondre sont : Est-ce qu'un changement sur le modèle source est plus approprié qu'un autre par rapport à son impact sur le modèle cible ? Quel est l'ordre de grandeur entre le changement du modèle source et celui du modèle cible ? Quel est le facteur qui a plus d'influence sur l'efficacité de la synchronisation : est-ce la taille des modèles ou celles des changements ?

L'unité de mesure la plus importante pour l'évaluation (du coût ou de l'effort) de l'impact du changement n'est pas celle de « la durée de traitement » ou de « l'utilisation mémoire »[73], mais le « changement » lui-même. L'opération élémentaire est quantum du changement dans un modèle. Le Tableau 6.1 présente la liste des opérations élémentaires qui peuvent être appliquées sur un modèle, quand leurs conditions d'application sont satisfaites. Elles modifient les éléments et les attributs des modèles.

Comme nous l'avons introduit dans le chapitre précédent, nos modèles sont construits et sont modifiés par des opérations élémentaires ou combinées. Ainsi, en appliquant des modifications sur un modèle nous augmentons le nombre d'opérations *ceteris paribus*. Par ailleurs, nous pouvons adopter ce même raisonnement pour les méta-modèles [SDV11]. Dans notre étude nous faisons l'hypothèse que les méta-modèles sont figés et n'ont d'incidence que sur la taille du *mapping*. Nous étendons de quelque peu la Définition 13 du Chapitre 5 pour signifier qu'un modèle est, non seulement, assimilable à un graphe, mais qu'il est aussi assimilable à une séquence d'opérations élémentaires bien formée et valide.

72. Les travaux [GW06, GW09] ont aussi démontré d'une manière théorique l'efficacité de la synchronisation incrémentale par rapport à la synchronisation différentielle.

73. Ces mesures dépendent fortement de l'architecture matérielle et logicielle du synchroniseur.

Opération (δ)	**Résultat de l'opération ($\delta(\mathcal{M})$)**
$create(\sigma)$	$\mathcal{M}^{\Sigma} := \mathcal{M}^{\Sigma} \cup \{\sigma\}$
$create(\omega)$	$\mathcal{M}^{\Omega} := \mathcal{M}^{\Omega} \cup \{\omega\}$
$update(\sigma, typ, \theta)$	$\mathcal{M}^{typ} := \mathcal{M}^{typ} \cup \{(\sigma, \theta)\}$
$update(\sigma, lab, \lambda)$	$\mathcal{M}^{lab} := \mathcal{M}^{lab} \cup \{(\sigma, \lambda)\}$
$update(\sigma, ind, \pi)$	$\mathcal{M}^{ind} := \mathcal{M}^{ind} \cup \{(\sigma, \pi)\}$
$update(\omega, typ, \psi)$	$\mathcal{M}^{typ} := \mathcal{M}^{typ} \cup \{(\omega, \psi)\}$
$update(\omega, lab, \lambda)$	$\mathcal{M}^{lab} := \mathcal{M}^{lab} \cup \{(\omega, \lambda)\}$
$update(\omega, sour, \sigma)$	$\mathcal{M}^{sour} := \mathcal{M}^{sour} \cup \{(\omega, \sigma)\}$
$update(\omega, tar, \sigma)$	$\mathcal{M}^{tar} := \mathcal{M}^{tar} \cup \{(\omega, \sigma)\}$
$destroy(\sigma)$	$\mathcal{M}^{\Sigma} := \mathcal{M}^{\Sigma} \setminus \{\sigma\}$
$destroy(\omega)$	$\mathcal{M}^{\Omega} := \mathcal{M}^{\Omega} \setminus \{\omega\}$
$undo(\sigma, typ, \theta)$	$\mathcal{M}^{typ} := \mathcal{M}^{typ} \setminus \{(\sigma, \theta)\}$
$undo(\sigma, lab, \lambda)$	$\mathcal{M}^{lab} := \mathcal{M}^{lab} \setminus \{(\sigma, \lambda)\}$
$undo(\sigma, ind, \pi)$	$\mathcal{M}^{ind} := \mathcal{M}^{ind} \setminus \{(\sigma, \pi)\}$
$undo(\omega, typ, \psi)$	$\mathcal{M}^{typ} := \mathcal{M}^{typ} \setminus \{(\omega, \psi)\}$
$undo(\omega, lab, \lambda)$	$\mathcal{M}^{lab} := \mathcal{M}^{lab} \setminus \{(\omega, \lambda)\}$
$undo(\omega, sour, \sigma)$	$\mathcal{M}^{sour} := \mathcal{M}^{sour} \setminus \{(\omega, \sigma)\}$
$undo(\omega, tar, \sigma)$	$\mathcal{M}^{tar} := \mathcal{M}^{tar} \setminus \{(\omega, \sigma)\}$

Tableau 6.1 – Effets des opérations élémentaires.

Rappelons qu'un modèle est assimilable à un graphe comme un tuple $\mathcal{M}$ où :

- $\mathcal{M}^{\Sigma}$ est l'ensemble de nœuds représentant les éléments du modèle,
- $\mathcal{M}^{\Omega}$ est l'ensemble des arcs orientés représentant les liens entre les éléments du modèle,
- $\mathcal{M}^{\Phi} = \mathcal{M}^{\Sigma} \cup \mathcal{M}^{\Omega}$ est l'ensemble des éléments du graphe,
- $\mathcal{M}^{\Lambda}$ est l'ensemble des étiquettes associées aux nœuds,
- $\mathcal{M}^{\Theta}$ est l'ensemble de types des nœuds,
- $\mathcal{M}^{\Psi}$ est l'ensemble de types des arcs,
- $\mathcal{M}^{typ} = \{(\sigma, \theta) \in \mathcal{M}^{\Sigma} \times \mathcal{M}^{\Theta} \mid typ(\sigma) = \theta\} \cup \{(\omega, \psi) \in \mathcal{M}^{\Omega} \times \mathcal{M}^{\Psi} \mid typ(\omega) = \psi\}$ est la relation de la fonction $typ : \mathcal{M}^{\Sigma} \rightarrow \mathcal{M}^{\Theta}, \mathcal{M}^{\Omega} \rightarrow \mathcal{M}^{\Psi}$ assignant les types aux éléments,
- $\mathcal{M}^{lab} = \{(\phi, \lambda) \in \mathcal{M}^{\Phi} \times \mathcal{M}^{\Lambda} \mid lab(\sigma) = \lambda\}$ est la relation de la fonction $lab : \mathcal{M}^{\Phi} \rightarrow \mathcal{M}^{\Lambda}$ qui assigne les étiquettes aux nœuds et aux arcs,
- $\mathcal{M}^{ind} = \{(\sigma, \pi) \in \mathcal{M}^{\Sigma} \times \mathcal{M}^{\Pi} \mid ind(\sigma) = \pi\}$ est la relation de la fonction $ind : \mathcal{M}^{\Sigma} \rightarrow \mathcal{M}^{\Pi}$ qui associe les indices entiers aux nœuds ($\mathcal{M}^{\Pi} \subset \mathbb{N}$),
- $\mathcal{M}^{sour} = \{(\omega, \sigma) \in \mathcal{M}^{\Omega} \times \mathcal{M}^{\Sigma} \mid sour(\omega) = \sigma\}$ est la relation de la fonction $sour : \mathcal{M}^{\Omega} \rightarrow \mathcal{M}^{\Sigma}$ qui associe les nœuds source aux arcs,
- $\mathcal{M}^{tar} = \{(\omega, \sigma) \in \mathcal{M}^{\Omega} \times \mathcal{M}^{\Sigma} \mid tar(\omega) = \sigma\}$ est la relation de la fonction $tar : \mathcal{M}^{\Omega} \rightarrow \mathcal{M}^{\Sigma}$ qui associe les nœuds destination aux arcs,
- $\mathcal{M}^{F} = \mathcal{M}^{lab} \cup \mathcal{M}^{typ} \cup \mathcal{M}^{sour} \cup \mathcal{M}^{tar} \cup \mathcal{M}^{ind}$ est l'ensemble des propriétés du graphe.

De plus, une séquence d'opérations élémentaires sur un modèle est notée

$$U_{\Delta_{\mathcal{M}}} = \delta_1 \circ \delta_2 \circ .. \circ \delta_n = (\{\delta : \mathcal{M} \rightarrow \mathcal{M} \mid \exists M, M' \in \mathcal{M} : \delta(M) = M'\})_{1 \leq i \leq n} \in \Delta_{\mathcal{M}}$$

Supposons qu'un modèle vide $M = \emptyset$ ($M \in \mathcal{M}$) est modifié par une séquence $U_{\Delta_\mathcal{M}}$. Le modèle résultant de l'application de cette séquence sur M est obtenu avec $adapt(M, U_{\Delta_\mathcal{M}}) = U_{\Delta_\mathcal{M}}$ (pour $M = \emptyset$). Le modèle modifié est alors la séquence $U_{\Delta_\mathcal{M}}$. Ensuite, admettons qu'une séquence $\mathcal{Q}$ représente un modèle $M \in \mathcal{M}$ ou un changement $U_{\Delta_\mathcal{M}} \in \Delta_\mathcal{M}$. Pour simplifier la présentation nous utilisons l'opérateur[74] $\| \mathcal{Q} \|$ pour signifier le nombre total d'opérations d'une séquence $\mathcal{Q}$ avec $\| \mathcal{Q} \| = \| \mathcal{Q} \|_\oplus + \| \mathcal{Q} \|_\ominus$. L'opérateur $\| \mathcal{Q} \|_\oplus$ représente le cardinal de l'ensemble des opérations additives d'une séquence (*create* et *update*). De même, l'opérateur $\| \mathcal{Q} \|_\ominus$ représente le cardinal de l'ensemble des opérations soustractives d'une séquence (*destroy* et *undo*). Par exemple, pour $\mathcal{Q} = create(\sigma) \circ update(\sigma, typ, \theta) \circ undo(\sigma, typ, \theta)$ nous avons

$$\| \mathcal{Q} \| = 3, \ \| \mathcal{Q} \|_\oplus = 2, \ \| \mathcal{Q} \|_\ominus = 1.$$

Généralement, la taille [Pil07] ou la taille absolue [Lan06] d'un modèle assimilé à un graphe est mesurée par le cardinal de ses nœuds et ses arcs. Pour un modèle $M \in \mathcal{M}$, elle s'écrit comme la somme $card(M^\Sigma) + card(M^\Omega) = card(M^\Phi)$. Le cardinal $card(M^\Phi)$ peut être écrit avec $\| M \|_\oplus^\Phi - \| M \|_\ominus^\Phi$. L'équation signifie qu'il faut déduire les éléments supprimés. Nous utilisons l'opérateur $\| M \|^\Phi$ pour dénombrer les opérations sur les éléments d'un graphe. Par exemple, pour $\mathcal{Q} = create(\sigma) \circ update(\sigma, typ, \theta) \circ undo(\sigma, typ, \theta)$, nous avons

$$\| \mathcal{Q} \|^\Sigma = 3, \ \| \mathcal{Q} \|_\oplus^\Sigma = 2, \ \| \mathcal{Q} \|_\ominus^\Sigma = 1 \text{ et } \| \mathcal{Q} \|_\ominus^\Omega = 0.$$

Malheureusement, cette équation donne des valeurs négatives pour une séquence qui ne contient que des opérations destructives. Ceci contredit la propriété de « positivité » nécessaire à toute métrique sur la taille d'un modèle qui a été énoncée dans [BMB96]. Pour éviter les valeurs négatives pour la « taille », nous faisons la somme de toutes les opérations additives et soustractives pour émettre la Définition 25.

Définition 25 (Taille) *La taille d'une séquence d'opération $\mathcal{Q}$ est définie par le nombre d'opérations de création et de destructions sur les nœuds et les arcs.*

$$size(\mathcal{Q}) = \| \mathcal{Q} \|^\Phi = \| \mathcal{Q} \|_\oplus^\Phi + \| \mathcal{Q} \|_\ominus^\Phi$$

Ainsi, plus le changement sur un modèle sera grand (le nombre *create* et *update* par rapport à *destroy* et *undo*) et plus un modèle augmentera de taille. La taille peut donc être mesurée avec

$$size(\mathcal{Q}) = \| \mathcal{Q} \|^\Sigma + \| \mathcal{Q} \|^\Omega = \| \mathcal{Q} \|_\oplus^\Sigma + \| \mathcal{Q} \|_\oplus^\Omega + \| \mathcal{Q} \|_\ominus^\Sigma + \| \mathcal{Q} \|_\ominus^\Omega$$

Les opérations de mise à jour des attributs du graphe ne sont pas prises en compte dans le calcul, car elle ne change pas la taille du modèle. Par exemple, dans la Figure 6.7 nous avons

$$size(M) = 5, \ size(U_{\Delta_\mathcal{M}}) = 6, \ size(M') = 11, \ size(U'_{\Delta_\mathcal{M}}) = 2 \text{ et } size(M'') = 7$$

Nous pouvons remarquer que le nombre d'éléments du modèle M'' est $card(M''^\Phi) = 3$ alors que sa taille est $size(M'') = 7$ car la séquence comprend des opérations inverses, par exemple, $create(5)$ et $destroy(5)$. Si cette séquence est « normalisée » alors on aura $card(M''^\Phi) = size(M'') = \| M'' \|_\oplus^\Phi = 3$, car les opérations $create(5)$, $destroy(5)$, $create(4)$ et $destroy(4)$ seront simplifiées. En effet, comme nous l'avons défini au chapitre précédent, la normalisation simplifie toutes les opérations inverses ou dépendantes. Nous pouvons alors donner la Définition 26 qui prend en considération la normalisation d'une séquence.

74. Nous avons la même propriété que pour le cardinal : si $\mathcal{Q} \cap \mathcal{Q}' = \emptyset$ alors $\| \mathcal{Q} \cup \mathcal{Q}' \| = \| \mathcal{Q} \| + \| \mathcal{Q}' \|$. Afin d'éviter les divisions par zéro, nous émettons les propriétés suivantes : $\| \emptyset \| = 0$, $\frac{\|\emptyset\|}{\|\emptyset\|} = 0$ et $\frac{\|\mathcal{Q}\|}{\|\emptyset\|} = \| \mathcal{Q} \|$.

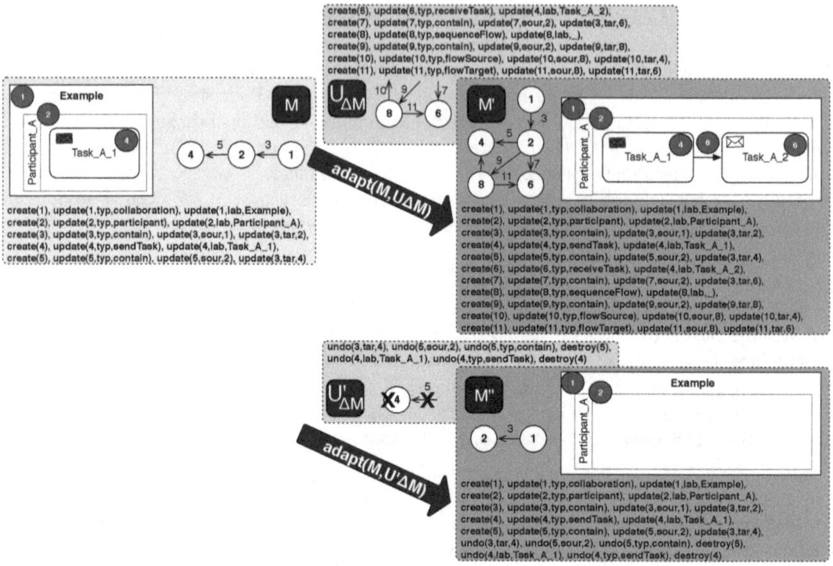

Figure 6.7 – Exemple de deux adaptations.

Définition 26 (Taille normalisée) *La taille normalisée d'une séquence $\mathcal{Q}$ est définie par :*

$$\overline{size}(\mathcal{Q}) = \parallel \mathcal{Q} \parallel_{\oplus}^{\Phi} - \parallel \mathcal{Q} \parallel_{\ominus}^{\Phi}$$

Cette métrique peut être vue comme le calcul de la taille après normalisation de la séquence. Pour la Figure 6.7, nous aurons

$$\overline{size}(M) = size(M),\ \overline{size}(U_{\Delta_\mathcal{M}}) = size(U_{\Delta_\mathcal{M}}),\ \overline{size}(M') = size(M')$$
$$\text{et } \overline{size}(U'_{\Delta_\mathcal{M}}) = -2 \text{ et } \overline{size}(M'') = 3$$

La taille normalisée aura toujours des valeurs positives ou nulles pour les modèles puisque les opérations *destroy* ou *undo* seront toujours simplifiées, mais la taille des changements pourra avoir des valeurs négatives ou nulles. Deux modèles peuvent avoir la même taille, mais ne peuvent pas avoir la même structure. En effet, la métrique de la taille donne une indication sur le « gabarit » d'un modèle. Cepedant, elle n'est pas très efficace pour qualifier sa sémantique [DDvD+11]. Evidemment, nous ne pouvons pas évaluer précisément la qualité de la sémantique d'un modèle, ou son degré d'abstraction [75]. Néanmoins, puisque tout élément du modèle est décrit par ses attributs [CK94], nous pouvons quantifier la « taille sémantique » par le nombre de ses attributs avec $card(M^F)$. Cette métrique est inspirée des travaux de [Pil07]. Nous l'adaptons à notre logique des opérations dans la Définition 27.

75. Ces mesures dépendent de la qualité de la modélisation et de la qualité du méta-modèle utilisé.

Définition 27 (Sémantique) *La (taille) sémantique d'une séquence d'opération $\mathcal{Q}$ est définie par le nombre d'opérations de création et de destructions sur les attributs.*

$$sem(\mathcal{Q}) = \parallel \mathcal{Q} \parallel^{F} = \parallel \mathcal{Q} \parallel^{F}_{\oplus} + \parallel \mathcal{Q} \parallel^{F}_{\ominus}$$

La sémantique associée à un modèle est effectivement contenue dans les opérations de mise à jour *update* et *undo*. Ces opérations manipulent les étiquettes, les types et les indices des éléments d'un modèle. Dans une certaine mesure, ils expriment aussi la logique combinatoire entre les nœuds et les arcs avec les mises à jour des sources et des destination des arcs ($\mathcal{M}^{sour}$ et $\mathcal{M}^{tar}$). Puisque $\mathcal{M}^{F} = \mathcal{M}^{lab} \cup \mathcal{M}^{typ} \cup \mathcal{M}^{sour} \cup \mathcal{M}^{tar} \cup \mathcal{M}^{ind}$, nous pouvons écrire que

$$sem(\mathcal{Q}) = \parallel \mathcal{Q} \parallel^{lab} + \parallel \mathcal{Q} \parallel^{typ} + \parallel \mathcal{Q} \parallel^{sour} + \parallel \mathcal{Q} \parallel^{tar} + \parallel \mathcal{Q} \parallel^{ind}$$

Par exemple, pour la Figure 6.7 nous avons

$$sem(M) = 12,\ sem(U_{\Delta_{\mathcal{M}}}) = 16,\ sem(M') = 28,\ sem(U'_{\Delta_{\mathcal{M}}}) = 5 \text{ et } sem(M'') = 17$$

Pour retrouver la métrique de la taille sémantique $card(M^{F})$ [Pil07] pour un modèle M, nous pouvons procéder à la normalisation de la séquence représentant un modèle dans la Définition 28, pour définir une « sémantique normalisée ». Ainsi, nous avons $card(M^{F}) = \overline{sem}(M) = \parallel \mathcal{M} \parallel^{F}_{\oplus}$ puisque nous aurons toujours $\parallel \mathcal{M} \parallel^{F}_{\ominus} = 0$.

Définition 28 (Sémantique normalisée) *La sémantique normalisée d'une séquence $\mathcal{Q}$ est définie par la différence des opérations de création et de destructions sur les attributs.*

$$\overline{sem}(\mathcal{Q}) = \parallel \mathcal{Q} \parallel^{F}_{\oplus} - \parallel \mathcal{Q} \parallel^{F}_{\ominus}$$

En général, plus un modèle possèdera d'attributs et moins il sera complexe [Juk06]. La métrique la plus intéressante [Bos11] pour mesurer la complexité d'un modèle assimilé à un graphe est sans doute la « complexité structurelle » [MCH07]. Elle influe sur l'effort nécessaire pour comprendre [76] et modifier le modèle. Elle est définie [MCH07] par le rapport entre le nombre d'arcs et de nœuds : $\frac{card(M^{\Omega})}{card(M^{\Sigma})}$. En terme d'opérations élémentaires, nous écrivons

$$\frac{\|M\|^{\Omega}_{\oplus} - \|M\|^{\Omega}_{\ominus}}{\|M\|^{\Sigma}_{\oplus} - \|M\|^{\Sigma}_{\ominus}}$$

Malheureusement, cette métrique donne des valeurs négatives pour une séquence qui ne supprime que des arcs. Elle est un bon moyen pour comparer les structures des modèles et des changements, mais elle ne permet pas de quantifier sa sémantique. Par conséquent, nous pouvons définir une complexité sémantique relative en calculant le ratio entre la sémantique d'un modèle et sa taille dans la Définition 29.

Définition 29 (Complexité et complexité normalisée) *La complexité d'une séquence d'opération $\mathcal{Q}$ est définie par :*

$$comp(\mathcal{Q}) = \frac{sem(\mathcal{Q})}{size(\mathcal{Q})} = \frac{\parallel \mathcal{Q} \parallel^{F}}{\parallel \mathcal{Q} \parallel^{\Phi}} = \frac{\parallel \mathcal{Q} \parallel^{F}_{\oplus} + \parallel \mathcal{Q} \parallel^{F}_{\ominus}}{\parallel \mathcal{Q} \parallel^{\Phi}_{\oplus} + \parallel \mathcal{Q} \parallel^{\Phi}_{\ominus}}$$

sa complexité normalisée s'écrit comme la fraction :

$$\overline{comp}(\mathcal{Q}) = \frac{\overline{sem}(\mathcal{Q})}{\overline{size}(\mathcal{Q})} = \frac{\parallel \mathcal{Q} \parallel^{F}_{\oplus} - \parallel \mathcal{Q} \parallel^{F}_{\ominus}}{\parallel \mathcal{Q} \parallel^{\Phi}_{\oplus} - \parallel \mathcal{Q} \parallel^{\Phi}_{\ominus}}$$

76. Cette complexité fait partie de la complexité psychologique d'un logiciel [FP97].

La complexité donne une indication sur la répartition des détails entre les éléments d'un modèle. Le fait de compter en numérateur les opérations de mise à jour des sources et des destinations des arcs, et en dénominateur celles qui les créent ou les suppriment permet d'avoir une différence de grandeur entre un modèle fortement connecté et un autre moins connecté avec le même nombre d'étiquettes, de types et d'indices. Pour la Figure 6.7 nous avons

$$comp(M) = 12/5 = 2.4,\ comp(U_{\Delta_\mathcal{M}}) = 16/6 = 2.66,\ comp(M') = 28/11 = 2.54,$$
$$comp(U'_{\Delta_\mathcal{M}}) = 5/2 = 2.5 \text{ et } comp(M'') = 17/7 = 2.42$$

La complexité normalisée permet de calculer le ratio $\frac{card(M^F)}{card(M^\Phi)}$ de [Pil07] pour un modèle M. Dans une certaine mesure, elle exprime le degré d'abstraction d'un modèle. En procédant à la normalisation de la séquence représentant un modèle, nous aurons

$$\frac{card(M^F)}{card(M^\Phi)} = \overline{comp}(M) = \frac{\|\mathcal{M}\|^F_\oplus}{\|\mathcal{M}\|^\Phi_\oplus} \text{ car } \| \mathcal{M} \|^F_\ominus = 0 \text{ et } \| \mathcal{M} \|^\Phi_\ominus = 0$$

En pratique, nous pouvons utiliser les métriques normalisés à condition que l'on accepte des valeurs négatives pour les quantités sur les changements, et que l'on sache les interpréter. Dans la suite, nous n'utiliserons que les métriques non normalisées pour les changements. Ces métriques sont simples[77] puisqu'il ne s'agit que d'un dénombrement des opérations. Nous proposons des métriques sur des graphes qui sont plus abstraites que celles qui ont été définies pour mesurer les modèles BPMN [RCG+09] et SCA [JHZ08]. Dans ce qui suit, nous allons formaliser ces métriques pour montrer les relations qui existent entre la transformation ou la synchronisation automatique et l'adaptation des modèles.

6.3.3 Visualisation des métriques

Comme nous l'avons défini au Chapitre 4, notre *mapping* BPMN-BPMN-SCA est une fonction multivaluée et partielle. Autrement dit, il existera des éléments du modèle BPMN source qui seront transformés ni dans le modèle BPMN intermédiaire ni dans le modèle SCA cible. Ainsi, pour une transformation correcte (voir Définition 12 du Chapitre 4) nous émettons la Définition 30.

Définition 30 (Métriques d'une transformation automatisée correcte)

$$\begin{aligned} \forall M \in \mathcal{M}, M' \in \mathcal{M}' : M' = trans(M) \Rightarrow size(M') &= \tau \times size(M) \wedge \\ sem(M') &= \rho \times sem(M) \wedge \\ comp(M') &= \frac{\rho}{\tau} \times comp(M) \end{aligned}$$

Les facteurs τ et ρ dépendent du *mapping* et des patrons des opérations qui sont présents dans les modèles sources. Ils permettent d'ailleurs de comparer les transformations et les synchronisations. De plus, si nous modifions un modèle source avec des éléments qui n'impliquent pas de correspondance, alors les facteurs restent constants entre les transformations. Par exemple, si nous prenons les cas de la Figure 6.8, nous considérons que M' est la transformation de M et que M''' est celle de M''. Pour M et M' nous avons :

$$size(M) = 5,\ sem(M) = 12,\ comp(M) = 2.4,$$
$$size(M') = 3,\ sem(M') = 7,\ comp(M') = 2.33,$$
$$\tau_{M',M} = 0.6,\ \rho_{M',M} = 0.58,\ \frac{\rho_{M',M}}{\tau_{M',M}} = 0.96$$

77. Nous reprenons les propos sur la « simplicité » des mesures de [Zus91] : « *Using more sophisticated measures do not necessarily guarantee better results* ».

Pour le cas de M''' en tant que transformation de M'', nous avons :

$$size(M'') = 7,\ sem(M'') = 17,\ comp(M'') = 2.42,$$
$$size(M''') = 3,\ sem(M''') = 7,\ comp(M''') = 2.33,$$
$$\tau_{M''',M''} = 0.42,\ \rho_{M''',M''} = 0.41,\ \frac{\rho_{M''',M''}}{\tau_{M''',M''}} = 0.97$$

La différence entre les facteurs des deux cas montre qu'une transformation produit des modèles cibles de même complexité que les modèles sources. Nous pouvons remarquer que les fractions sont unitaires : $\frac{\rho}{\tau} \approx 1$, et nous pouvons écrire : $comp(M') \approx comp(M)$. Ceci voudrait dire que la complexité est préservée lors d'une transformation.

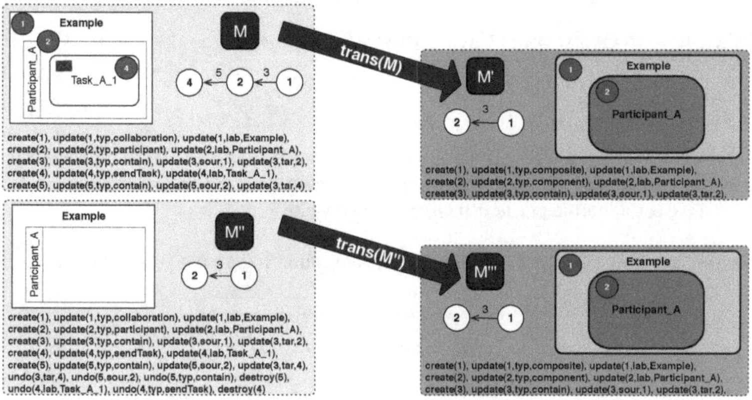

Figure 6.8 – Exemple de deux transformations.

D'autre part, l'adaptation d'un modèle – qu'elle soit manuelle dans le cas de l'évolution ou automatisée pour la synchronisation – augmente la « taille » et la « sémantique » du modèle mais la complexité reste constante. En effet, le changement ne touche pas à la notation – c'est à dire le méta-modèle – dans lequel est exprimé le modèle. Ainsi, nous pouvons donner la Définition 31.

Définition 31 (Métriques d'une adaptation manuelle ou automatisée)

$$\forall M, M' \in \mathcal{M}, U_{\Delta_{\mathcal{M}}} \in \Delta_{\mathcal{M}} : M' = adapt(M, U_{\Delta_{\mathcal{M}}}) \Rightarrow size(M') = size(M) + size(U_{\Delta_{\mathcal{M}}}) \wedge$$
$$sem(M') = sem(M) + sem(U_{\Delta_{\mathcal{M}}}) \wedge$$
$$comp(M') = comp(M)$$

Ces égalités permettent de déduire les métriques du modèle « adapté » en fonction des métriques du modèle initial et du changement appliqué. Par exemple, dans la Figure 6.7, nous considérons deux adaptations du modèle M en M' avec $U_{\Delta_{\mathcal{M}}}$ et de M en M'' avec $U'_{\Delta_{\mathcal{M}}}$. Ainsi,

$$size(M) = 5,\ size(U_{\Delta_{\mathcal{M}}}) = 6,\ size(M') = 11,\ size(U'_{\Delta_{\mathcal{M}}}) = 2,\ size(M'') = 7,$$
$$sem(M) = 12,\ sem(U_{\Delta_{\mathcal{M}}}) = 16,\ sem(M') = 28,\ sem(U'_{\Delta_{\mathcal{M}}}) = 5,\ sem(M'') = 17,$$
$$comp(M) = 2.66,\ comp(M') = 2.54,\ comp(M'') = 2.42$$

Nous remarquons que pour les adaptations de modèles les tailles et les sémantiques s'additionnent, et que $comp(M) \approx comp(M') \approx comp(M'')$. En outre, ces métriques nous permettent de déduire les métriques d'une synchronisation en fonction de celles d'une transformation. Par définition, notre synchronisation automatique est déterministe. Ceci veut dire qu'elle préserve la sémantique exprimée dans le modèle source. De plus, nous avons montré qu'elle est équivalente à une transformation en direction du modèle cible. Nous pouvons donc déterminer des métriques similaires à celles de la Définition 30 pour l'interprétation des changements dans une synchronisation incrémentale correcte (voir Définition 23 du Chapitre 5). A l'aide de la Définition 31, nous pouvons donner le Théorème 3.

Théorème 3 (Métriques d'une synchronisation incrémentale correcte)

$$\forall U_{\Delta_\mathcal{M}} \in \Delta_\mathcal{M}, U_{\Delta_{\mathcal{M}'}} \in \Delta_{\mathcal{M}'} : U_{\Delta_{\mathcal{M}'}} = interp(U_{\Delta_\mathcal{M}}) \Rightarrow size(U_{\Delta_{\mathcal{M}'}}) = \tau \times size(U_{\Delta_\mathcal{M}}) \wedge$$
$$sem(U_{\Delta_{\mathcal{M}'}}) = \rho \times sem(U_{\Delta_\mathcal{M}}) \wedge$$
$$comp(U_{\Delta_{\mathcal{M}'}}) = \frac{\rho}{\tau} \times comp(U_{\Delta_{\mathcal{M}'}})$$

Ce théorème statut sur « l'équivalence » en terme de métriques entre « une synchronisation » et « une transformation » avec l'hypothèse que les facteurs ρ et τ sont identiques pour les deux cas. La preuve est apportée par la démonstration suivante.

Preuve du Théorème 3 : Considérons à nouveau la Figure 6.9.

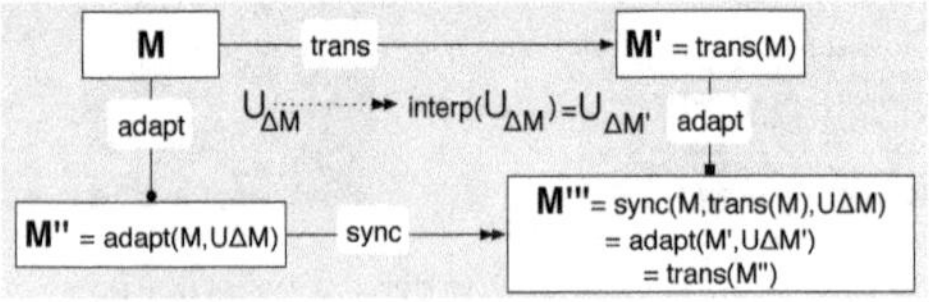

Figure 6.9 – Formalisation de la synchronisation.

Nous savons que si le modèle M' et la transformation de M avec $trans(M) = M'$ et que le modèle M est modifié en M'' avec $M'' = adapt(M, U_{\Delta_\mathcal{M}})$, alors la synchronisation produit M''' avec $sync(M, M', U_{\Delta_\mathcal{M}}) = M'''$ tel que $M''' = adapt(M', U_{\Delta_{\mathcal{M}'}})$ et $U_{\Delta_{\mathcal{M}'}} = interp(U_{\Delta_\mathcal{M}})$.

Premièrement, pour $M''' = adapt(M', U_{\Delta_{\mathcal{M}'}})$ et selon la Définition 31 nous avons :

$$\textbf{(1)} \quad size(M''') = size(M') + size(U_{\Delta_{\mathcal{M}'}}) \wedge sem(M''') = sem(M') + sem(U_{\Delta_{\mathcal{M}'}})$$

Deuxièmement, nous savons que $M''' = trans(M'')$ et on via la Définition 30 :

$$\textbf{(2)} \quad size(M''') = \tau \times size(M'') \wedge sem(M''') = \rho \times sem(M'')$$

Avec les égalités (1) et (2), on obtient :

$$\textbf{(1–2)} \quad size(M') + size(U_{\Delta_{\mathcal{M}'}}) = \tau \times size(M'') \wedge sem(M') + sem(U_{\Delta_{\mathcal{M}'}}) = \rho \times sem(M'')$$

Comme $M'' = adapt(M, U_{\Delta_\mathcal{M}})$, on a via la Définition 31 :

$$\textbf{(3)} \quad size(M'') = size(M) + size(U_{\Delta_\mathcal{M}}) \wedge sem(M'') = sem(M) + sem(U_{\Delta_\mathcal{M}})$$

En remplaçant $size(M'')$ et $sem(M'')$ de **(1–2)** par leurs valeurs de **(3)**, on a :

$$\textbf{(1–2–3)}\ size(M') + size(U_{\Delta_{\mathcal{M}'}}) = \tau \times size(M) + \tau \times size(U_{\Delta_{\mathcal{M}}}) \wedge$$
$$sem(M') + sem(U_{\Delta_{\mathcal{M}'}}) = \rho \times sem(M) + \rho \times sem(U_{\Delta_{\mathcal{M}}})$$

Puisque nous savons que $trans(M) = M'$, on a par la Définition 30 :

$$\textbf{(4)}\ size(M') = \tau \times size(M) \wedge sem(M') = \rho \times sem(M)$$

Par simplification de **(1–2–3)** par leurs valeurs de **(4)**, on a :

$$\textbf{(1–2–3–4)}\ size(U_{\Delta_{\mathcal{M}'}}) = \tau \times size(U_{\Delta_{\mathcal{M}}}) \wedge sem(U_{\Delta_{\mathcal{M}'}}) = \rho \times sem(U_{\Delta_{\mathcal{M}}})$$

Finalement, nous pouvons écrire la fraction entre les équations de **(1–2–3–4)** :

$$comp(U_{\Delta_{\mathcal{M}'}}) = \frac{sem(U_{\Delta_{\mathcal{M}'}})}{size(U_{\Delta_{\mathcal{M}'}})} = \frac{\rho \times sem(U_{\Delta_{\mathcal{M}}})}{\tau \times size(U_{\Delta_{\mathcal{M}}})} = \frac{\rho}{\tau} \times comp(U_{\Delta_{\mathcal{M}}})$$

C'est bien **ce qu'il fallait démontrer** pour $U_{\Delta_{\mathcal{M}'}} = interp(U_{\Delta_{\mathcal{M}}})$.

À titre d'exemple, dans la Figure 6.10, nous considérons que M'' est synchronisée avec M''' et que M' est la transformation de M.

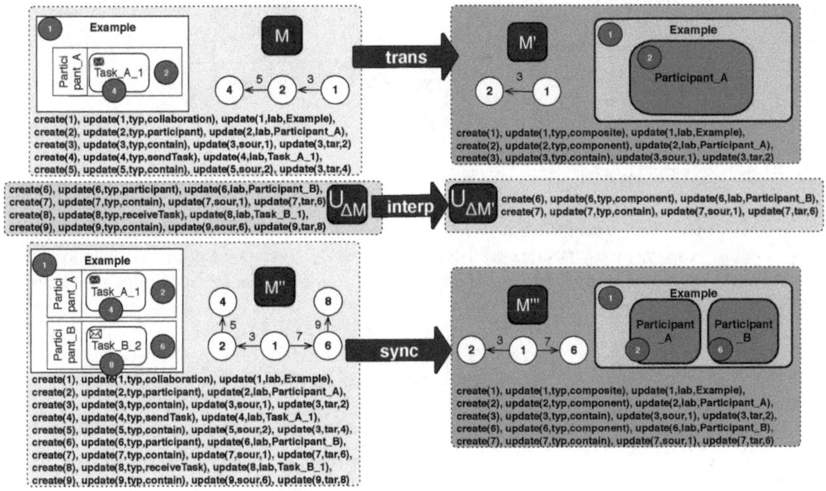

Figure 6.10 – Exemple d'une synchronisation.

Les métriques des modèles sont :

$$size(M) = 5,\ sem(M) = 12,\ comp(M) = 2.4,$$
$$size(M') = 3,\ sem(M') = 7,\ comp(M') = 2.33,$$
$$size(M'') = 9,\ sem(M'') = 22,\ comp(M'') = 2.44,$$
$$size(M''') = 5,\ sem(M''') = 12,\ comp(M''') = 2.4$$

Les métriques des changements $U_{\Delta_{\mathcal{M}}}$ et $U_{\Delta_{\mathcal{M}'}}$ sont :

$$size(U_{\Delta_{\mathcal{M}}}) = 4,\ sem(U_{\Delta_{\mathcal{M}}}) = 10,\ comp(U_{\Delta_{\mathcal{M}}}) = 2.5,$$
$$size(U_{\Delta_{\mathcal{M}}}) = 2,\ sem(U_{\Delta_{\mathcal{M}}}) = 5,\ comp(U_{\Delta_{\mathcal{M}}}) = 2.5$$

Les facteurs sont alors :

$$\tau_{U_{\Delta_{\mathcal{M}'}},U_{\Delta_{\mathcal{M}}}} = 0.5, \qquad \rho_{U_{\Delta_{\mathcal{M}'}},U_{\Delta_{\mathcal{M}}}} = 0.5, \qquad \frac{\tau_{U_{\Delta_{\mathcal{M}'}},U_{\Delta_{\mathcal{M}}}}}{\rho_{U_{\Delta_{\mathcal{M}'}},U_{\Delta_{\mathcal{M}}}}} = 1$$

Ainsi, nous pouvons écrire que

$$comp(U_{\Delta_{\mathcal{M}}}) = comp(U_{\Delta_{\mathcal{M}'}})$$

Ceci est une propriété très intéressante de la fonction d'interprétation, qui effectivement préserve la complexité des changements des modèles sources. Autrement dit, l'interprétation ne simplifie pas les modifications propagées entre les modèles et ne crée pas de nouvelles informations. Nous pouvons déterminer de la même façon les métriques de notre synchronisation ou transformation (composée) qui sont schématisées dans la Figure 6.11.

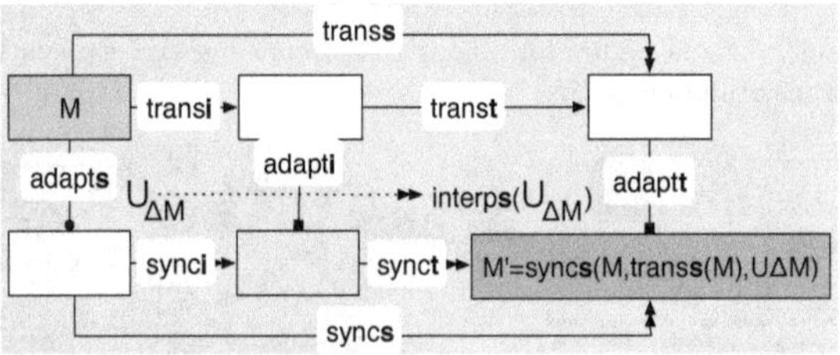

Figure 6.11 – Formalisation de la synchronisation composée.

Si nous considérons une transformation composée $trans_s = trans_t \circ trans_i$, avec les facteurs τ_i et ρ_i (resp. τ_t et ρ_t) pour la transformation $trans_i$ (resp. $trans_t$), et si nous avons une transformation correcte tel que $trans_s(M) = M'$, alors nous aurons les métriques suivantes :

$$size(M') = \tau_t \times \tau_i \times size(M),$$
$$sem(M') = \rho_t \times \rho_i \times sem(M),$$
$$comp(M') = \frac{\rho_t \times \rho_i}{\tau_t \times \tau_i} \times comp(M)$$

Ensuite, admettons qu'un changement $U_{\Delta_{\mathcal{M}}}$ se produit dans M. Comme nous avons l'égalité[78] : $sync_s(M, trans_s(M), U_{\Delta_{\mathcal{M}}})) = trans_s \circ adapt_s(M, U_{\Delta_{\mathcal{M}}})$, nous pouvons déduire que les facteurs entre $U_{\Delta_{\mathcal{M}}}$ et son interpretation $U_{\Delta_{\mathcal{M}'}} = interp_s(U_{\Delta_{\mathcal{M}}})$:

$$size(U_{\Delta_{\mathcal{M}'}}) = \tau_s \times size(U_{\Delta_{\mathcal{M}}}),$$
$$sem(U_{\Delta_{\mathcal{M}'}}) = \rho_s \times sem(U_{\Delta_{\mathcal{M}}}),$$
$$comp(U_{\Delta_{\mathcal{M}'}}) = \frac{\rho_s}{\tau_s} \times comp(U_{\Delta_{\mathcal{M}}}),$$

où $\rho_s = \rho_t \times \rho_i$ et $\tau_s = \tau_t \times \tau_i$

78. Tel que : $sync_s(M, trans_s(M), U_{\Delta_{\mathcal{M}}})) = sync_t(trans_i(M), trans_s(M), interp_i(U_{\Delta_{\mathcal{M}}}))$.

La visualisation des métriques que nous venons de définir est intéressante à plus d'un égard. En premier lieu, comme le montre le repère *1* de la Figure 6.12, visualiser les métriques des modèles permet d'évaluer les générations et de choisir entre les synchronisations qui sont les plus appropriées. Le choix peut favoriser les générations cibles les moins ou plus abstraites (en terme de sémantique), ou les plus ou moins grandes (en terme de taille). En deuxième lieu, la visualisation des métriques des changements, dans le repère *2* de la Figure 6.12, permet de faire des choix sur les propagations du changement à retenir selon la taille et la sémantique des opérations. À noter que la visualisation de la métrique de la taille permet, non seulement, de représenter le gabarit des modèles et des changements, mais aussi de positionner un modèle dans le temps. En effet, mise à part les rares cas de « *refactoring* », il est indéniable que dans la majorité des cas de modélisation, la modification des modèles est une démarche constructive qui tend à augmenter la taille des modèles. Pour cela nous avons pu confondre la taille et le temps dans les repères de la Figure 6.12. Ainsi, examiner l'évolution de la taille d'un modèle revient en quelque sorte à scruter son cycle de vie [KGZ09].

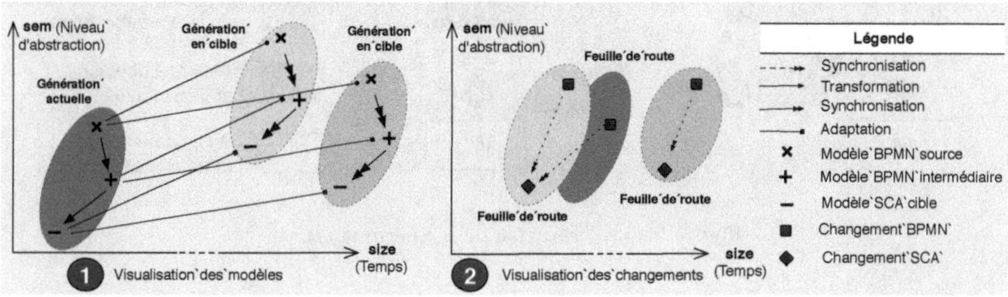

Figure 6.12 – Visualisation des transformations et des synchronisation entre les modèles.

6.4 Expérimentation

Dans cette section, nous présentons une expérimentation qui met en œuvre notre synchroniseur de modèles de la Section 6.3, afin de corroborer nos affirmations sur les métriques, les facteurs (τ et ρ) et l'efficacité de la synchronisation incrémentale. En effet, au Chapitre 5, nous avons démontré théoriquement que la complexité de la synchronisation incrémentale était proportionnelle à la taille des changements, et non à la taille des modèles. Ici, nous voulons démontrer, empiriquement, que ce comportement escompté donne lieu à des performances probantes lorsque la taille des changements à propager reste inférieure à celle des modèles à synchroniser. Dès lors, où les changements deviennent plus grands que les modèles eux-même, il est plus intéressant de transformer les modèles modifiés que de propager les modifications – en somme, procéder à une synchronisation différentielle.

6.4.1 Protocole de l'expérimentation

Pour cette expérimentation, nous nous plaçons dans le cas de la Figure 6.13, où la numérotation permet de comprendre notre protocole. Le protocole se base sur la génération aléatoire de séquences d'opérations en entrée de notre synchroniseur. Pour valider la mise en œuvre de ce dernier nous avons modélisé manuellement quelques modèles BPMN pour pouvoir les transformer en modèle SCA. Cependant, il est difficile de disposer d'un large ensemble d'expériences avec une modélisation manuelle. En effet, comme notre synchroniseur prend en entrée une séquence d'opérations, nous avons préféré générer aléatoirement 1000 séquences d'opérations pour représenter les modèles BPMN sources de notre jeu de tests. Les modèles généré ne possèdent pas de logique métier réelle, toutefois, ils sont conformes au méta-modèle BPMN. Les opérations sont générées aléatoirement selon le *mapping* BPMN-SCA. Nous créons des séquences contenant jusqu'à 1000 opérations. Nous pensons qu'il n'est pas nécessaire de présenter l'environnement technique de cette expérience, puisque nos métriques sont définies sur les modèles ou leurs changements. La Figure 6.13 illustre le protocole de l'expérimentation.

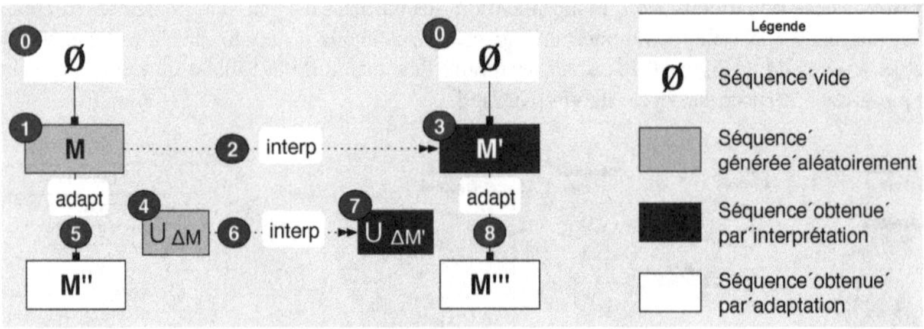

Figure 6.13 – Protocole de l'expérimentation.

Initialement, nous créons 1000 modèles BPMN source M en générant des séquences d'opérations de changements (étape *1*). En faisant passer ces séquences au travers de notre synchroniseur (étape *2*), nous obtenons les 1000 modèles SCA cibles M' (étape *3*). Ces modèles SCA sont la transformation des modèles M, puisque notre synchronisation est équivalente à une transformation avec des modèles BPMN initialement vides (étapes *0*).

Ensuite, nous générons aléatoirement 1000 séquences d'opérations de changements $U_{\Delta_{\mathcal{M}}}$ des modèles M (étape *4*). Nous utilisons la même fonction aléatoire de l'étape *1*. En ajoutant ces séquences de changements aux 1000 séquences des modèles, nous obtenons les modèles BPMN modifiés M'' (étape *5*) de tailles inférieures ou égales à 2000 (selon les définitions précédentes). Chaque changement $U_{\Delta_{\mathcal{M}}}$ du modèle M en un nouveau modèle M'' correspond à synchroniser M'' avec un nouveau modèle SCA cible M'''. Le modèle M''' est obtenu par adaptation du modèle M' avec un changement $U_{\Delta_{\mathcal{M}'}}$. En effet, notre synchroniseur incrémental interprète (étape *6*) la séquence des opérations $U_{\Delta_{\mathcal{M}}}$ en $U_{\Delta_{\mathcal{M}'}}$ (étape *7*). En ajoutant chaque séquence $U_{\Delta_{\mathcal{M}'}}$ à la séquence de M', nous produisons les modèles M''' (étape *8*). Pour cette expérimentation nous ne normalisons (simplifions) pas les séquences d'opérations afin de mieux observer l'ordre de grandeur entre la taille des modèles et celle des changements.

Finalement, cette différenciation entre la transformation (des modèles M en M') et la synchronisation (des modèles M'' et M''') permet d'observer le comportement de notre synchronisation incrémentale. Dans cette expérimentation, nous nous focaliserons [79] sur les métriques de la taille des modèles et de leurs changements.

79. Nous pouvons établir les mêmes observations pour les métriques de sémantique et de complexité.

6.4.2 Observations et affirmations

Dans la Section 6.3.2, nous avons énoncé l'équivalence entre les métriques « normalisées » et les « non normalisées ». Il est donc intéressant de voir que les deux métriques permettent les mêmes observations. Par exemple, comme le montre la Figure 6.14, il y a bien une linéarité entre la métrique de la taille et celle de la taille normalisée. En effet, cette figure illustre en abscisse la taille de chacune de nos séquences (le nombre d'opérations), et en ordonnée, leur taille normalisée (le nombre d'éléments de modèle). Ainsi, comme nous l'avons mentionné plus haut, nous pouvons utiliser l'une ou l'autre des métriques. Cependant, pour éviter des valeurs négatives – lorsque les opérations soustractives sont plus nombreuses que les additives – nous utilisons la taille non normalisée pour mesurer les changements.

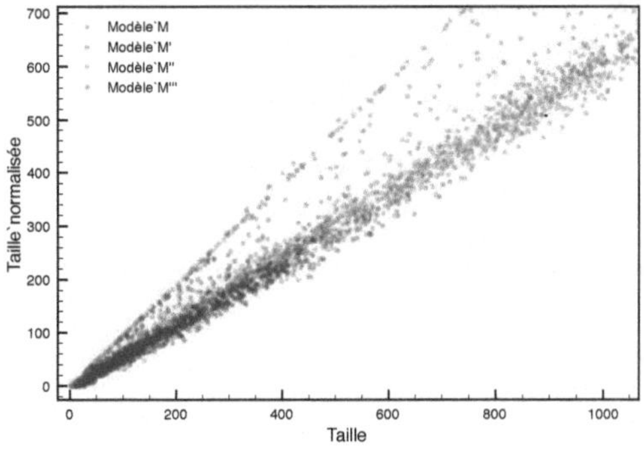

Figure 6.14 – Visualisation des métriques : taille et taille normalisée.

La Figure 6.15 illustre les répartitions des modèles sources et cibles. Il semble que la taille des modèles cibles (en ordonnée : M'' et M''') est plus petite que celle des modèles sources (en abscisse : M et M'). Ceci est une confirmation que notre *mapping* est une fonction partielle. Autrement dit, les éléments des modèles BPMN ne sont pas tous traduits en SCA.

La seconde observation, que nous voulons faire, est celle du « facteur τ » entre les modèles sources et les modèles cibles. En effet, comme nous l'avons évoqué précédemment, ce facteur est le ratio entre les tailles des modèles. Il donne une indication sur le comportement d'une transformation ou d'une synchronisation.

Le facteur $\tau_{M',M} = \frac{size(M')}{size(M)}$ caractérise la transformation, alors que $\tau_{M''',M''} = \frac{size(M''')}{size(M'')}$ caractérise la synchronisation dans la Figure 6.13 de notre expérimentation. Il nous semble que les deux facteurs n'ont pas un comportement similaire. La Figure 6.16 montre, qu'en pratique, le facteur $\tau_{M',M}$ de la transformation et le facteur $\tau_{M''',M''}$ de la synchronisation (qui la suit) sont presque linéaires. La forme du nuage de points confirme le fait que nous avons pu confondre les deux facteurs dans la démonstration du Théorème 3. Ceci corrobore l'affirmation de l'équivalence entre la synchronisation et la transformation.

Toutefois, nous pouvons émettre un doute selon lequel cette équivalence relative proviendrait du fait que les tailles des modèles synchronisées M'' et M''' sont proportionnelles aux tailles des modèles transformées M et M', et non d'une propriété du synchroniseur.

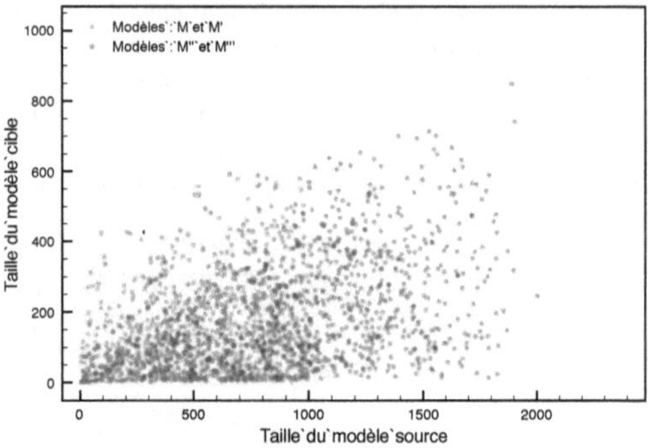

Figure 6.15 – Répartition de la taille des modèles SCA en fonction des modèles BPMN.

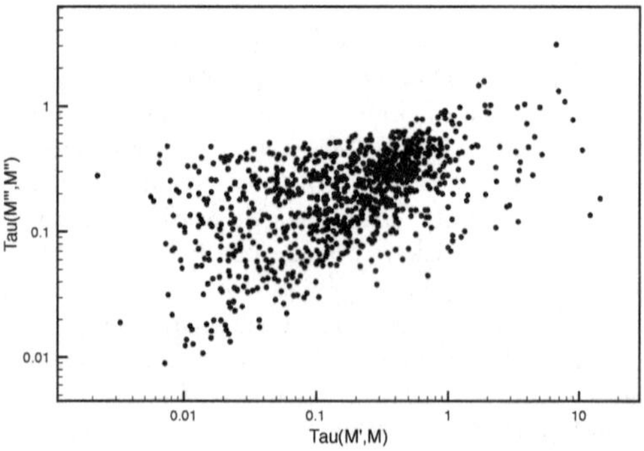

Figure 6.16 – Observation des facteurs $\tau_{M',M}$ et $\tau_{M''',M''}$.

Effectivement, nous avons les équations $size(M'') = size(M) + size(U_{\Delta_\mathcal{M}})$, puisque M'' est l'adaptation de M et $size(M''') = size(M') + size(U_{\Delta_\mathcal{M}})$, et M''' est l'adaptation de M'. A priori, nous pouvons être tenté d'accepter cette anti-thèse. En effet, pour la création des changements sources $U_{\Delta_\mathcal{M}}$, nous utilisons la même fonction aléatoire que celle utilisée pour la création les modèles M. Il s'agit de la même fonction qui représente le comportement de la modélisation BPMN et de l'évolution des modèles BPMN. Ce choix est totalement assumé, puisqu'il s'agit en réalité de séquences d'opérations sur les mêmes modèles BPMN.

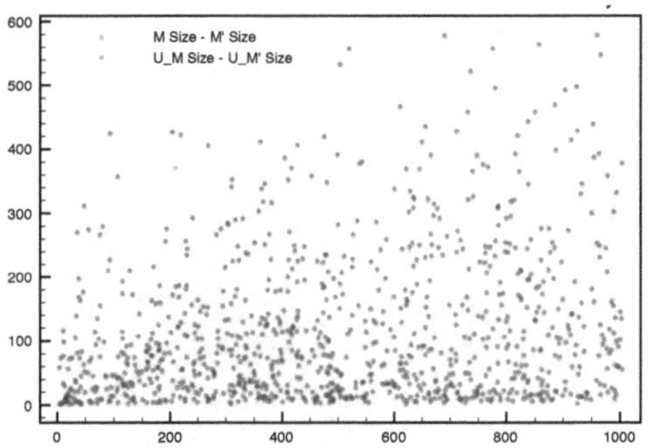

Figure 6.17 – Observation des modèles, et de leurs des changements.

La Figure 6.17 illustre ce propos par le fait que la répartition des points, entre les changements $U_{\Delta_\mathcal{M}}$ et $U_{\Delta_{\mathcal{M}'}}$, est semblable à la répartition des points, entre les modèles M et M'. Néanmoins, si nous schématisons la taille des changements $U_{\Delta_\mathcal{M}}$ en fonction de la taille des modèles M qui sont générés par la même fonction – comme c'est le cas dans la Figure 6.18 – nous observons alors que la corrélation est faible.

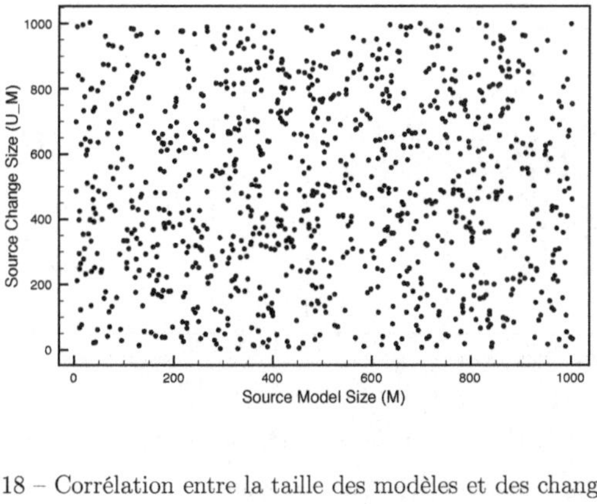

Figure 6.18 – Corrélation entre la taille des modèles et des changements.

Ceci montre que les changements générés aléatoirement ne sont pas proportionnels aux modèles. Au final, ni les modèles adaptés M'' ne sont proportionnels aux modèles M, ni les modèles M''' ne le sont par rapport aux modèles M'.

La Figure 6.19 illustre une observation très intéressante. Le facteur $\tau_{U_{\Delta_{\mathcal{M}'}},U_{\Delta_{\mathcal{M}}}} = \frac{U_{\Delta_{\mathcal{M}'}}}{U_{\Delta_{\mathcal{M}}}}$ de l'interprétation est proportionnel au facteur $\tau_{M''',M''} = \frac{size(M''')}{size(M'')}$ de la synchronisation, et non au $\tau_{M',M} = \frac{size(M')}{size(M)}$ de la transformation. Ceci s'explique par l'écriture du facteur avec

$$\tau_{M''',M''} = \frac{size(M')+size(U_{\Delta_{\mathcal{M}'}})}{size(M)+size(U_{\Delta_{\mathcal{M}}})}$$

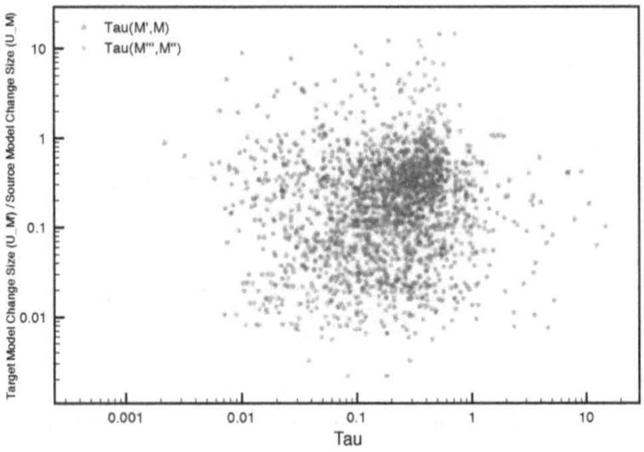

Figure 6.19 – Corrélation entre la taille des changements et les facteurs τ.

En effet, via le Théorème 1, nous avons $\tau_{U_{\Delta_{\mathcal{M}'}},U_{\Delta_{\mathcal{M}}}} = \frac{U_{\Delta_{\mathcal{M}'}}}{U_{\Delta_{\mathcal{M}}}}$ puisque $U_{\Delta_{\mathcal{M}'}} = interp(U_{\Delta_{\mathcal{M}}})$. Donc, le facteur $\tau_{U_{\Delta_{\mathcal{M}'}},U_{\Delta_{\mathcal{M}}}}$ a une plus forte corrélation avec le facteur $\tau_{M''',M''}$ qu'avec $\tau_{M',M}$.

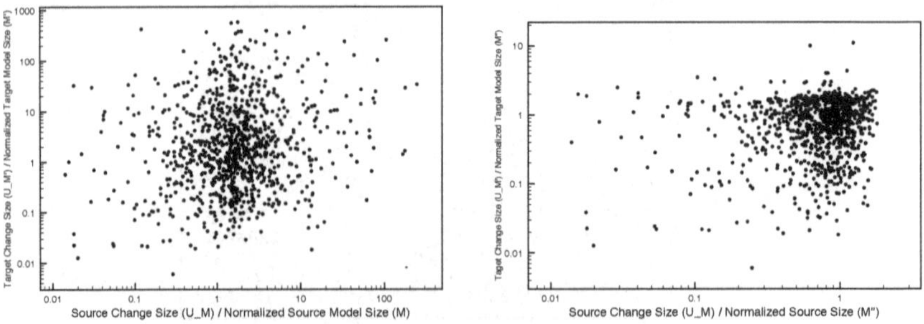

Figure 6.20 – Corrélation entre la taille des changements et la taille des modèles.

Cette constatation est très intéressante, car comme le montre la Figure 6.20, la corrélation entre les changements et les modèles synchronisés (voir le repère droit) est plus importante que celle entre les changements et les modèles transformés (voir le repère gauche). Ceci s'explique par deux raisons. Primo, comme nous l'avons énoncé plus haut, la création des changements sur les modèles transformés est aléatoire. Secundo, la taille des changements influe sur la taille des modèles qu'ils adaptent. En d'autres termes, tant que la taille du changement (le nombre d'opérations de la séquence) est plus petite ou égale à la taille normalisée des modèles (le nombre d'éléments du modèles), il est plus intéressant de procéder à une synchronisation incrémentale. C'est ce que nous voulons démontrer avec la mesure de la taille du changement de $size(U_{\Delta_{\mathcal{M}}})$ (qui modifie M en M'') et la taille de son impact $size(U_{\Delta_{\mathcal{M}'}})$ (ou sa propagation au modèle M''' ou son application au modèle M'). Par ailleurs, il est intéressant de noter que la mesure $size(U_{\Delta_{\mathcal{M}'}})$ donne une indication sur le nombre de règles qui sont activées durant la synchronisation.

6.4.3 Résultats sur l'efficacité de la synchronisation incrémentale

Théoriquement, la complexité de notre synchronisation incrémentale est proportionnelle à la taille des changements [80]. Ceci est dû au principe même de l'interprétation des changements qu'elle effectue pour propager les évolutions des modèles sources vers les modèles cibles. Cependant, comme nous l'avons déjà fait remarquer, l'efficacité de notre synchronisation n'est effective que lorsque la taille des changements ne dépasse pas la taille des modèles. Auquel cas, nous disons que « la synchronisation est effectivement incrémentale ». Par contre, si le contraire se produit, alors il est plus intéressant de procéder à une nouvelle transformation en direction du modèle cible. Evidemment, il devient plus simple de transformer à nouveau tout le modèle source pour obtenir un nouveau modèle cible, que de devoir changer la totalité du modèle cible. Pour le reste, et comme le montre la Figure 6.21, c'est l'expérience qui le confirme.

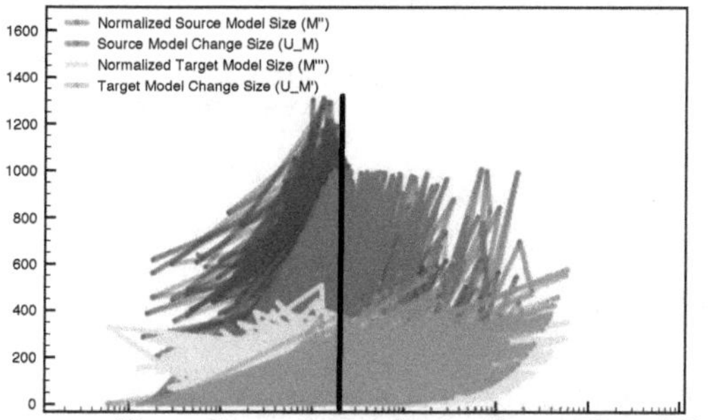

Figure 6.21 – Efficacité d'une synchronisation incrémentale.

Le nuage de points bleus illustre l'effort qu'il faudrait dépenser en terme d'éléments des modèles sources – c'est à dire la taille normalisée des modèles $\overline{size}(M'')$. Le nuage rouge schématise l'effort qu'il est nécessaire d'investir en terme d'opérations de changements – c'est à dire la taille des changements $size(U_{\Delta_{\mathcal{M}}})$. Ces deux quantités sont représentées en ordonnées, alors que les abscisses représentent le ratio entre la taille des changements et la taille normalisée des modèles sources, à savoir $\frac{size(U_{\Delta_{\mathcal{M}}})}{\overline{size}(M)}$. Nous pouvons observer, par la superposition des nuages de points,

80. À la différence d'une synchronisation différentielle qui est proportionnelle à la taille des modèles.

que l'interprétation incrémentale des changements (nuage rouge) reste plus avantageuse qu'une transformation des éléments des modèles (nuage bleu), tant que la taille des changements dépasse de peu celle des modèles (ligne noire). Autrement dit, si les changements à interpréter deviennent plus importants que les modèles à transformer – c'est à dire le ratio dépasse la valeur unitaire –, alors il devient plus raisonnable de transformer les modèles (nuage bleu qui est masqué par le nuage rouge), car leur taille n'est pas proportionnelle à la taille des changements. De plus, dans la même figure, nous pouvons voir que la synchronisation ou la transformation ont le même comportement quand il s'agit d'adapter les modèles cibles M' par application des changements $U_{\Delta_{\mathcal{M}'}}$ (nuage vert pour $size(U_{\Delta_{\mathcal{M}'}})$), ou de générer directement les modèles cibles M''' (nuage vert pour $size(M''')$).

La superposition des mesures est possible puisque nous représentons en abscisse les deux ratios $\frac{size(U_{\Delta_{\mathcal{M}}})}{\overline{size}(M)}$ (nuages : bleu et rouge) et $\frac{size(U_{\Delta_{\mathcal{M}'}})}{\overline{size}(M')}$ (nuages : vert et jaune), et que

$$\overline{size}(M') = \tau_{M',M} \times \overline{size}(M) \text{ et } size(U_{\Delta_{\mathcal{M}'}}) = \tau_{U_{\Delta_{\mathcal{M}'}},U_{\Delta_{\mathcal{M}}}} \times size(U_{\Delta_{\mathcal{M}}}).$$

Comme nous l'avons exprimé plus haut, les facteurs $\tau_{U_{\Delta_{\mathcal{M}'}},U_{\Delta_{\mathcal{M}}}}$ et $\tau_{M''',M''}$ peuvent être confondus. En abscisse, nous avons les facteurs $\tau_{M',M}$ et $\tau_{M''',M''}$, qui peuvent aussi être confondus. Par conséquent, nous pouvons remarquer que l'efficacité se produit quand les ratios restent unitaires. Ainsi, quand les changements $U_{\Delta_{\mathcal{M}}}$ et $U_{\Delta_{\mathcal{M}'}}$ deviennent plus importants que les modèles synchronisés M'' et M''', les performances de la synchronisation incrémentale ne sont plus probantes par rapport à une transformation directe des modèles sources. Cela est bien entendu un comportement non providentiel de la synchronisation. En effet, plus le changement est important et plus l'impact du changement est grand.

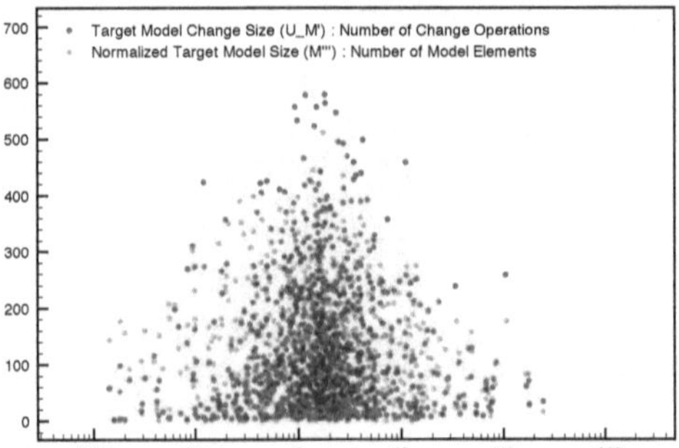

Figure 6.22 – Comportement de la synchronisation incrémentale.

Cependant, comme le rappelle la Figure 6.22, notre synchroniseur BPMN-SCA réalise un *mapping* qui est une fonction partielle. Ce qui fait que la taille des changements propagés $U_{\Delta_{\mathcal{M}'}}$ (nuage rouge) et celle des modèles cibles M''' (nuage bleu) seront toujours bornées. Ainsi, l'efficacité ne peut provenir que de la manière dont on propage les changements. In fine, lorsque les changements sont plus petits que les modèles, il faut les propager par interprétation. Sinon il est préférable de transformer les modèles eux-mêmes.

6.5 Conclusion

Dans ce chapitre nous avons décrit la mise en œuvre de notre canevas logiciel pour la propagation incrémentale automatisée des changements (entre les modèles BPMN et SCA) au sein d'une ingénierie dirigée par les modèles. Comme nous l'avons démontré, notre synchroniseur se substitue à un outil de transformation de modèle. Notre contribution à l'automatisation du procédé de tissage entre les architectures permet de modéliser les évolutions ou les corrections sur les processus et de justifier leur bien fondé en évaluant l'impact qu'elles engendrent sur l'architecture fonctionnelle et applicative du SI à reconstruire. En effet, notre synchroniseur permet l'évaluation de l'impact du changement des modèles BPMN sur les modèles SCA en simulant leur réingénierie pour l'établissement de l'alignement fonctionnel de la solution logicielle. Nous spécifions le *mapping* entre les modèles BPMN et SCA selon la manière dont les modèles sont construits et modifiés, en décrivant l'interprétation des opérations de changement. Par l'évaluation des séquences de changement, il devient possible de définir la correspondance, non pas entre les structures, mais aussi entre les modifications des structures. Non seulement, nous pouvons procéder à des modifications plus consciencieuses des modèles, mais nous avons aussi des mesures expérimentales sur l'impact des changements.

Dans l'expérimentation que nous avons présenté, nous nous sommes focalisés sur l'analyse du cas d'étude pour la propagation du changement entre BPMN et SCA. Cependant, ces résultats peuvent dépasser ce cadre, car les métriques que nous avons définies sont indépendantes de la syntaxe des langages utilisés pour les modèles. Ensuite, l'historisation du contexte de la propagation des opérations permet de représenter les modèles et de maîtriser les changements qui les affectent. Ceci donne une indication sur les décisions de conception qui ont été adoptés entre les générations de modèles et la traçabilité des modifications entre deux versions du SI [CW95].

Bien entendu, la fiabilité de l'automatisation de la synchronisation des modèles comparée au tissage manuel des architectures permet aussi de réduire le nombre des inconsistances entre les architectures qui doivent être alignées, et ainsi d'améliorer la qualité logicielle. Cependant, avant d'effectuer la modification de la plateforme réelle du SI, nous proposons de visualiser[81] la feuille de route des changements à apporter.

Par ailleurs, le principe de l'approche *COnstructive COst MOdel* (COCOMO [Bos11]) est d'effectuer un simple calcul de l'effort et de la durée en fonction du nombre d'instructions contenus dans le code source d'une application et la complexité de cette dernière. Nous pouvons étendre ce calcul à l'estimation du coût des maintenance des architectures [LRvV03] en prenant en compte le nombre d'opérations de changement et de leur complexité dans la maintenance du SI. Ce genre de calcul donnerait lieu à un modèle de gouvernance du changement d'une architecture SOA, puisque la manière de changer les architectures a une incidence directe sur la réduction des coûts et la diminution du temps de maintenance [Aoy02]. Il s'agit des prémisses[82] d'une approche de prédiction de l'impact des changements des processus métiers sur des architectures SOA.

Par ailleurs, il est envisageable d'appliquer des techniques de régression linéaire pour déterminer les relations entre les facteurs des métriques que nous avons introduits face à l'évolution des méta-modèles, et donc du *mapping*. Au final, l'alignement du SI sur le système métier d'une entreprise se traduit non seulement par une concordance entre les différentes architectures, mais en plus, par la conduite et la gouvernance des changements de ces architectures.

81. Nous pouvons l'enregistrer à des fins de référence ultérieure [RRH08].

82. Notre approche peut être étendue à d'autre notations pour constituer un cadre « holistique » pour la gouvernance du changement d'un SI.

7 Bilan et perspectives

Dans ce dernier chapitre nous faisons le bilan de nos trois contributions que nous replaçons dans le contexte général de notre thèse. Après avoir porté un regard critique sur les sujets que nous avons évoqué dans ce manuscrit, nous présenterons les perspectives que nous envisageons pour la suite de nos travaux.

7.1 Bilan des contributions

Dans cette thèse, nous avons voulu démontrer que l'alignement du SI (système informatique) sur l'organisation d'une « entreprise orientée services » est un indicateur pertinent de la « durabilité » de la solution technique du SI par rapport à la « réactivité » de l'entreprise. La réactivité de l'entreprise est mise en valeur par l'intégration de sa stratégie dans son SIE (système d'information d'entreprise), et de l'urbanisation de celui-ci. La durabilité est mise en valeur par l'intégration de cette stratégie dans l'automatisation des processus métiers que l'entreprise utilise pour produire de la valeur. Ainsi, une solution durable du SI est perceptible par sa capacité à suivre les évolutions structurelles de l'entreprise. Elle est une conséquence de la « flexibilité » des IT (technologies de l'information) que l'entreprise emploi pour répondre aux enjeux de l'informatisation. D'ailleurs, nous avons expliqué que le catalyseur de cette durabilité n'est pas seulement « l'intéropérabilité » des solutions techniques – c'est-à-dire des mises en œuvre d'une architecture orientée services –, mais aussi l'« agilité » de l'ingénierie employée. L'ingénierie logicielle doit aligner l'informatique aux changements des décisions stratégiques et tactiques de l'entreprise pour fournir des services métiers évolués à moindre coût. Ainsi, les coûts de la réutilisation ou ceux de la construction de nouveaux services font apparaître la nécessité d'assurer le meilleur « alignement architectural » entre les processus métiers et leur réalisation selon le style SOA (architecture orientée services).

7.1.1 Contribution à l'alignement architectural

Dans notre première contribution, nous avons proposé une approche d'ingénierie dirigée par les modèles pour la conception des différentes architectures d'un SI [DCG10]. Cette ingénierie logicielle axée sur le métier, que nous avons d'ailleurs formalisée, est intégrée à un outil de transformation de modèles qui permet de générer les architectures du SI. La méthode que nous présentons implique l'utilisation systématique de modèles qui utilisent les langages BPMN et SCA pour représenter les différentes vues d'un SI. Cela corrobore le fait que les architectures (métier, fonctionnelle et applicative) d'un SI doivent être décrites selon différents domaines de modélisation, et qu'une économie d'échelle est possible par l'automatisation du développement.

Notre démarche débute par la modélisation de la logique métier – un modèle en langage BPMN – pour décrire la collaboration des processus métiers qui régit les compositions de services métiers. Ce domaine de modélisation renvoie aux techniques plus générales de gestion des processus métiers (BPM), et assure une approche « holistique » pour la cartographie des processus métiers. La documentation des architectures des processus métiers aide à la compréhension des interdépendances entre les services métiers des unités organisationnelles d'une entreprise. Ensuite, par transformation automatisée [DCG11a], nous produisons un modèle de la logique applicative – en langage SCA. Ce modèle décrit une configuration canonique de composants applicatifs – basée sur un style SOA (architecture orientée services) – qui mettent en œuvre les processus spécifiés dans le modèle initial, et dont le détail d'implémentation est isolé de la logique structurelle. SCA simplifie la description des architectures applicatives indépendamment des plateformes techniques, des langages de programmation, du protocole d'appel des services et d'invocation des données.

Le procédé de tissage automatique se base sur une transformation intermédiaire de l'architecture fonctionnelle – décrite en BPMN – et produit une architecture applicative où la granularité des composants correspond au maillage des fonctionnalités des processus. Cet alignement architectural insiste sur une séparation forte entre l'implémentation des services applicatifs, l'assemblage des services fonctionnels et la composition des services métiers. Il permet d'améliorer la lisibilité du SI, puisque chaque composant peut contenir des sous-composants avec des implémentations différentes. La documentation des architectures fonctionnelles (supportant les services métiers) et leur implémentation (dans une architecture applicative séparée) aide à identifier les incohérences des compositions des services fonctionnels. Nous proposons également de décrire plusieurs configurations et de les relier entre elles pour modéliser des SI inter-organisationnels.

La séparation des perspectives doit faciliter la maintenance et l'évolution des architectures par une ingénierie spécifique, puisque les modèles sont conceptuellement découplés. L'affinement des fonctionnalités déjà réalisées, ou même en cours de réalisation, est possible en opérant des changements directement sur les modèles. Cependant, avant d'initier toute propagation du changement entre les modèles pour établir leur « alignement fonctionnel », il est primordial d'évaluer l'effet des modifications sur la réingénierie des architectures afin d'éviter les incompatibilités qui peuvent se produire entre les processus métiers et des architectures SOA. Ceci nécessite d'établir une feuille de route permettant de passer des modèles « actuels » aux modèles « en cible » sans que les évolutions souhaitées ne créent un décalage entre les niveaux d'architectures, et ne provoquent l'instabilité du SI au complet.

7.1.2 Contribution à l'alignement fonctionnel

Lors de l'évolution des processus métiers, il s'avère, parfois, que les ajustements apportés à la logique métier ont un impact sur la logique applicative. Il est alors nécessaire de propager les changements entre les architectures du SI pour les réaligner. Généralement, un changement de la logique métier – qu'il soit un raffinement, une évolution de processus existants, ou une introduction d'un nouveau processus – consiste à modéliser l'architecture métier « en cible » en modifiant les modèles de processus actuels, ou en créant de nouveaux. Ainsi, pour générer le moins d'incertitudes et de craintes dans une démarche BPM, les changements de moyenne envergure sont réalisés de manière incrémentale en procédant à des essais-pilotes et des évaluations contrôlées.

Dans notre deuxième contribution, nous avons introduit une approche d'assistance pour la propagation du changement entre les architectures métiers, fonctionnelles et applicatives [DCG11b] qui se base sur la synchronisation incrémentale des modèles BPMN et SCA. Elle se décompose en trois phases (détection de l'impact, analyse de l'impact, propagation du changement) pour la conduite du changement. D'ailleurs, le cadre formel que nous avons présenté permet de garantir un certain nombre de propriétés pour préserver la correction de l'évolution des modèles BPMN et à la propagation du changement aux modèles SCA. Nous utilisons l'idée de réécriture de graphes pour assurer la cohérence des architectures lors d'un changement qui provoque la perte de l'alignement fonctionnel entre les modèles. Notre approche permet l'évaluation de l'impact des changements de la logique métier sur l'infrastructure applicative en opérant une simulation des modifications sur les modèles d'architecture. Cette méthode d'ingénierie « itérative » permet la simulation de la maintenance des processus actuels, et leur synchronisation avec les configurations de composants applicatifs. Elle offre la possibilité de documenter les choix de conception par une historisation des traces des évolutions de modèles. L'historisation évite la perte de l'information au cours du procédé de tissage et la disparition de la traçabilité sur les choix de conception. Il s'agit de cartographier la feuille de route pour migrer la génération des modèles « actuels » vers une génération « en cible ».

7.1.3 Contribution à l'outillage pour l'alignement architectural et fonctionnel

D'un point de vue technique, l'avantage de notre approche de synchronisation incrémentale est qu'elle propose une solution plus directe pour trouver les changements nécessaires sur les modèles en cible selon des changements sur les modèles actuels. Notre méthode d'analyse de l'impact du changement est basée sur l'interprétation des « opérations de changement » d'un modèle à un autre en veillant à la préservation de la consistance des modèles et du *mapping*. La notion de « séquences de changement » que nous avons introduit permet de définir la correspondance entre les modifications structurelles des modèles selon une « sémantique opérationnelle ».

Les trois phases de notre approche représentent les fonctionnalités d'un outil que nous avons développé, et que nous avons intégré à un atelier de génie logiciel [DCG11a, DCG11b]. Il offre un cadre qui accompagne les architectes-métier et les ingénieurs-système dans la modélisation BPMN. Il améliore la productivité des architectes-système et des développeurs dans l'ingénierie des services en produisant automatiquement les modèles SCA. Cette troisième contribution permet de guider l'évolution des processus métiers selon la taille des modifications qu'elles provoquent sur l'architecture applicative. Cela suppose que l'on puisse subdiviser les architectures de manière à toucher une partie seulement des processus, des services et des composants.

Avec la traçabilité architecturale de notre approche, nous pouvons évaluer la taille des changements et non la complexité des modèles obtenues après modification. Les métriques en rapport avec la taille du changement que nous avons introduits permettent d'effectuer des mesures sur l'impact des changements. Combinées à une méthode prédictive de l'effort et de la durée des développements que nous reléguons à de futurs travaux, ces métriques devraient conduire à des adaptations plus efficace de la solution technique déployée. De ce fait, l'évolution du SI peut être maîtrisé à l'échelle des modèles d'architectures. La prédiction de cet impact sur les architectures applicatives n'exige pas le codage d'un prototype ou d'une preuve de concept du SI cible, puisqu'encore l'étude de l'évolution du SI se fait sur des modèles et non dans le code source.

Enfin, l'évolution d'un service métier qui touche plusieurs domaines de l'entreprise exigera un niveau supérieur de gouvernance du changement. Cela peut créer d'énormes problèmes de confiance entre les équipes de développement et nécessite une gouvernance particulière. La gouvernance du changement de l'architecture SOA [BLGM08] est un cas particulier de la gouvernance IT qui se focalise sur la qualité du développement des services à valeur ajoutée pour l'entreprise. Il s'agit de veiller à la qualité de conception du SI par une planification de la réalisation et de la mise à jour des services existants, et du contrôle qualité des services par la surveillance de leur disponibilité et de leur performance. Ceci dépasse le cadre d'étude de notre thèse.

Lors de la conception, l'approche présentée dans cette thèse peut être mise en place en tant que méthode « préventive » pour détecter les défauts pouvant se produire au niveau de la modélisation d'un SI en réponse à des évolutions structurelles du SIE. Nous pouvons étoffer notre « sémantique opérationnelle » avec des conditions qui verrouillent la modification de certaines parties de modèles. Ensuite, lors de la mise en production et le déploiement réel, nous devons mettre en place des mécanismes de détection, a posteriori, des erreurs provoquées par des choix de conception. Par exemple, des tests de non régression après la maintenance et des techniques de supervision doivent être employées pour superviser l'exécution des nouveaux processus métiers ou ceux qui sont modifiés. Toutefois, nous pensons qu'un prototype – indépendamment de son coût de réalisation – restera toujours un moyen complémentaire pour évaluer un SI qui doit être amélioré. Dans la section suivante, nous présentons les perspectives de notre thèse.

7.2 Extensions envisageables et perspectives

Comme nous l'avons présenté au Chapitre 4, certains artéfacts BPMN n'ont pas de concepts équivalents dans le méta-modèle SCA. Par exemple, les événements et les branchements ne correspondent pas à des artéfacts SCA. Même-si la totalité des éléments SCA peuvent être générés à partir d'éléments BPMN, notre *mapping* reste une fonction partielle. Il faut dire que notre transformation aura un degré d'aboutissement différent des modèles SCA générés, selon le degré de précision de la modélisation des modèles BPMN source. Ceci est justifié par le fait que la notation BPMN se trouve à un niveau d'abstraction plus haut que celui des assemblages SCA. En effet, l'expressivité de la transformation dépend de la richesse du méta-modèle SCA canonique, puisque la transformation n'est pas censée enrichir les modèles BPMN, mais simplement les transformer en SCA.

7.2.1 Extensions envisageables

Le standard BPMN 2.0 définit deux types de processus qu'il nomme : « exécutables » et « non exécutables ». Il définit aussi des « sous-processus » dédiés aux activités décomposables et des « événements » pour faciliter la prise en compte des données, des exceptions et des signaux pour les aspects conversationnels des services métiers. Un processus « exécutable » est alors modélisé dans le but d'être exécuté sur un moteur d'exécution [ANRR10]. Cependant, les analystes-métier n'ont pas toujours l'objectif de modéliser ce genre de processus. Dans ce cas, un processus « non-exécutable » est utilisé pour documenter les conversations entre services fonctionnels qui ne sont pas forcément exécutables, mais dont les détails d'exécution sont volontairement omis. Évidemment, les notions relatives à « l'instantiation » des processus sont hors de portée de cette thèse. Néanmoins, nous pouvons facilement étendre notre démarche pour générer des implémentations de composants SCA en « WS-BPEL » [Ope09b]. Comme le montre la Figure 7.1, nous pouvons envisager d'opérer une transformation des sous-processus BPMN en des implémentations de composants SCA, et faire correspondre les conversations BPMN à des connecteurs entre les composants. De plus, nous pouvons envisager d'autres critères de décomposition des flux fonctionnels croisés autre que celle des lignes. Nous pouvons regrouper les tâches au sein de composants SCA sur la base d'attributs fonctionnels ou non-fonctionnels.

Les spécifications SCA ont étés récemment étendues au traitement des événements complexes (*Complex Event Processing* [Lub09]). Nous pensons qu'il est possible d'étendre notre méta-modèle SCA canonique à ces extensions pour transformer les « événements » BPMN en SCA, et ainsi retranscrire les mécanismes conversationnel entre processus en mécanismes de « publication / souscription » entre composants SCA. D'autre part, SCA recommande l'utilisation de la spécification SDO (*Service Data Objects* [PB04]) pour décrire les paramètres des services applicatifs. Nous pouvons envisager une correspondance entre les modèles de données BPMN et SDO.

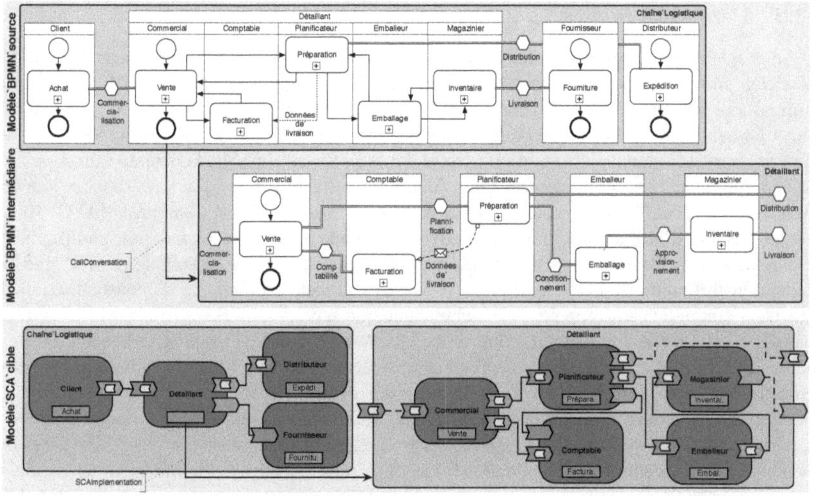

Figure 7.1 – Extension de la transformation de modèles.

Enfin, nous pouvons envisager la synchronisation bidirectionnelle entre BPMN et SCA. Elle consisterait à propager aussi les changements des modèles SCA vers les modèles BPMN. Néanmoins, cela est moins trivial qu'il ne parait au premier abord. Du fait du *mapping* BPMN-BPMN multivalué, il peut y avoir plusieurs modèles BPMN correspondants pour un modèle SCA. Ceci devrait conduire à « l'indécidabilité » de l'algorithmique d'interprétation des changements qui aurait des choix à faire entre plusieurs modèles BPMN à générer. Toutefois, il semble qu'il soit possible de rechercher une interprétation « minimale » du modèle BPMN selon le contexte d'une transformation précédente dans le sens BPMN-SCA. Cependant, le problème de l'intention du changement sur le BPMN restera toujours problématique.

Indépendamment du langage utilisé, un modèle d'architecture est constitué par des éléments qui ont, généralement, une représentation graphique. Par exemple, la sémantique (taille, raffinement, abstraction, temporalité et localisation) des artéfacts et des liens entre eux détermine la majeure partie de la vue ou de l'aspect à modéliser. Si les modèles conçus représentent le même aspect, alors il est relativement facile de propager les changements entre modèles. Ceci est valable pour les transformations unidirectionnelles, mais devient plus complexe pour les transformations directionnelles. Par exemple, si l'on suppose que l'ajout d'un bloc fonctionnel correspondant à l'ajout d'un bloc applicatif, il n'est pas évident d'affirmer l'inverse. En effet, l'ajout du bloc applicatif peut être une simple duplication, voire même un raffinement d'un bloc existant. Outre l'utilisation des techniques de rétro-ingénierie, la représentation de la sémantique (ou des connaissances) est un point clé pour la propagation du changement entre les modèles. En effet, pour la détermination des modèles en cibles, nous nous sommes limités aux architectures métier, fonctionnelle et applicative. Pour effectuer une évolution des processus, il faudrait intégrer aussi les vues technologique et physique dans notre démarche d'analyse. D'ailleurs, ceci est l'une de nos perspectives, que nous présentons dans la section suivante.

7.2.2 Perspectives

Le problème qui se pose en termes de « IT durables » (*Green IT*) est celui du partage de l'information entre les processus inter-organisationels. On applique souvent l'adjectif « virtuel » ou « immatériel » à ces processus qui traversent les frontières fonctionnelles d'une seule organisation, ce qui pourrait laisser croire que l'informatique est peu consommatrice de ressources naturelles. Souvent présentée comme une solution pour le développement durable, la dématérialisation n'est malheureusement pas accompagnée d'une diminution des flux physiques par rapport aux flux d'information [Kuh12]. En ce sens, l'informatique en nuage (*Cloud Computing* [AFG+10]) se présente, aujourd'hui, comme une alternative viable aux modèles économiques traditionnels – où chaque entreprise doit construire sa propre infrastructure IT – avec comme résultat une mutualisation des coûts de l'informatique. Ce nouveau modèle économique de consommation des logiciels – communément appelé « logiciel en tant que service » ou SaaS (*Software as a Service* [ML08]) – est basé sur la rémunération de service à la demande, et non sur l'acquisition de licences [FZRL08]. Les entreprises rémunèrent une tierce partie qui leur fournit l'infrastructure logicielle, les assiste dans leurs projets informatiques, et gère l'architecture technique et physique de leurs SI. Cette tierce partie s'occupe de la livraison de moyens et de l'expertise pour le *Cloud* en permettant aux entreprises « d'externaliser » intégralement un aspect de leur SIE. C'est précisément là qu'un déploiement de l'architecture SOA peut bénéficier des avantages du logiciel en tant que service. Nous sommes convaincus que l'ingénierie des services est une condition préalable au *Cloud*. En effet, l'utilisation du style SOA à pour conséquences une intégration des processus avec une infrastructure IT fondamentalement « intéropérable ».

7.2.2.1 Informatique orientée service et informatique en nuage

L'essor de l'informatique en nuage accroît les enjeux « d'intégration », « d'interopérabilité » des services. D'ailleurs, les idées de l'ingénierie des services sont regroupées dans une discipline de « l'informatique orientée service » (*Service Oriented Computing*[PTDL07]), où « l'intégration » est le maître mot. Lors de l'externalisation de certains « services métiers » d'une entreprise, les processus externalisés hors site doivent être automatisés par des services distants qui sont portés sur le *Cloud*. En retour les « processus » gérés par les services existants, sur site, doivent interagir aussi avec les services du *Cloud*. Pour assurer la continuité des traitements de la chaîne de valeur, chaque unité organisationnelle consommatrice de service accepte le risque d'utiliser les applications hors de portée de leur contrôle. Elle possède donc un portefeuille d'application (ou de services) utilisable par d'autres unités, et, inversement, chaque unité réutilise, ses propres services et les services d'autres unités. Ainsi, les unités doivent posséder un outillage approprié pour la création de nouveaux services et l'amélioration des services existants aux bénéfices des autres unités.

En effet, avant de porter un portefeuille d'applications sur le *Cloud*, il est nécessaire de disposer d'une vison architecturale claire sur l'intégration entre les applications sur site et hors site. En ce sens, notre contribution pour l'alignement architectural améliore la lisibilité du SI, puisque nous garantissons une traçabilité entre chaque composant – pouvant être porté sur le *Cloud* – et le sous-processus qu'il automatise. Grâce au couplage faible entre les composants SCA et l'abstraction des détails de leur composition, l'intégration des *SCA Runtimes*[83] réfère au déploiement de « nœuds virtuels » dans un *Cloud* [BN10]. Pour cela, nous traduisons les concepts de « service métier » et « flux fonctionnels croisés » en des concepts de « service fonctionnel » et « service applicatif ». De même, nous pouvons reproduire ces concepts vers des modèles « déployables »

83. L'intergiciel qui exécute des composants SCA [MR09]

d'un SI. Dans ce cas, il est nécessaire de mettre en œuvre les notions de « cohérence forte / couplage faible » pour les modalités d'assemblage et de communication entre des composants SCA ou des « orchestrations de services Web » [BKNT11]. Cependant, comme nous l'avons évoqué au Chapitre 3, la complexité croissante des standards *Web Services* a des conséquences sur les coûts qu'il convient de diminuer afin de démontrer la rentabilité de SCA dans le SaaS.

7.2.2.2 Informatique en modèles intégrés et informatique en nuage

Une de nos perspectives est que nous voulons évaluer la synergie entre les paradigmes de l'informatique en modèles intégrés et de l'ingénierie logicielle pour l'informatique en nuage. En effet, nous pensons que l'informatique en modèles intégrés peut jouer un rôle substantiel dans l'assistance au développement avec comme leitmotiv : « le portage des applications sur le nuage » [LFM+11]. La caractéristique « générative » de l'ingénierie dirigée par les modèles peut améliorer le développement des applications portées sur le nuage. Grâce aux économies d'échelle réalisées par l'automatisation du procédé de développement, il devient possible de « dématérialiser » les processus métiers et d'intégrer les architectures applicatives selon le principe dit *off-premise*. Par exemple, l'utilisation des techniques de rétro-ingénierie permettent d'extraire les modèles des applications existantes, qui ont vocation à être externalisées ou « modernisées ». Ces modèles peuvent être ensuite transformées en des modèles pour une architecture en nuage. D'autre part, nous pouvons améliorer le passage à l'échelle de notre technique de transformation et de synchronisation de modèles en utilisant le nuage comme une infrastructure technique. En effet, il est intéressant de confronter l'ingénierie dirigée par les modèles au passage à l'échelle avec des projets de développement incluant des équipes de taille réelle. Nous sommes convaincus que ces deux sujets auront un impact direct sur l'adoption de l'informatique en modèles intégrés dans l'informatique en nuage.

Enfin, la mise en œuvre de l'architecture SOA dans une entreprise nécessite un certain nombre de procédés de support informatique. Il s'agit des procédés de gouvernance des services qui impliquent non seulement les architectes et les développeurs, mais également les décideurs d'entreprise [Man12]. La gouvernance IT est directement lié à la stratégie de l'entreprise et sa rentabilité globale [Ven10]. Généralement, ils sont mis en valeur par des politiques[84], des contrats et accords de niveau de service qui sont regroupés, par exemple, dans Lean SOA [Man10]. Outre la gouvernance IT, le management du changement [idgefP03] est aussi essentiel pour faire face aux évolutions perpétuelles d'une entreprise (autre que ses ressources IT) d'une manière efficace [BLGM08]. En effet, il est plus difficile de modifier les habitudes dans une organisation de travail (routines, structure de l'organisation, accès à l'information, etc.) que de changer ses outils techniques. Mise à part les conséquences financières, cet obstacle est la raison de bien d'échecs de l'introduction du paradigme « service » dans les entreprises, puisqu'un quelconque changement peut provoquer des réserves de la part des utilisateurs. À ce titre un modèle de gouvernance innovant est nécessaire afin de régir les comportements à adopter lors de la réorganisation et l'optimisation d'une entreprise orientée services. Nous sommes convaincus que l'intégration progressive conduira à une réduction significative des coûts liés à l'urbanisation de leur SIE et une amélioration de la durabilité de leur SI, avec comme conséquence la réactivité de l'organisation.

84. Par exemple, une conformité aux normes et lois tel que « *Sarbanes'Oxley Act* ».

Bibliographie

[ABL⁺10] Salman Akram, Athman Bouguettaya, Xumin Liu, Armin Haller, and Florian Rosenberg. A change management framework for service oriented enterprises. *IJNGC*, 1(1), 2010.

[ABP12] ABPMP. Guide to the business process management body of knowledge (bpm cbok). (accessed on 28 June 2012), 2012.

[AC08] Michał Antkiewicz and Krzysztof Czarnecki. Design space of heterogeneous synchronization. In *GTTSE*, pages 3–46. Springer Berlin, 2008.

[Acc11] Rafael Accorsi. Business process as a service : Chances for remote auditing. In *Proceedings of the 2011 IEEE 35th Annual Computer Software and Applications Conference Workshops*, COMPSACW '11, pages 398–403, Washington, DC, USA, 2011. IEEE Computer Society.

[AFG⁺10] Michael Armbrust, Armando Fox, Rean Griffith, Anthony D. Joseph, Randy H. Katz, Andy Konwinski, Gunho Lee, David A. Patterson, Ariel Rabkin, Ion Stoica, and Matei Zaharia. A view of cloud computing, 2010.

[ANRR10] Wil M. P. Aalst, Joyce Nakatumba, Anne Rozinat, and Nick Russell. Business process simulation. In Jan vom Brocke and Michael Rosemann, editors, *Handbook on Business Process Management*, International Handbooks on Information Systems, pages 313–338. Springer Berlin Heidelberg, 2010.

[Aoy02] Mikio Aoyama. Metrics and analysis of software architecture evolution with discontinuity. In *IWPSE*, pages 103–107, New York, NY, USA, 2002. ACM.

[AP03] Marcus Alanen and Ivan Porres. Difference and union of models. In *UML*, pages 2–17, 2003.

[BA11] Saeed Ahmadi Behnam and Daniel Amyot. Evolution of goal-driven pattern families for business process modeling. In *MCETECH*, pages 46–61, 2011.

[BB05] Alistair P. Barros and Egon Börger. A compositional framework for service interaction patterns and interaction flows. In *ICFEM*, pages 5–35, 2005.

[BCM99] Sanjeev K. Bordoloi, William W. Cooper, and Hirofumi Matsuo. Flexibility, adaptability, and efficiency in manufacturing systems. *Production and Operations Management*, 8(2) :133–150, 1999.

[BDE⁺04] Frank J. Budinsky, George DeCandio, Ralph Earle, Tim Francis, Julian Jones, Jin Li, Martin Nally, Connie Nelin, Valentina Popescu, Scott Rich, Arthur G. Ryman, and Timothy Wilson. Websphere studio overview. *IBM Systems Journal*, 43(2) :384–419, 2004.

[BEE⁺10] Enrico Biermann, Hartmut Ehrig, Claudia Ermel, Ulrike Golas, and Gabriele Taentzer. Parallel independence of amalgamated graph transformations applied to model transformation. In Gregor Engels, Claus Lewerentz, Wilhelm Schäfer, Andy Schürr, and Bernhard Westfechtel, editors, *Graph transformations and model-driven engineering*, pages 121–140. Springer-Verlag, Berlin, Heidelberg, 2010.

[Ber12] Birol Berkem. The goal-driven soa urbanization framework : From the business motivation model (bmm) to soa - capitalizing on the business capabilities. (accessed on Jui. 2012), 2012.

[BET08] Enrico Biermann, Claudia Ermel, and Gabriele Taentzer. Precise semantics of emf model transformations by graph transformation. In *MODELS*, pages 53–67. Springer Berlin, 2008.

[Bie10] Matthias Biehl. Literature study on model transformations. Technical report, Royal Institute of Technology, July 2010.

[BK03] Martin Bernauer and Gerhard Kramler. Specification of interorganizational workflows - a comparison of approaches. In *SCI*, pages 30–36, 2003.

[BKNT11] Christian Baun, Marcel Kunze, Jens Nimis, and Stefan Tai. *Cloud Computing - Web-Based Dynamic IT Services*. Springer, 2011.

[BLGM08] William A. Brown, Robert G. Laird, Clive Gee, and Tilak Mitra. *SOA Governance : Achieving and Sustaining Business and IT Agility*. IBM Press, 1 edition, 2008.

[BLJM08] Norbert Bieberstein, Robert G. Laird, Keith Jones, and Tilak Mitra. *Executing SOA : A Practical Guide for the Service-Oriented Architect*. IBM Press, 1st edition, 2008.

[BLKR05] Victor R. Basili, Meir Lehman, Goel Kahen, and Juan Ramil. Simulation process modelling for managing software evolution. In Silvia T. Acuña and Natalia Juristo, editors, *Software Process Modeling*, volume 10 of *The Kluwer International Series in Software Engineering*, pages 87–109. Springer US, 2005.

[BMB96] Lionel C. Briand, Sandro Morasca, and Victor R. Basili. Property-based software engineering measurement. *ITSE*, 22(1) :68–86, January 1996.

[BMZ+05] Jim Buckley, Tom Mens, Matthias Zenger, Awais Rashid, and Günter Kniesel. Towards a taxonomy of software change : Research articles. *JSME*, 17(5) :309–332, September 2005.

[BN10] By Rajarshi Bhose and Kiran C Nair. Integrating composite applications on the cloud using sca. (accessed on Jan. 2012), 2010.

[Boh96] Shawn A. Bohner. Impact analysis in the software change process : a year 2000 perspective. In *ICSM*, pages 42–51, Washington, DC, USA, 1996. IEEE Computer Society.

[Boh02] Shawn A. Bohner. Extending software change impact analysis into cots components. In *SEW*, pages 175–, Washington, DC, USA, 2002. IEEE Computer Society.

[Bos11] Steven Bosems. A performance analysis of model transformations and tools, March 2011.

[Bra07] Steen Brahe. Bpm on top of soa : experiences from the financial industry. In *5th international conference on Business process management*, pages 96–111. Springer Berlin, 2007.

[BS06] Signe Ellegård Borch and Christian Stefansen. On controlled flexibility. In *BPMDS, Luxemburg, June 5-9, 2006*, 2006.

[BSGB07] Reda Bendraou, Andrey Sadovykh, Marie-Pierre Gervais, and Xavier Blanc. Software process modeling and execution : The uml4spm to ws-bpel approach. *EUROMICRO*, 0 :314–321, 2007.

[Bud04] F. Budinsky. *Eclipse Modeling Framework : A Developer's Guide.* The Eclipse Series. Addison-Wesley, 2004.

[CCGL08] Jordi Cabot, Robert Clarisó, Esther Guerra, and Juan Lara. An invariant-based method for the analysis of declarative model-to-model transformations. In *MoDELS*, pages 37–52, Berlin, Heidelberg, 2008. Springer-Verlag.

[CD08] Antoine CROCHET-DAMAIS. Soa : Ari france-klm donne des ailes à son si. (accessed on 24 May 2012), 2008.

[CH03] Krzysztof Czarnecki and Simon Helsen. Classification of model transformation approaches. In *OOPSLAW*, 2003.

[CH06] Krzysztof Czarnecki and Simon Helsen. Feature-based survey of model transformation approaches. *IBM Systems Journal*, 45(3) :621–645, 2006.

[Cha94] R.Y. Chang. *Continuous Process Improvement : A Practical Guide to Improving Processes for Measurable Results.* A Practical guidebook. R. Chang Associates, 1994.

[CK94] S. R. Chidamber and C. F. Kemerer. A metrics suite for object oriented design. *ITSE*, 20(6) :476–493, June 1994.

[CKP10] Hong-Mei Chen, Rick Kazman, and Opal Perry. From software architecture analysis to service engineering : An empirical study of methodology development for enterprise soa implementation. *ITSC*, 3 :145–160, April 2010.

[CMR+96] A. Corradini, U. Montanari, F. Rossi, H. Ehrig, R. Heckel, and M. Lwe. Algebraic approaches to graph transformation, part i. In *Handbook of Graph Grammars and Computing by Graph Transformation, Vol.1 : Foundations*, pages 163–245. World Scientific, 1996.

[CO07] Belinda M. Carter and Maria E. Orlowska. On correctness criteria for workflow. In *ICEIS (1)*, pages 315–322, 2007.

[Com07] OASIS Committee. Web Services Business Process Execution Language Version 2.0. OASIS Standard, April 2007.

[Com12] JBoss Community. Drools. (Feb. 2012), 2012.

[CREP08] Antonio Cicchetti, Davide Di Ruscio, Romina Eramo, and Alfonso Pierantonio. Automating co-evolution in model-driven engineering. In *EDOC*, pages 222–231, Washington, DC, USA, 2008. IEEE Computer Society.

[CW95] Reidar Conradi and Bernhard Westfechtel. Version models for software configuration management. Technical report, ACM Computing Surveys, 1995.

[Dah08] Karim Dahman. Morphflow : Une approche générique basée sur les opérations pour la gestion du changement dynamique dans les Workflows flexibles. Stage, ECOO - INRIA Lorraine - LORIA, 2008.

[DAP04] Aymeric Dussart, Benoit Aubert, and Michel Patry. An evaluation of inter-organizational workflow modeling formalisms. *JDM*, 15(2) :74–104, 2004.

[Dav93] Thomas H. Davenport. *Process innovation : reengineering work through information technology.* Harvard Business School Press, Boston, MA, USA, 1993.

[DB82] Umeshwar Dayal and Philip A. Bernstein. On the correct translation of update operations on relational views. *ACM Trans. Database Syst.*, 7(3) :381–416, September 1982.

[DC90] P. Dumas and G. Charbonnel. *La Méthode OSSAD : pour maîtriser les technologies de l'information.* Number vol. 1 in La Méthode OSSAD : pour maîtriser les technologies de l'information. Les Ed. d'Organisation, 1990.

[DCG10] Karim Dahman, François Charoy, and Claude Godart. Generation of Component Based Architecture from Business Processes : MDE for SOA. In *EWOCS*, pages 155–162, Ayia Napa, Greece, 2010.

[DCG11a] Karim Dahman, François Charoy, and Claude Godart. From business process to component architecture : Engineering business to it alignment. In *EDOCW*, pages 269–274, Helsinki, Finland, 2011.

[DCG11b] Karim Dahman, François Charoy, and Claude Godart. Towards consistency management for a business-driven development of SOA. In *EDOC*, pages 267–275, Helsinki, Finland, 2011.

[DDO08] Remco M. Dijkman, Marlon Dumas, and Chun Ouyang. Semantics and analysis of business process models in bpmn. *Information & Software Technology*, 50(12) :1281–1294, 2008.

[DDvD+11] Remco Dijkman, Marlon Dumas, Boudewijn van Dongen, Reina Käärik, and Jan Mendling. Similarity of business process models : Metrics and evaluation. *Information Systems*, 36(2) :498 – 516, 2011. Special Issue : Semantic Integration of Data, Multimedia, and Services.

[Dec12] Guillaume Decalf. Zachman : un des cadres méthodologiques - journal du net. (accessed on June 2012), 2012.

[Dis08] Zinovy Diskin. Algebraic Models for Bidirectional Model Synchronization. In *MoDELS*, pages 21–36. Springer Berlin, 2008.

[DJL09] Zuohua Ding, Mingyue Jiang, and Jing Liu. Model checking service component composition by spin. In *ICIS*, pages 1029–1034, Washington, DC, USA, 2009. IEEE Computer Society.

[DK10] Marlon Dumas and Thomas Kohlborn. Service-enabled process management. In *Handbook on BPM 1*, International Handbooks on Information Systems, pages 441–460. Springer Berlin, 2010.

[DLE+11] Schahram Dustdar, Fei Li, Brian Elvesæter, Cyril Carrez, Parastoo Mohagheghi, Arne-Jørgen Berre, Svein G. Johnsen, and Arnor Solberg. Model-driven service engineering with soaml. *Service Engineering*, pages 25–54, 2011.

[EEPPR04] Hartmut Ehrig, Gregor Engels, Francesco Parisi-Presicce, and Grzegorz Rozenberg, editors. *ICGT*, volume 3256 of *LNCS*. Springer, 2004.

[EHK+97] H. Ehrig, R. Heckel, M. Korff, M. Löwe, L. Ribeiro, A. Wagner, and A. Corradini. Algebraic approaches to graph transformation. part ii : single pushout approach and comparison with double pushout approach. In *Handbook of graph grammars and computing by graph transformation*, pages 247–312. World Scientific Publishing Co., Inc., River Edge, NJ, USA, 1997.

[EMM+12] Romina Eramo, Ivano Malavolta, Henry Muccini, Patrizio Pelliccione, and Alfonso Pierantonio. A model-driven approach to automate the propagation of changes among architecture description languages. *SSM*, 11 :29–53, 2012.

[Erl07] Thomas Erl. *SOA Principles of Service Design (The Prentice Hall Service-Oriented Computing Series from Thomas Erl)*. Prentice Hall PTR, Upper Saddle River, NJ, USA, 2007.

[FBD+11] Walid Fdhila, Aymen Baouab, Karim Dahman, Claude Godart, Olivier Perrin, and François Charoy. Change propagation in decentralized composite web services. In *CollaborateCom*, pages 508–511, 2011.

[FGM+07] J. Nathan Foster, Michael B. Greenwald, Jonathan T. Moore, Benjamin C. Pierce, and Alan Schmitt. Combinators for bidirectional tree transformations : A linguistic approach to the view-update problem. *TPLS*, 29, May 2007.

[FL10] José Fiadeiro and Antónia Lopes. A Model for Dynamic Reconfiguration in Service-Oriented Architectures. In Muhammad Babar and Ian Gorton, editors, *Software Architecture*, volume 6285 of *LNCS*, chapter 8, pages 70–85. Springer Berlin, Berlin, Heidelberg, 2010.

[Fou08a] The Eclipse Foundation. Stp/im component/sample scenario involving the intermediate meta-model. (accessed on June 2012), 2008.

[Fou08b] The Eclipse Foundation. Transformation of bpmn/bpel to sca models for stp. (accessed on June 2012), 2008.

[Fou08c] The Eclipse Foundation. wiki.eclipse.org/stp/im_component/stp_use_cases. (accessed on June 2012), 2008.

[Fou12a] The Eclipse Foundation. Eclipse modeling framework project. (accessed on 29 March 2012), 2012.

[Fou12b] The Eclipse Foundation. Eclipse soa tools platform project. (accessed on 29 March 2012), 2012.

[FP97] N.E. Fenton and S.L. Pfleeger. *Software Metrics : A Rigorous and Practical Approach.* PWS Publishing Company, 1997.

[FYG09] Walid Fdhila, Ustun Yildiz, and Claude Godart. A flexible approach for automatic process decentralization using dependency tables. In *ICWS '09*, pages 847–855, Washington, DC, USA, 2009. IEEE Computer Society.

[FZRL08] I. Foster, Yong Zhao, I. Raicu, and S. Lu. Cloud computing and grid computing 360-degree compared. In *GCEW*, pages 1 -10, nov. 2008.

[GdL04] Esther Guerra and Juan de Lara. Event-driven grammars : Towards the integration of meta-modelling and graph transformation. In *ICGT*, pages 54–69, 2004.

[GH08] Holger Giese and Stephan Hildebrandt. Incremental model synchronization for multiple updates. In *GRaMoT*, pages 1–8, New York, NY, USA, 2008. ACM.

[GHS95] Diimitrios Georgakopoulos, Mark Hornick, and Amit Sheth. An overview of workflow management : From process modeling to workflow automation infrastructure. In *DPD*, pages 119–153, 1995.

[Git06] Ralf Gitzel. *Model-driven Software Development Using a Metamodel-based Extension Mechanism for Uml.* Peter Lang Publishing, 2006.

[GKE09] Christian Gerth, Jochen M. Küster, and Gregor Engels. Language-independent change management of process models. In *MODELS*, pages 152–166, Berlin, Heidelberg, 2009. Springer-Verlag.

[GKLE10] Christian Gerth, Jochen Küster, Markus Luckey, and Gregor Engels. Precise Detection of Conflicting Change Operations Using Process Model Terms. In Dorina Petriu, Nicolas Rouquette, and Øystein Haugen, editors, *MoODELS*, volume 6395 of *LNCS*, chapter 8, pages 93–107. Springer Berlin, Berlin, Heidelberg, 2010.

[GLO09] Esther Guerra, Juan Lara, and Fernando Orejas. Pattern-based model-to-model transformation : Handling attribute conditions. In *ICMT*, pages 83–99, Berlin, Heidelberg, 2009. Springer-Verlag.

[GOO09] Open Group, Omg, and Oasis. Navigating the SOA Open Standards Landscape Around Architecture, 2009.

[GRMR+08] Christian W. Guenther, Stefanie Rinderle-Ma, Manfred Reichert, Wil M.P. van der Aalst, and Jan Recker. Using process mining to learn from process changes in evolutionary systems. *IJBPIM*, 3(1) :61–78, 2008.

[Gro07] Object Management Group. *Unified Modeling Language 2.1.2 Super-Structure Specification*, November 2007.

[Gro11] Jérémie Grodziski. Concepts fondamentaux soa. (accessed on June 2012), 2011.

[GSCB99] Dimitrios Georgakopoulos, Hans Schuster, Andrzej Chichocki, and Donald Baker. Managing process and service fusion in virtual enterprises. *IS*, 24(6) :429–456, September 1999.

[GW06] Holger Giese and Robert Wagner. Incremental model synchronization with triple graph grammars. In *MoDELS*, pages 543–557. Springer Verlag, 2006.

[GW09] Holger Giese and Robert Wagner. From model transformation to incremental bidirectional model synchronization. *SSM*, 8 :21–43, 2009.

[HB08] M.O. Hassan and H. Basson. Tracing software architecture change using graph formalisms in distributed systems. In *Information and Communication Technologies : From Theory to Applications, 2008. ICTTA 2008. 3rd International Conference on*, pages 1 –6, april 2008.

[HC03] M. Hammer and J. Champy. *Reengineering the Corporation : A Manifesto for Business Revolution.* HarperBusiness Essentials Series. HarperBusiness Essentials, 2003.

[HEO+11] Frank Hermann, Hartmut Ehrig, Fernando Orejas, Krzysztof Czarnecki, Zinovy Diskin, and Yingfei Xiong. Correctness of model synchronization based on triple graph grammars. In *MODELS*. Springer, Springer, 10/2011 2011.

[HHJ+99] Petra Heinl, Stefan Horn, Stefan Jablonski, Jens Neeb, Katrin Stein, and Michael Teschke. A comprehensive approach to flexibility in workflow management systems. *SSEN*, 24(2) :79–88, March 1999.

[HHS02] Jan Hendrik Hausmann, Reiko Heckel, and Stefan Sauer. Extended model relations with graphical consistency conditions. In *Blekinge Institute of Technology*, pages 61–74, 2002.

[Hin08] Dion Hinchcliffe. What is woa ? it's the future of service-oriented architecture (soa). (accessed on June 2012), 2008.

[HLR06] David Hearnden, Michael Lawley, and Kerry Raymond. Incremental Model Transformation for the Evolution of Model-Driven Systems. In *MODELS*, volume 4199 of *LNCS*, chapter 23, pages 321–335. Springer Berlin, Berlin, Heidelberg, 2006.

[HLS+08] C. Huemer, P. Liegl, R. Schuster, H. Werthner, and M. Zapletal. Inter-organizational systems : From businéss values over business processes to deployment. In *DEST*, pages 294 –299, 2008.

[Hol03] Rickland Hollar. Moving toward the zero latency enterprise. (accessed on 24 May 2012), 2003.

[Hoy06] D. Hoyle. *ISO 9000 Quality Systems Handbook*. Butterworth-Heinemann, 2006.

[HVW11] Markus Herrmannsdoerfer, Sander D. Vermolen, and Guido Wachsmuth. An extensive catalog of operators for the coupled evolution of metamodels and models. In *SLE*, pages 163–182, Berlin, Heidelberg, 2011. Springer-Verlag.

[IBM] IBM. Tivoli application dependency discovery manager. (accessed on 24 May 2012).

[idgefP03] Club informatique des grandes entreprises françaises and R. Phélizon. Accompagnement du changement : évolutions et pratiques, 2003.

[IK04] Igor Ivkovic and Kostas Kontogiannis. Tracing evolution changes of software artifacts through model synchronization. In *ICSM*, pages 252–261, Washington, DC, USA, 2004. IEEE Computer Society.

[Inc12a] Ultimus Inc. Business process management & lean six sigma. (accessed on 21 June 2012), 2012.

[Inc12b] Yaoqiang Inc. Yaoqiang bpmn editor. (accessed on Feb. 2012), 2012.

[Inc12c] Quanterion Solutions Incorporated. Goal-question-metric (gqm) approach. (accessed on Jui. 2012), 2012.

[JAB+06] Frédéric Jouault, Freddy Allilaire, Jean Bézivin, Ivan Kurtev, and Patrick Valduriez. Atl : a qvt-like transformation language. In *OOPSLA Companion*, pages 719–720, 2006.

[JHZ08] Feng Jiao, Changjun Hu, and Chongchong Zhao. A software complexity metric for sca specification. In *Proceedings of the 2008 International Conference on Computer Science and Software Engineering - Volume 02*, CSSE '08, pages 481–484, Washington, DC, USA, 2008. IEEE Computer Society.

[JK05] Frédéric Jouault and Ivan Kurtev. Transforming models with atl. In *MoDELS Satellite Events*, pages 128–138, 2005.

[JT10] Frédéric Jouault and Massimo Tisi. Towards incremental non of atl transformations. In *ICMT*, pages 123–137. Springer-Verlag, 2010.

[Juk06] S. Jukna. On graph complexity. *CPC*, 15(6) :855–876, November 2006.

[KASS03] Gabor Karsai, Aditya Agrawal, Feng Shi, and Jonathan Sprinkle. On the use of graph transformations for the formal specification of model interpreters. *JUCS*, 9 :1296–1321, 2003.

[KGFE08] Jochen M. Küster, Christian Gerth, Alexander Förster, and Gregor Engels. Detecting and resolving process model differences in the absence of a change log. In *BPM*, pages 244–260, Berlin, Heidelberg, 2008. Springer-Verlag.

[KGZ09] Jochen M. Küster, Thomas Gschwind, and Olaf Zimmermann. Incremental development of model transformation chains using automated testing. In *MODELS*, pages 733–747, Berlin, Heidelberg, 2009. Springer-Verlag.

[KHB00] Bartek Kiepuszewski, Arthur H. M. ter Hofstede, and Christoph Bussler. On structured workflow modelling. In *CAiSE*, pages 431–445, London, UK, UK, 2000. Springer-Verlag.

[KHK+08] Jana Koehler, Rainer Hauser, Jochen Küster, Ksenia Ryndina, Jussi Vanhatalo, and Michael Wahler. The role of visual modeling and model transformations in business-driven development. *ENTCS*, 211 :5–15, April 2008.

[KJE05] H. Karhunen, M. Jantti, and A. Eerola. Service-oriented software engineering (sose) framework. In *ICSSSM*, volume 2, pages 1199 – 1204 Vol. 2, June 2005.

[KKvT10] Hans-Jörg Kreowski, Sabine Kuske, and Caroline von Totth. Stepping from graph transformation units to model transformation units. *ECEASST*, 30, 2010.

[KLT07] Christian Köhler, Holger Lewin, and Gabriele Taentzer. Ensuring containment constraints in graph-based model transformation approaches. *ECEASST*, 6, 2007.

[KMO+05] Hans-Jörg Kreowski, Ugo Montanari, Fernando Orejas, Grzegorz Rozenberg, and Gabriele Taentzer, editors. *Formal Methods in Software and Systems Modeling, Essays Dedicated to Hartmut Ehrig, on the Occasion of His 60th Birthday*, volume 3393 of *LNCS*. Springer, 2005.

[KN06] Kuldeep Kumar and Murali Mohan Narasipuram. Defining requirements for business process flexibility. In *BPMDS*, 2006.

[Kon09] Patrick Konemann. Model-independent differences. In *CVSM*, pages 37–42, Washington, DC, USA, 2009. IEEE Computer Society.

[Kuh12] Eric Kuhnen. Jumping to saas ? take agile software development along with you. (accessed on Jan. 2012), 2012.

[Küs06] Jochen Küster. Definition and validation of model transformations. *SSM*, 5 :233–259, 2006.

[LA02] Keith Levi and Ali Arsanjani. A goal-driven approach to enterprise component identification and specification. *Commun. ACM*, 45(10) :45–52, 2002.

[Lan06] Christian F. J. Lange. Model size matters. In *Proceedings of the 2006 international conference on Models in software engineering*, MoDELS'06, pages 211–216, Berlin, Heidelberg, 2006. Springer-Verlag.

[Lan08] Kevin Lano. Constraint-driven development. *ST*, 50(5) :406–423, April 2008.

[Las06] Ken Laskey. *Reference Model for SOA 1.0, Committee Specification*, February 2006.

[LB07] Xumin Liu and Athman Bouguettaya. Managing top-down changes in service-oriented enterprises. In *ICWS*, pages 1072–1079, 2007.

[LD99] Frank Lindert and Wolfgang Deiters. Modelling inter-organizational processes with process model fragments. In Peter Dadam and Manfred Reichert, editors, *Enterprise-wide and Cross-enterprise Workflow Management*, volume 24 of *CEUR Workshop Proceedings*, pages 33–41. CEUR-WS.org, 1999.

[LFM+11] Frank Leymann, Christoph Fehling, Ralph Mietzner, Alexander Nowak, and Schahram Dustdar. Moving applications to the cloud : An approach based on application model enrichment. *IJCIS*, 20(3) :307–356, 2011.

[LHBJ05] Denivaldo Lopes, Slimane Hammoudi, Jean Bézivin, and Frdric Jouault. Generating transformation definition from mapping specification : Application to web service platform. In *AISE*, volume 3520, pages 183–192. Springer Berlin, 2005.

[LL09] Tong Li and Tong Li. Overview of software processes and software evolution. In *An Approach to Modelling Software Evolution Processes*, pages 8–33. Springer Berlin Heidelberg, 2009.

[LLC10] Marc Léger, Thomas Ledoux, and Thierry Coupaye. Reliable Dynamic Reconfigurations in a Reflective Component Model. In Lars Grunske, Ralf Reussner, and Frantisek Plasil, editors, *CBSE*, volume 6092 of *LNCS*, pages 74–92, Berlin, Heidelberg, 2010. Springer Berlin.

[LR00] M. M. Lehman and Juan F. Ramil. Software evolution in the age of component-based software engineering. *Software*, 147(6) :249–255, 2000.

[LRvV03] Nico Lassing, Daan Rijsenbrij, and Hans van Vliet. How well can we predict changes at architecture design time? *JSS*, 65(2) :141–153, February 2003.

[LST78] B. P. Lientz, E. B. Swanson, and G. E. Tompkins. Characteristics of application software maintenance. *Commun. ACM*, 21(6) :466–471, June 1978.

[Ltd12] JGraph Ltd. Jgraph library. (accessed on Feb. 2012), 2012.

[Lub09] Boris Lublinsky. Sca extensions for event processing and pub/sub. (accessed on Jan. 2012), 2009.

[Luq90] Luqi. A graph model for software evolution. *ITSE*, 16(8) :917–927, August 1990.

[LZWM05] Bixin Li, Ying Zhou, Yancheng Wang, and Junhui Mo. Matrix-based component dependence representation and its applications in software quality assurance. *SIGPLAN Not.*, 40(11) :29–36, November 2005.

[MAA06] Business Process Management, I D S Scheer Ag, and Economic Affairs. Business rule-enabled process modelling. *Management*, pages 1115–1123, 2006.

[Man10] Manageability.org. Lean development applied to soa. (accessed on June 2012), 2010.

[Man12] Anne Thomas Manes. Soa is dead; long live services. (accessed on Jan. 2012), 2012.

[MBQM08] Adrian Mos, Alain Boulze, Samuel Quaireau, and Claude Meynier. Multi-layer perspectives and spaces in soa. In *SDSOA '08*, pages 69–74, New York, USA, 2008.

[McC07] Vance McCarthy. Sybase looks to bridge soda tools gap. (accessed on Jan. 2012), 2007.

[MCH07] Martin Monperrus, Joël Champeau, and Brigitte Hoeltzener. Counts count. In *MODELS*, 2007.

[MdCV03] Esperanza Marcos, Valeria de Castro, and Belén Vela. Representing web services with uml : A case study. In *ICSOC*, pages 17–27, 2003.

[Men01] Tom Mens. Transformational Software Evolution by Assertions. In *CSMRW*, 2001.

[Men02] T. Mens. A state-of-the-art survey on software merging. *IEEE Trans. Softw. Eng.*, 28(5) :449–462, May 2002.

[MG06] Tom Mens and Pieter Van Gorp. A taxonomy of model transformation. *GraMoT*, 152(0) :125 – 142, 2006.

[MGVK06] Tom Mens, Pieter Van Gorp, Dániel Varró, and Gabor Karsai. Applying a model transformation taxonomy to graph transformation technology. *GraMoT*, 152(0) :143 – 159, 2006.

[ML08] R. Mietzner and F. Leymann. Towards provisioning the cloud : On the usage of multi-granularity flows and services to realize a unified provisioning infrastructure for saas applications. In *SERVICES*, pages 3 –10, july 2008.

[MM03] J. Miller and J. Mukerji. *Model-Driven Architecture Guide 1.0.1*, August 2003.

[MR09] Jim Marino and Michael Rowley. *Understanding SCA (Service Component Architecture)*. Addison-Wesley Professional, 2009.

[NBF10] Clémentine Nemo and Mireille Blay-Fornarino. Construction of Models Needs Idempotent Transformations. In *Sophia-Antipolis Formal Analysis Group(SAFA), workshop*, , page 4, Sophia Antipolis, France, October 2010. INRIA.

[NSM00] Manfred Nagl, Andy Schürr, and Manfred Münch. Applications of graph transformations with industrial relevance. In *AGTIVE*, volume 1779 of *LNCS*. Springer, 2000.

[OGDLE09] Fernando Orejas, Esther Guerra, Juan De Lara, and Hartmut Ehrig. Correctness, completeness and termination of pattern-based model-to-model transformation. In *CALCO*, pages 383–397. Springer Berlin, 2009.

[OMG07] OMG. *XML Metadata Interchange (XMI)*. OMG, 2007.

[OMG09] OMG. *Business Process Model and Notation 2.0, Beta 1*, May 2009.

[Ope09a] Open SOA. *SCA Assembly Model Specification 1.1*, March 2009.

[Ope09b] Open SOA. *SCA WS-BPEL Client and Implementation 1.1*, March 2009.

[Ora10] Oracle. Integration with bpm service components in the oracle soa suite. (accessed on June 2012), 2010.

[OYP03] Bart Orriëns, Jian Yang, and Mike P. Papazoglou. Model driven service composition. In *ICSOC*, pages 75–90, 2003.

[Pan08] Kapil Pant. *Business Process Driven SOA using BPMN and BPEL : From Business Process Modeling to Orchestration and Service Oriented Architecture*. Packt Publishing, August 2008.

[PB04] Bertrand Portier and Frank Budinsky. *Introduction to SDO 1.00*. IBM Corp., sep 2004.

[Pil07] Jens Pilgrim. Measuring the level of abstraction and detail of models in the context of mdd. In *MoDELSW*, pages 105–114, 2007.

[Pil12] Mike Pilcher. What ibm, microsoft, oracle and sap don't tell customers. (accessed on Jui. 2012), 2012.

[Pre96] Roger S. Pressman. *Software Engineering : A Practitioner's Approach*. McGraw-Hill Higher Education, 3th edition, 1996.

[PTDL07] Michael P. Papazoglou, Paolo Traverso, Schahram Dustdar, and Frank Leymann. Service-oriented computing : State of the art and research challenges. *Computer*, 40 :38–45, 2007.

[PW92] Dewayne E. Perry and Alexander L. Wolf. Foundations for the study of software architecture. *SSEN*, 17(4) :40–52, October 1992.

[PW06] Frank Puhlmann and Mathias Weske. M. : Investigations on soundness regarding lazy activities. In *BPM*, pages 145–160. Springer Verlag, 2006.

[Raj00] Václav Rajlich. A model and a tool for change propagation in software. *SSEN*, 25(1) :72–, January 2000.

[RB95] G.A. Rummler and A.P. Brache. *Improving performance : how to manage the white space on the organization chart.* Jossey bass business and management series. Jossey-Bass, 1995.

[RB05] Nuno F. Rodrigues and Luís S. Barbosa. Component identification through program slicing. In *FACS*, pages 291–304. Elsevier, 2005.

[RBW07] Gil Regev, Ilia Bider, and Alain Wegmann. Defining business process flexibility with the help of invariants. *Software Process : Improvement and Practice*, 12(1) :65–79, 2007.

[RCG+09] Elvira Rolón, Jorge Cardoso, Félix García, Francisco Ruiz, and Mario Piattini. Analysis and validation of control-flow complexity measures with bpmn process models. In *BPMDS*, volume 29, pages 58–70. Springer Berlin Heidelberg, 2009.

[RKBN09] Ali Razavi, Kostas Kontogiannis, Chris Brealey, and Leho Nigul. Incremental model synchronization in model driven development environments. In *CASCON*, pages 216–230, New York, NY, USA, 2009. ACM.

[RL11] S.K. Rahimi and K. Lano. Integrating goal-oriented measurement for evaluation of model transformation. In *CSSE*, pages 129 –134, june 2011.

[RLSB08] Michael Rosen, Boris Lublinsky, Kevin T. Smith, and Marc J. Balcer. *Applied SOA : Service-Oriented Architecture and Design Strategies.* Wiley P., 2008.

[RNPG08] Ramya Ravichandar, Nanjangud C. Narendra, Karthikeyan Ponnalagu, and Dipayan Gangopadhyay. Morpheus : Semantics-based incremental change propagation in soa-based solutions. *SCC*, 1 :193–201, 2008.

[RRH08] Adam M. Ross, Donna H. Rhodes, and Daniel E. Hastings. Defining changeability : Reconciling flexibility, adaptability, scalability, modifiability, and robustness for maintaining system lifecycle value. *SE*, 11(3) :246–262, aug 2008.

[RS05] Awais Rashid and Peter Sawyer. A database evolution taxonomy for object-oriented databases. *JSME : Research and Practice*, 17(2) :93–141, 2005.

[RSS06] Gil Regev, Pnina Soffer, and Rainer Schmidt. Taxonomy of flexibility in business processes. In *BPMDS*, 2006.

[RST+04] Xiaoxia Ren, Fenil Shah, Frank Tip, Barbara G. Ryder, and Ophelia Chesley. Chianti : a tool for change impact analysis of java programs. In *OOPSLA*, pages 432–448, New York, NY, USA, 2004. ACM.

[RW06] Gil Regev and Alain Wegmann. Business process flexibility : Weick's organizational theory to the rescue. In *BPMDS*, 2006.

[SBDP08] Sylvain Sicard, Fabienne Boyer, and Noel De Palma. Using components for architecture-based management : the self-repair case. In *ICSE*, pages 101–110, New York, NY, USA, 2008. ACM.

[SBPM09] David Steinberg, Frank Budinsky, Marcelo Paternostro, and Ed Merks. *EMF : Eclipse Modeling Framework 2.0.* Addison-Wesley Professional, 2009.

[Sch94] A. Schürr. *Specification of Graph Translators with Triple Graph Grammars.* Aachener Informatik-Berichte. RWTH, Fachgruppe Informatik, 1994.

[SDV11] Eelco Visser Sander D. Vermolen, Guido Wachsmuth. Reconstructing complex metamodel evolution. In Uwe Aßmann and Anthony Sloane, editors, *SLE*, Lecture Notes in Computer Science. Springer, 2011.

[SK97] Janos Sztipanovits and Gabor Karsai. Model-integrated computing. *Computer*, 30(4) :110–111, April 1997.

[SKI09] Sebastian Stein, Stefan Kühne, and Konstantin Ivanov. Business to it transformations revisited. In Danilo Ardagna, Massimo Mecella, and Jian Yang, editors, *BPMW*, number 17 in LNBIB, pages 176–187, Berlin, 2009. Springer.

[SMR+08] Helen Schonenberg, Ronny Mans, Nick Russell, Nataliya Mulyar, and Wil M. P. van der Aalst. Towards a taxonomy of process flexibility. In *CAiSE Forum*, pages 81–84, 2008.

[SPJ10] Jacques Simonin, Philippe Picouet, and Jean-Marc Jézéquel. Conception fonctionnelle de services d'entreprise fondée sur l'alignement entre coeur de métier et Système d'Information. *Ingénierie des Systèmes d'Information*, 2010.

[SrL01] Minxin Shen and Duen ren Liu. Coordinating interorganizational workflows based on process-views. In *ProcessViews. LNCS*, pages 274–283. Springer-Verlag, 2001.

[SS08] Mika P. Siikarla and Tarja J. Systa. Decision reuse in an interactive model transformation. In *Proceedings of the 2008 12th European Conference on Software Maintenance and Reengineering*, CSMR '08, pages 123–132, Washington, DC, USA, 2008. IEEE Computer Society.

[Ste07] Perdita Stevens. Bidirectional model transformations in qvt : Semantic issues and open questions. In *MoDELS*, pages 1–15, 2007.

[SV06] Thomas Stahl and Markus Völter. *Model-Driven Software Development : Technology, Engineering, Management.* Wiley, Chichester, UK, 2006.

[SWB03] Perdita Stevens, Jon Whittle, and Grady Booch. Uml 2003 - the unified modeling language, modeling languages and applications. In *UML*, volume 2863 of *LNCS*. Springer, 2003.

[TEG+05] Gabriele Taentzer, Karsten Ehrig, Esther Guerra, Juan De Lara, Tihamer Levendovszky, Ulrike Prange, and Daniel Varro. S. : Model transformations by graph transformations : A comparative study. In *MTPW, Montego*, page 05, 2005.

[TR05] Gabriele Taentzer and Arend Rensink. Ensuring structural constraints in graph-based models with type inheritance. In *FASE*, pages 64–79. Springer, 2005.

[Tut12] Tutorialspoint. Six sigma glossary - terminology. (accessed on 21 June 2012), 2012.

[Uni12] Vanderbilt University. Model integrated computing. (accessed on 27 June 2012), 2012.

[VABKP11] Marcel Van Amstel, Steven Bosems, Ivan Kurtev, and Luís Ferreira Pires. Performance in model transformations : experiments with atl and qvt. In *ICMT*, pages 198–212, Berlin, Heidelberg, 2011. Springer-Verlag.

[VB07] Dániel Varró and András Balogh. The model transformation language of the viatra2 framework. *SCP*, 68(3) :187–207, October 2007.

[VDA99] Wil M. P. Van Der Aalst. Process-oriented architectures for electronic commerce and interorganizational workflow. *IS*, 24(9) :639–671, December 1999.

[vdAAtH+09] Wil M. P. van der Aalst, Michael Adams, Arthur H. M. ter Hofstede, Maja Pesic, and Helen Schonenberg. Flexibility as a service. In *DASFAAW*, pages 319–333. Springer Berlin, April 2009.

[vdAMSW09] Wil van der Aalst, Arjan Mooij, Christian Stahl, and Karsten Wolf. Service Interaction : Patterns, Formalization, and Analysis. In *FMWS*, volume 5569, pages 42–88. Springer Berlin, 2009.

[VdL10] Pedro Pablo Pérez Velasco and Juan de Lara. Matrix graph grammars with application conditions. *FI*, 99(1) :29–62, January 2010.

[Ven10] Eric Vendeville. Introduction rapide à la gouvernance soa. (accessed on June 2012), 2010.

[Ver11] Kris Verlaenen. New bpmn 2.0 eclipse editor. (accessed on Feb. 2012), 2011.

[VMP04] Yannis Velegrakis, Rene J. Miller, and Lucian Popa. Preserving mapping consistency under schema changes. *VLDBJ*, 13(3), September 2004.

[VV04] Gergely Varró and Dániel Varró. Graph transformation with incremental updates. *ENTCS*, 109 :71–83, December 2004.

[WCL+05] Sanjiva Weerawarana, Francisco Curbera, Frank Leymann, Tony Storey, and Donald F. Ferguson. *Web Services Platform Architecture : SOAP, WSDL, WS-Policy, WS-Addressing, WS-BPEL, WS-Reliable Messaging and More.* Prentice Hall PTR, Upper Saddle River, NJ, USA, 2005.

[WEL02] Christina Wallin, Fredrik Ekdahl, and Stig Larsson. Integrating business and software development models. *Software*, 19 :28–33, 2002.

[Wes94] Bernhard Westfechtel. Using programmed graph rewriting for the formal specification of a configuration management system. In *WG*, pages 164–179. Springer-Verlag, 1994.

[WGP09] Christopher Wolfe, T. C. Graham, and W. Greg Phillips. An incremental algorithm for high-performance runtime model consistency. In *MODELS*, pages 357–371, Berlin, Heidelberg, 2009. Springer-Verlag.

[Whi05] Stephen A. White. *Using BPMN to Model a BPEL Process*, May 2005.

[Wik12a] Wikipedia.org. Architecture orientée services. (accessed on June 2012), 2012.

[Wik12b] Wikipedia.org. Ingénierie dirigée par les modèles. (accessed on June 2012), 2012.

[Wik12c] Wikipedia.org. Management du système d'information. (accessed on June 2012), 2012.

[Wik12d] Wikipedia.org. Procédure d'entreprise. (accessed on June 2012), 2012.

[Wik12e] Wikipedia.org. Urbanisation (informatique). (accessed on June 2012), 2012.

[Win06] Phillip J. Windley. SOA Governance : Rules of the Game. *SInfoWorld.com*, 2006.

[WK02] Ingrid Wetzel and Ralf Klischewski. Serviceflow beyond workflow ? concepts and architectures for supporting inter-organizational service processes. In *CAiSE*, pages 500–515, London, UK, UK, 2002. Springer-Verlag.

[WLF01] Michel Wermelinger, Antónia Lopes, and José L. Fiadeiro. A graph based architectural (Re)configuration language. In *ESEC/FSE*, volume 26, pages 21–32, New York, NY, USA, September 2001. ACM.

[WRR07] Barbara Weber, Stefanie Rinderle, and Manfred Reichert. Change patterns and change support features in process-aware information systems. In *CAiSE*, pages 574–588, 2007.

[WWM09] Matthias Weidlich, Mathias Weske, and Jan Mendling. Change Propagation in Process Models Using Behavioural Profiles. In *SCC*, pages 33–40, Washington, DC, USA, September 2009.

[XBP06] Dung Xuan, Ladjel Bellatreche, and Guy Pierra. A versioning management model for ontology-based data warehouses. In A Tjoa and Juan Trujillo, editors, *DaWaK*, volume 4081 of *Lecture Notes in Computer Science*, pages 195–206. Springer Berlin / Heidelberg, 2006.

[XLH+07] Yingfei Xiong, Dongxi Liu, Zhenjiang Hu, Haiyan Zhao, Masato Takeichi, and Hong Mei. Towards automatic model synchronization from model transformations. In *ASE*, pages 164–173, New York, NY, USA, 2007. ACM.

[XSHT09] Yingfei Xiong, Hui Song, Zhenjiang Hu, and Masato Takeichi. Supporting parallel updates with bidirectional model transformations. In *ICMT*, pages 213–228, 2009.

[XSHT11] Yingfei Xiong, Hui Song, Zhenjiang Hu, and Masato Takeichi. Synchronizing concurrent model updates based on bidirectional transformation. *SSM*, pages 1–16, 2011.

[YCM78] S. S. Yau, J. S. Collofello, and T. M. MacGregor. Software engineering metrics i. In Martin Shepperd, editor, *COMPSAC*, chapter Ripple effect analysis of software maintenance, pages 71–82. McGraw-Hill, Inc., New York, NY, USA, 1978.

[ZAA+07] Liang-Jie Zhang, Ali Arsanjani, Abdul Allam, Dingding Lu, and Yi-Min Chee. Variation-oriented analysis for soa solution design. *SCC*, 0 :560–568, 2007.

[Zac12] John A. Zachman. John zachman's concise definition of the zachman framework. (accessed on Jui. 2012), 2012.

[ZD06] Uwe Zdun and Schahram Dustdar. Model-driven and pattern-based integration of process-driven soa models. In *The Role of Business Processes in Service Oriented Architectures*, Dagstuhl, Germany, 2006.

[Zus91] H. Zuse. *Software complexity : measures and methods.* Programming complex systems. W. de Gruyter, 1991.

[ZUV10] Huaxi (Yulin) Zhang, Christelle Urtado, and Sylvain Vauttier. Architecture-centric component-based development needs a three-level adl. In *ECSA*, pages 295–310, 2010.

[ZYXX02] Jianjun Zhao, Hongji Yang, Liming Xiang, and Baowen Xu. Change impact analysis to support architectural evolution. *JSM*, 14(5) :317–333, September 2002.

A Extraits de code source

Liste A.1: Fragment du code Ecore pour le méta-modèle BPMN.

```
<?xml version="1.0" encoding="UTF-8"?>
<ecore:EPackage xmi:version="2.0"
    xmlns:xmi="http://www.omg.org/XMI"
    xmlns:xsi="http://www.w3.org/2001/XMLSchema-instance"
    xmlns:ecore="http://www.eclipse.org/emf/2002/Ecore" name="bpmn2"
    nsURI="http://www.omg.org/spec/BPMN/20100524/MODEL-XMI" nsPrefix="bpmn2">
    <eClassifiers xsi:typ="ecore:EClass" name="Definitions"
       eSupertyps="#//BaseElement">
       <eStructuralFeatures xsi:typ="ecore:EReference" name="rootElements"
          etyp="#//RootElement" />
      <eStructuralFeatures xsi:typ="ecore:EAttribute" name="name" />
    </eClassifiers>
    <eClassifiers xsi:typ="ecore:EClass" name="Collaboration"
        eSupertyps="#//RootElement">
     <eStructuralFeatures xsi:typ="ecore:EReference" name="participants"/>
     <eStructuralFeatures xsi:typ="ecore:EAttribute" name="name"/>
    </eClassifiers>
    <eClassifiers xsi:typ="ecore:EClass" name="Participant">
     <eStructuralFeatures xsi:typ="ecore:EReference" name="processRef"
            etyp="#//Process"/>
     <eStructuralFeatures xsi:typ="ecore:EAttribute" name="name"/>
    </eClassifiers>
    <eClassifiers xsi:typ="ecore:EClass" name="Process"
        eSupertyps="#//FlowElementsContainer"/>
    <eClassifiers xsi:typ="ecore:EClass" name="FlowElementsContainer">
     <eStructuralFeatures xsi:typ="ecore:EReference" name="flowElements"
            etyp="#//FlowElement"/></eClassifiers>
    <eClassifiers xsi:typ="ecore:EClass" name="FlowElement"
        eSupertyps="#//BaseElement">
      <eStructuralFeatures xsi:typ="ecore:EAttribute" name="name"/>
    </eClassifiers>
    <eClassifiers xsi:typ="ecore:EClass" name="FlowNode"
        eSupertyps="#//FlowElement"/>
    <eClassifiers xsi:typ="ecore:EClass" name="Activity"
        eSupertyps="#//FlowNode"/>
    <eClassifiers xsi:typ="ecore:EClass" name="Task"
        eSupertyps="#//Activity"/>
    <eClassifiers xsi:typ="ecore:EClass" name="SendTask"
        eSupertyps="#//Task"/>
    <eClassifiers xsi:typ="ecore:EClass" name="ReceiveTask"
        eSupertyps="#//Task"/>
</ecore:EPackage>
```

Liste A.2: Fragment du code XML pour le modèle BPMN source.

```
<?xml version="1.0" encoding="UTF-8"?>
<bpmn2:definitions
        xmlns:bpmn2="http://www.omg.org/spec/BPMN/20100524/MODEL" id="0">
  <bpmn2:collaboration id="1" name="Example">
    <bpmn2:participant id="2" name="Participant_A" processRef="3"/>
    <bpmn2:participant id="11" name="Participant_B" processRef="12"/>
  </bpmn2:collaboration>
  <bpmn2:process id="3" name="Process_A">
    <bpmn2:sendTask id="5" name="Task_A_1"/>
    <bpmn2:receiveTask id="6" name="Task_A_2" />
  </bpmn2:process>
  <bpmn2:process id="12" name="Process_B">
    <bpmn2:receiveTask id="14" name="Task_B_1"/>
    <bpmn2:sendTask id="15" name="Task_B_2"/>
  </bpmn2:process>
</bpmn2:definitions>
```

Liste A.3: Fragment du code Ecore pour le méta-modèle SCA.

```
<?xml version="1.0" encoding="UTF-8"?>
<ecore:EPackage xmi:version="2.0"
    xmlns:xmi="http://www.omg.org/XMI"
    xmlns:xsi="http://www.w3.org/2001/XMLSchema-instance"
    xmlns:ecore="http://www.eclipse.org/emf/2002/Ecore" name="sca"
    nsURI="http://www.osoa.org/xmlns/sca/1.0" nsPrefix="sca">
    <eClassifiers xsi:typ="ecore:EClass" name="DocumentRoot">
        <eStructuralFeatures xsi:typ="ecore:EReference" name="composite"
        etyp="#//Composite" /></eClassifiers>
    <eClassifiers xsi:typ="ecore:EClass" name="Composite">
        <eStructuralFeatures xsi:typ="ecore:EReference" name="component"
            etyp="#//Component"/>
        <eStructuralFeatures xsi:typ="ecore:EAttribute" name="name"/>
    </eClassifiers>
    <eClassifiers xsi:typ="ecore:EClass" name="Component">
        <eStructuralFeatures xsi:typ="ecore:EReference" name="service"
            etyp="#//ComponentService"/>
        <eStructuralFeatures xsi:typ="ecore:EReference" name="reference"
            etyp="#//ComponentReference"/>
        <eStructuralFeatures xsi:typ="ecore:EAttribute" name="name" />
    </eClassifiers>
    <eClassifiers xsi:typ="ecore:EClass" name="ComponentReference"
        eSupertyps="#//BaseReference"/>
    <eClassifiers xsi:typ="ecore:EClass" name="ComponentService"
        eSupertyps="#//BaseService"/>
    <eClassifiers xsi:typ="ecore:EClass" name="BaseService">
        <eStructuralFeatures xsi:typ="ecore:EAttribute" name="name"/>
    </eClassifiers>
    <eClassifiers xsi:typ="ecore:EClass" name="BaseReference">
        <eStructuralFeatures xsi:typ="ecore:EAttribute" name="name" />
    </eClassifiers>
</ecore:EPackage>
```

Liste A.4: Fragment du code XMI pour le modèle SCA cible.

```
<?xml version="1.0" encoding="UTF-8"?>
<sca:composite xmi:version="2.0" xmlns:xmi="http://www.omg.org/XMI"
        xmlns:sca="http://www.osoa.org/xmlns/sca/1.0" name="Example">
  <sca:component name="Participant_A">
    <sca:reference name="Task_A_1"/>
    <sca:service name="Task_A_2"/>
  </sca:component>
  <sca:component name="Participant_B">
    <sca:reference name="Task_B_2"/>
    <sca:service name="Task_B_1"/>
  </sca:component>
</sca:composite>
```

FSC
www.fsc.org
MIX
Papier | Fördert gute Waldnutzung
FSC® C083411

Zeitfracht Medien GmbH
Ferdinand-Jühlke-Straße 7
99095 Erfurt, Deutschland
produktsicherheit@kolibri360.de

Druck:
CPI Druckdienstleistungen GmbH
im Auftrag der
Zeitfracht Medien GmbH
Ein Unternehmen der Zeitfracht - Gruppe
Ferdinand-Jühlke-Str. 7
99095 Erfurt